NORWEGEN
FINNLAND
SCHWEDEN
Ostsee
Berlin-Blockade (UDSSR),
Berliner Luftbrücke (Alliierte)
1948/49
DDR
POLEN
S O W J E T U N I O N
TSCHECHOSLOWAKEI
ÖSTERREICH
UNGARN
RUMÄNIEN
JUGOS-
LAWIEN
Schwarzes Meer
ITALIEN
BULGARIEN
ALBANIEN
(Austritt
1968)
GRIECHEN-
LAND
TÜRKEI
TUNESIEN
Mittelmeer
ZYPERN
SYRIEN
IRAK

Heinz Gärtner
Der Kalte Krieg

Heinz Gärtner

Der Kalte Krieg

Bündnisse – Krisen –Konflikte

marixverlag

Inhalt

Einleitung

Der Kalte Krieg bleibt auch Jahrzehnte nach seinem Ende Gegenstand kontroverser Interpretationen. Das ist nicht verwunderlich, war er doch verbunden mit der Teilung der Welt in zwei gegensätzliche Systeme, die sich feindlich gegenüberstanden und von Grund auf misstrauten, ja verachteten. Angeführt wurden die beiden Systeme von zwei Supermächten, die sich Einflusssphären schufen und mit eigenen Ideologien um Unterstützung warben. Daraus entstand eine globale bipolare Weltordnung.

Den einen Pol verkörperte die marktwirtschaftlich-demokratisch orientierte USA, den anderen die planwirtschaftlich-kommunistische Sowjetunion. Entsprechend war Europa in demokratische Staaten im Westen und kommunistische Staaten im Osten geteilt. In der Dritten Welt verliefen die Trennlinien nicht immer entlang der Einteilung in demokratisch und nicht-demokratisch. Es gab Diktaturen, die von der Sowjetunion und solche, die von den USA unterstützt wurden. Oberhalb der Ebene der ideologischen Auseinandersetzung betrieben beide Supermächte eine eigene Machtpolitik, die zu einer globalen Blockbildung führte. Alternativen außerhalb dieser Blockbildung, mit Ausnahmen wie Neutralität und Blockfreiheit, gab es hingegen kaum. Beide Seiten verfolgten eine Interventionspolitik, um die eigene Einflusssphäre zu erhalten und auszuweiten und den Machtkampf nicht zu verlieren oder zumindest das Mächtegleichgewicht aufrecht zu erhalten.

Die Geopolitik im Ost-West-Konflikt war unterlegt mit den grundlegend unterschiedlichen Werten der Blocksysteme. Marktwirtschaft und westlicher Demokratie standen Planwirtschaft und Kommunismus gegenüber. Die Ideologien waren jedoch grenzüberschreitend und ließen sich nicht auf die jeweiligen Blöcke beschränken. Daher entwickelte sich ein Kampf um den ideologischen Einfluss innerhalb des jeweils anderen Systems. Dieser Kampf führte zu direkten politischmilitärischen Intervention innerhalb des eigenen Blocks sowie außerhalb beider Blöcke, allerdings nicht zur direkten Einmischung innerhalb des gegnerischen Blocks. Schlussendliche Folge des ideologischen Ringens war eine massive Aufrüstungspolitik.

Als Kalten Krieg[1] bezeichnet man das Verhältnis zwischen Ostblock und Westmächten seit der zweiten Hälfte der Vierzigerjahre bis zur Auflösung des Warschauer Paktes und der Sowjetunion Ende der Achtzigerjahre. Dieser Zeitraum lässt sich in folgende Phasen einteilen: Der Beginn in den Vierzigerjahren, der Höhepunkt in den Fünfziger- und Sechzigerjahren, die Phase der Entspannungspolitik in den Siebzigerjahren und eine neue Spannungsphase nach dem Einmarsch der Sowjetunion in Afghanistan in den Achtzigerjahren.

Der Begriff »Kalter Krieg« wurde vom Schriftsteller und Journalisten George Orwell bereits 1945 verwendet, als er die unterschiedlichen Weltanschauungen und sozialen Strukturen der Sowjetunion und der Vereinigten Staaten beklagte.[2] Der Begriff wurde dann vom amerikanischen Journalisten H. B. Swope aufgegriffen und von Walter Lippmann popularisiert. Auch der Beginn des Kalten Krieges ist umstritten. Üblicherweise wird er mit Churchills Rede in Fulton 1946, der Truman-Doktrin 1947, der kommunistischen Machtübernahme in der Tschechoslowakei und der Berlinkrise 1948 in Verbindung gebracht. Der Kalte Krieg war kein Krieg, auf den wissenschaftliche Kriegsdefinitionen zutreffen würden. Der Begriff war eine journalistische und politische Kreation.

Wer letztlich für die historischen Entwicklungen verantwortlich war, blieb dennoch eine offene Frage. Jede Seite entwickelte eine eigene Version und ein eigenes Narrativ der Geschichte des

---

1 Vgl. Heinz Gärtner, *Internationale Sicherheit – Definitionen von A–Z (International Security – Definitions from A–Z)*, Zweite erweiterte Auflage, (Nomos: Baden-Baden), 2008.

2 George Orwell, You and the Atomic Bomb, *Tribune*, October 19, 1945. Odd Arne Westad, The Cold War and the international history of the twentieth century, Melvyn P. Leffler and Odd Arne Westad, *The Cambridge History of The Cold War*, Vol. I, Origins, (Cambridge University Press: Cambridge), 2010, 3.

Kalten Krieges, die sich im kollektiven Gedächtnis über Jahre verfestigte. Im Westen herrschte die Meinung vor, dass die Sowjetunion seit 1945 eine Expansionspolitik zur weltweiten Ausbreitung des Kommunismus verfolgt hätte und daher die eigentliche Schuld am Beginn des Kalten Krieges tragen würde. Vor allem in den Fünfziger- und Sechzigerjahren dominierte daher in vielen westlichen Staaten die Auffassung vor, dass alle anti-amerikanischen Aufstandsbewegungen und alle kommunistischen Parteien letztlich von der Sowjetunion gesteuert und kontrolliert würden. Der Weltkommunismus sei demnach monolithisch. Die Ausbreitung des Kommunismus führe zu Versklavung und alle Menschen, die gezwungen seien, in kommunistisch regierten Ländern zu leben, würden sich danach sehnen, dass ihre Regime gestürzt würden. Die USA mit ihrem prosperierenden System und überlegenen Werten wäre der Hort der Hoffnung von Menschlichkeit und Freiheit.

Die Sowjetunion entwickelte die Vorstellung, die USA und die westlichen Alliierten hätten die Sowjetunion im Zweiten Weltkrieg »ausbluten lassen« und würden ihre Rolle und ihr Opfer bei der Niederlage Hitlerdeutschlands nicht anerkennen. Die USA hätten sich zum Ziel gesetzt, den Kommunismus auszulöschen und die kommunistische Regierung in der Sowjetunion zu stürzen. Allerdings wäre der Kommunismus das überlegene System und der krisengeschüttelte Kapitalismus dem Untergang geweiht. In gleicher Weise sei der imperialistische Kapitalismus der USA nicht wirklich demokratisch, sondern würde von einer kleinen Gruppe des Finanzkapitals gesteuert. Im Umkehrargument der USA kolonialisierten die westlichen imperialistischen Nationen den Großteil der Welt.

Bereits seit 1946 zeichnete sich eine Teilung der Welt in zwei Lager ab. Jedes Lager gab dabei vor, dass es letztlich die Oberhand behalten werde. Der Zeitpunkt für das Eintreffen dieser Prophezeiung wurde allerdings in eine unbestimmte Zukunft verschoben. Tatsächlich gab es nur wenige Bemühungen »amerikanische sozialistische Sowjetrepubliken« nach Vorbild der »Union der sozialistischen Sowjetrepubliken« (UdSSR) zu errichten oder das sowjetische Regime zu zerstören.[3] Vielmehr wurde die geopolitische Lagerbildung durch die jeweiligen Ideologien begründet. US-Präsident Harry Truman und das Mitglied des Zentralkomitees der sowjetischen Kommunistischen Partei Andrei Schdanow verkündeten spiegelbildlich im März und September 1947 die Existenz von zwei Lagern. Beide verglichen dabei die jeweils andere Seite mit Deutschland vor Ausbruch des Zweiten Weltkrieges. So tief die ideologischen Gräben bereits zu Beginn des Kalten Krieges gezogen sein mochten, sie verhinderten nicht, dass die Bündnispartner außerhalb Europas unabhängig von ihrer ideologischen Zugehörigkeit ausgewählt wurden.

Zu Beginn der Siebzigerjahren wurde der Konflikt durch eine Reihe diplomatischer Bemühungen auf beiden Seiten etwas entschärft. Als »Entspannungspolitik« wird daher jene Periode bezeichnet, die dem Höhepunkt des Kalten Krieges folgte und die Spannungen zwischen »Ost« und »West« durch eine Reihe von Maßnahmen abbauen sollte. Der exakte Beginn dieser Entspannungsperiode ist allerdings unklar. Üblicherweise wird ihr Anfang mit den Rüstungskontrollabkommen START I und II, der Reise von US-Präsident Nixon nach Moskau, dem Viermächteabkommen über Berlin und der deutschen Ostpolitik unter Bundeskanzler Willy Brand Anfang der Siebzigerjahre angesetzt. Andere zuweilen genannte Schlüsselereignisse sind die Unterzeichnung des österreichischen Staatsvertrages und der Abzug der Besatzungsmächte 1955 aus Österreich oder das Ende der Kubakrise und die Einrichtung des »roten Telefons« zwischen Moskau und Washington. Als Ende der Entspannung wird oft der Einmarsch der Sowjetunion in Afghanistan Ende 1979 angegeben. Es folgte eine neuerliche Phase vermehrter Konfrontation sowie eine Beschleunigung des bestehenden Rüstungswettlaufs. Erst mit dem Zusammenbruch des Warschauer Paktes und der Sowjetunion (1989–1991) endete schließlich der Kalte Krieg und damit letztlich auch der ideologische Konflikt.

---

3 David C. Engerman, Ideology and the origins of the Cold War, 1917–1962, Melvyn P. Leffler and Odd Arne Westad, *The Cambridge History of The Cold War,* Vol. I, Origins, (Cambridge University Press: Cambridge), 2010, 36.

Der Kalte Krieg definierte fast ein halbes Jahrhundert die Außen-, Gesellschafts- und Bündnispolitik der Sowjetunion und der USA. Sie warfen sich gegenseitig vor, Welteroberungspläne entweder in Form des Kommunismus oder in der des Imperialismus zu haben. Dieses enge Denken in Blöcken blockierte das Denken in Alternativen. Es verhinderte eine objektive Analyse der Geschichte des Konflikts. Alternativen wurden nur in der Gegenkultur zum Kalten Krieg entworfen, die sich in Protest- und Antikriegsbewegungen im Westen, der Philosophie der kritischen Theorie sowie den Aufstandsbewegungen im Osten entfalteten.[4] In vielerlei Hinsicht überdauerten diese Vorstellungen und Argumente auch das Ende des Kalten Krieges.[5] Dieses Buch übernimmt daher nicht die Darstellung und Argumentation eines der beiden Blöcke. Sie werden vielmehr in den historischen Kontext gestellt und aus der rückblickenden Distanz neu beurteilt. Um zu vermeiden, dass sich der vorliegende Band in historiographischen Details verliert, wird der Kalte Krieg in folgende Themenbereiche unterteilt, deren Analyse eine Gesamtbeurteilung erleichtert: Eindämmungspolitik, die Kommunistischen Parteien, die USA, Erklärungsansätze, Kriege, Krisen, Neutralität und Blockfreiheit, Entspannungspolitik, nukleare Abschreckung, das Ende und die Auswirkungen des Kalten Krieges.

Dieses Buch soll somit keine neue Geschichte des Kalten Krieges sein. Diese kann man in guten neueren Geschichtsbüchern nachlesen. Details finden sich auch auf entsprechenden Internetseiten. Die einzelnen zentralen Themen und Konzepte werden zwar chronologisch, aber als Teil der Gesamtstruktur des Kalten Krieges behandelt. Bestimmte wichtige Ereignisse, wie etwa die Kuba-Krise oder der Vietnamkrieg, werden bei verschiedenen Themen in unterschiedlichem Kontext wieder

4 Jerimi Suri, Counter-culture: the rebellions against the Cold War order, 1965–1975, Melvyn P. Leffler and Odd Arne Westad (Hg.), *The Cambridge History of The Cold War, Vol. II, Crises and Détente,* (Cambridge University Press: Cambridge), 2010, 460–481.

5 Wayne C. McWilliams & Harry Piotrowski, *The World since 1945: A History of International Relations* (6th edition), (Lynne Rienner Publishers: Boulder), 2005, 8.

aufgegriffen. Abschließend folgt eine Aussicht auf die Frage, welche der behandelten Themenbereiche – möglicherweise auch in gewandelter Form – nach dem Ende des Kalten Krieges ihre Relevanz und Bedeutung für gegenwärtige politische Entwicklungen und Prozesse beibehalten haben.

Zur Analyse der einzelnen Themenbereiche bieten sich verschiedene Instrumente an, mit denen sich das Verhalten der Entscheidungsträger während des Kalten Krieges beurteilen bzw. erklären lässt. Diese analytischen Instrumente gehen ihrerseits auf unterschiedliche theoretischen Ansätze der internationalen Beziehungen, wie dem Realismus, dem Institutionalismus, dem Konstruktivismus oder diverser anderer Konzepte zurück. Da es im Folgenden nicht darum geht, die Richtigkeit einer Theorie zu beweisen oder zu widerlegen, wurden diese nur sehr sparsam und nur dort wo es notwendig erschien verwendet.

Theorien dienen der besseren Erklärung von Ereignissen, dort wo es notwendig ist. In der Regel berufen sich viele Analysen des Kalten Krieges auf den Ansatz des Realismus, um das damalige bipolare Gleichgewicht zu erklären. Dabei steht die Verteilung der Macht im internationalen System im Vordergrund der Betrachtung, die wiederum im Wesentlichen von der jeweiligen militärischen Stärke der beiden Supermächte und den dazugehörigen Blöcken abhängig war. Das Entstehen von Ideen und nicht-staatlichen Akteuren innerhalb der Blöcke, wie etwa die Oppositionsbewegung in der Tschechoslowakei oder der reformorientierte Eurokommunismus in Westeuropa, kann der Realismus hingegen nicht erfassen. In solchen Fällen bieten sich konstruktivistische und institutionalistische Ansätze zur Erklärung an. Der Konstruktivismus legt dabei den Fokus auf die Entwicklung und Implementierung innen- und außenpolitischer Ideen und Konzepte[6]. Beim Institutionalismus steht hingegen das erklärende Hauptaugenmerk auf der Kooperation in

6 Cameron G. Theis, The Roles of Bipolarity: A Role Theoretic Understanding oft he Effects of Ideas and Material Factors, *International Studies Perspectives*, Jg. 14, 2013.

den internationalen Institutionen, wie bspw. in der Konferenz über Sicherheit und Zusammenarbeit (KSZE).

Die Vertreter der realistischen Schule sehen in der Bipolarität eine Idealform des klassischen Mächtegleichgewichts, das funktioniert, wenn keine Seite signifikant der anderen überlegen ist. Der Kalte Krieg konnte daher nach Interpretation der Realisten einen labilen aber langen Frieden gewährleisten. Das sich daraus ergebende Sicherheitsdilemma, wonach die jeweiligen Verteidigungsanstrengungen zu Aufrüstungsprozessen führten, wird in Kauf genommen oder sogar begrüßt. Dieses Konzept, wonach defensive Maßnahmen offensive Reaktionen hervorrufen, war im Kalten Krieg in fast allen Bereichen, wie beim Aufrüstungsprozess oder bei den großen Krisen in Berlin und auf Kuba, von zentraler Bedeutung.

Beinahe zu jedem Zeitpunkt waren überall aber auch offensive Absichten und Handlungen im Spiel. Daher spielten bei der Einführung von neuen Waffensystemen, der Stationierung von sowjetischen Raketen auf Kuba, der Anwesenheit von ausländischen Truppen in Berlin, nicht nur reale Bedrohung, sondern auch subjektive Befürchtungen eine wichtige Rolle. Diese Ebene der Bedrohungswahrnehmung kann von Realisten nicht thematisiert werden. Konstruktivistische Erklärungen greifen hier besser, da sie auch Narrative, Befürchtungen und Überzeugungen der Schlüsselakteure thematisieren, die außerhalb militärischer oder rüstungstechnischer Fakten angesiedelt sind. Bezeichnend für den Einfluss solcher Faktoren ist nicht zuletzt die immer wieder erfolgte Anführung historische Analogien zur Begründung des eigenen Verhaltens von Seiten politischer Entscheidungsträger. »München 1938« sollte bspw. das Nachgeben gegenüber einem diktatorischen Regime symbolisieren und wurde sowohl vor dem Korea- als auch dem Vietnamkrieg verwendet. Der Koreakrieg selbst wiederum diente als Analogie für den Vietnamkrieg und der Vietnamkrieg wurde seinerseits zum Symbol für das Gegenteil von München, nämlich die Verwicklung in einen Krieg, der unkontrolliert eskaliert. Geschichte wiederholt sich nicht, die Heranziehung von Analogien beweist aber, dass sie auch nicht aus dem Gedächtnis verschwindet.

Unabhängig von Analogie-Narrativen wurde die Struktur des Kalten Krieges durch mehrere Dimensionen geformt: Geopolitik, Ideologie, Kultur und Normen. Es stellte sich auch die Frage nach der politischen Persönlichkeit im Rahmen dieser Struktur. Dabei zeigte sich, dass die Struktur die Handlungsmöglichkeiten der politischen Schlüsselakteure stark einschränkte. Jedoch gelang es einzelne Akteuren auch Einfluss auf die jeweilige Ausprägung der Struktur zu nehmen, wie etwa die Unterschiede zwischen Stalin und Chruschtschow innerhalb des sowjetischen Blockes zeigten. Nach dem Tod Stalins blieb die Blockkonfrontation bestehen, neue Gesprächsmöglichkeiten zwischen Moskau und Washington wurden aber eröffnet und der interne Terror innerhalb des sowjetischen Blocks verringert. Dennoch blieben die Strukturen in der Regel ein bestimmender Faktor, hinsichtlich der Handlungs- und Entscheidungsmöglichkeiten zentraler Akteure. Selbst während Nixons Entspannungs-, und Brandts Ostpolitik bestanden die politischen Lager weiter, obwohl sich die Ost-West-Beziehungen stark verbesserten. Erst als eine veränderte Struktur und mit Gorbatschow ein neuer Staatsmann zusammentrafen, konnte die Struktur des Kalten Krieges schließlich überwunden werden.

Zur gezielten Anwendung der genannten Analyseinstrumente, bieten sich insbesondere die Krisen und militärischen Konfrontation während des Kalten Krieges an. Im Fall der Krisen verblieb dabei der Konflikt gerade noch unterhalb der kritischen Schwelle zur offenen militärischen Auseinandersetzung. Die gefährlichste unter ihnen war die Kuba-Raketenkrise 1962, als die Sowjetunion auf Kuba Mittelstreckenraketen mit nuklearen Sprengköpfen stationierte, die die USA als direkte Bedrohung ihres Staatsgebiets ansahen. Bedrohliche Krisen waren ferner die Berlin-Krisen 1948–1949 und 1958–1961 sowie die Suez-Krise 1956 (zwischen den westlichen Verbündeten).

Neben den genannten Krisen gab es auch militärische Konfrontationen zwischen beiden Blöcken, die in einem oder mehreren Drittstaaten ausgetragen wurden und als »Stellvertreterkriege« bezeichnet werden. In diesen Fällen überschritt man die

Schwelle der Spannungen zu gewaltsamen Auseinandersetzungen. Im Ost-West-Kontext waren das der Koreakrieg (1950–1953) und der Vietnamkrieg (1963–1975). Diese Kriege waren Versuche, auch außerhalb Europas Einflusssphären zwischen der Sowjetunion und den USA und damit zwischen Kommunismus und Kapitalismus abzustecken. Auch der Krieg in Afghanistan von 1979 bis 1989, mit einem vergleichbar katastrophalen Ausgang wie dem des Vietnamkrieges, brachte zudem eine neuerliche Verschärfung der Ost-West-Beziehungen, nachdem seit Beginn der Siebzigerjahre eine Periode der Entspannung eingesetzt hatte.

Auch in der Dritten Welt wurden Kriege von anderen Akteuren im Interesse der Großmächte geführt. Solche militärischen Konflikte entwickelten sich vor allem in Gebieten, in denen keine klaren Einflusszonen etabliert waren. Die Großmächte nutzten zumeist lokale und regionale Konflikte, um ihren Einfluss auszuweiten. Dabei wechselten die Bündnisse häufig. Diese Art von bewaffneten Auseinandersetzungen gab es vor allem in Afrika (zum Beispiel am Horn von Afrika, in Mozambique und Angola). Die Großmächte selbst exportierten zumeist Waffen und schickten Spezialverbände. Viele dieser Kriege und bewaffneten Konflikte wurden auch nach dem Ende des Kalten Krieges fortgeführt, allerdings endeten diejenigen, die durch Unterstützung der Großmächte am Leben gehalten worden waren.

Ein weiteres charakteristisches Merkmal des Kalten Krieges stellt die wechselseitige nukleare Abschreckung dar. Diese entwickelte sich, nachdem die USA 1949 mit dem erfolgreichen Test der ersten sowjetischen Atombombe ihr Nuklearwaffenmonopol verloren hatten. Sie besagt, dass die Androhung von Vergeltung die andere Seite von einem Angriff mit Nuklearwaffen abhalten soll. Da ein derartiger Schlagabtausch spätestens seit den 50er Jahren, hätte er stattgefunden, die Zerstörung der eigenen Seite durch Schlag und Gegenschlag nach sich gezogen hätte, wurden, um weiterhin glaubwürdig zu erscheinen, kleinere Kernwaffen mit geringer Sprengkraft entwickelt, die in der taktischen Kriegsführung, ähnlich konventionellen Waffen, zum Einsatz hätten kommen können. Sie sollten nicht nur der Abschreckung sondern einer potentiellen nuklearen Kriegsführung dienen. Die Folge dieser Entwicklung war ein nuklearer Rüstungswettlauf.

Bedingt durch den fortbestehenden, zerstörerischen Rüstungswettlauf, der Kuba-Krise 1962 sowie dem Einmarsch der Sowjetunion in der Tschechoslowakei 1968 setzte sich schließlich auf beiden Seiten die Erkenntnis durch, dass strukturelle Kommunikationskanäle zwischen Ost und West eingerichtet werden mussten. Rüstungskontrollverhandlungen begannen und der KSZE-Prozess wurde aufgesetzt. Auf Basis der Schlussakte von Helsinki 1975 wurde im Rahmen von drei Körben (Sicherheit, Wirtschaft, Menschenrechte) verhandelt. Obwohl die Konferenz über Sicherheit und Zusammenarbeit auch Spiegel der Ost-West-Beziehungen war, hatte sie Auswirkungen auf die Entwicklungen innerhalb des kommunistischen Blocks. Neben der deutschen Ostpolitik von Willy Brandt seit 1970 war sie ein treibendes Element in der Entspannungspolitik.

Eine Konsequenz dieses Helsinki-Prozesses war, dass Reformbestrebungen in den kommunistischen Parteien Osteuropas gestärkt wurden. Nachdem der Prager Frühling 1968 niedergeschlagen worden war, wurde die »Charta 77« in der Tschechoslowakei neu gegründet. Dabei wurde deutlich, dass der Kommunismus kein Block mehr war. Auch im Westen entstand in der Form des Eurokommunismus eine Reformbewegung, die außenpolitisch vor allem zum Ziel hatte, die Blöcke in Europa aufzuweichen. Weltpolitische Bedeutung erhielt der Reformkommunismus allerdings erst, als Michail Gorbatschow 1985 Generalsekretär des Zentralkomitees der Kommunistischen Partei der Sowjetunion und 1990 Staatspräsident der Sowjetunion wurde.

Der Kalte Krieg ist allerdings nicht bloß ein Relikt und ein wichtiger Teil der jüngeren Geschichte. Daher werden am Ende dieses Buches Auswirkungen, Kontinuitäten und Unterschiede zur Periode nach dem Ende des Kalten Krieges diskutiert, und gefragt, welche Lehren aus der Geschichte des Kalten Krieges gezogen wurden.

Eindämmungspolitik

Bei den Konferenzen von Teheran im November 1943 und Jalta im Februar 1945 gab es in Bezug auf die Einflussbereiche in Europa eine grundsätzliche Übereinstimmung. Insbesondere die Konferenz von Jalta steht für die Einteilung von Einflusssphären, in der die zwei Supermächte USA und Sowjetunion dominieren sollten. Sie waren die diplomatische Basis für die geopolitische, militärische, politische und ideologische Bipolarität in der zweiten Hälfte des 20. Jahrhunderts. Erste politische Marksteine waren zudem Churchills Fulton-Rede, die Truman-Doktrin und der Marshall-Plan.

Die Großmächte handelten nach dem Konzept des Mächtegleichgewichts. Demzufolge sollte keine Macht alle anderen dominieren können. In der Geschichte wurde dieses Gleichgewicht meist durch Kriege hergestellt. Diesmal wurde es nicht durch einen Krieg gegeneinander, sondern gegen einen gemeinsamen Feind erreicht. Während des Zweiten Weltkrieges gab es bereits eine Koalition gegen Hitler. US-Präsident Franklin Roosevelt dachte, diese Kooperation könnte über das Kriegsende hinaus verlängert werden. Für ihn war die Idee von den Vereinten Nationen die Basis für einen neuen Multilateralismus der Nachkriegszeit. Die Prinzipien der »Deklaration der Vereinten Nationen« von 26 Staaten von 1942 sollten angewendet werden. Diese berief sich auf die »Atlantik-Charta«, die Roosevelt und der britische Premierminister Winston Churchill 1941 unterzeichneten.

> »Je näher wir der Niederlage unserer Feinde kommen, desto unvermeidlicher ist es, dass uns die Differenzen zwischen den Siegern bewusst werden. Wir dürfen es aber nicht zulassen, dass uns diese Differenzen spalten und den Blick auf die viel wichtigeren gemeinsamen und andauernden Interessen, den Krieg zu gewinnen und den Frieden aufzubauen, verstellen. Internationale Kooperation, die die Basis für den Frieden sein muss, ist keine Sackgasse. […] Wir und die anderen Staaten der Vereinten Nationen werden uns weiterhin mit Nachdruck und Entschlossenheit dafür einsetzen, ein derartiges

> System zu schaffen, indem wir starke und flexible Institutionen für gemeinsame und kooperative Handlungen zur Verfügung stellen.«[7]

Roosevelt hatte keine Zweifel, dass der Kommunismus unvereinbar mit amerikanischen Werten war, konnte ihn aber akzeptieren, solange er auf die Sowjetunion beschränkt bliebe. Er bot Russland die Mitgliedschaft in den Vereinten Nationen, dem Internationalen Währungsfond (IWF) und der Weltbank an. Roosevelt hatte eine breite Zusammenarbeit der Großmächte vor Augen, die nicht nur auf dem Mächtegleichgewicht, sondern auch auf gemeinsamen Prinzipien aufbaute. Die Vorstellung war die eines Konzertes, das eine stabilere Welt schaffen und einen Krieg wie den Zweiten Weltkrieg verhindern sollte. Das Vorbild war das Mächtekonzert, wie es in Europa nach den napoleonischen Kriegen nach 1815 existierte. Die Idee wurde in den Siebzigerjahren von Henry Kissinger wieder aufgegriffen und sollte ein Mächtegleichgewicht zwischen den USA, der Sowjetunion, China, Japan und Westeuropa herstellen. Mit der Idee der Großmächtekooperation verbunden war die Idee der kollektiven Sicherheit, wie sie bereits im Völkerbund von US-Präsident Woodrow Wilson nach 1918 vorgesehen worden war. Roosevelt wollte ein sowohl wirtschaftliches als auch sicherheitspolitisches globales System schaffen, das die Sowjetunion integrierte und nicht isolierte. In diesem Spannungsfeld zwischen Einbettung in eine globale Weltordnung und Distanz zum Westen waren die Sowjetunion und Russland über das Ende des Kalten Krieges hinaus gefangen.

Roosevelts Vorstellung trug aber bei dem sich abzeichnenden Kalten Krieg den Kern des Scheiterns in sich. Sie wurde von den beginnenden Ost-West-Konflikt überdeckt. Stalin hielt rhetorisch die Verdienste der Anti-Hitler-Koalition hoch, um sich Spielraum für seine künftige eigene Machtabsicherung zu verschaffen. Dieser Kooperation würden, so hofierte er die Bündnismächte, »nicht zufällige und vorübergehende Motive zu-

---

7 Franklin D. Roosevelt, Twelfth Annual Message, January 6, 1945; Fred L. Israel (Ed.), *The State of the Union Messages of the Presidents, 1790–1966*, Vol. III, (Chelsea House Publishers: New York), 1967, 2891–2893. Übersetzung: HG.

grunde liegen, sondern lebenswichtige dauernde Interessen«.[8] Aus diesem Grund hatte er auch 1943 die Kommunistische Internationale aufgelöst. Churchill anerkannte vorerst den Kooperationswillen Stalins, hatte er doch im Oktober 1944 eine Einteilung in ein britisches und ein sowjetisches Einflussgebiet in Südosteuropa akzeptiert. Der Sowjetunion sollten unter anderem die besetzten Gebiete Rumänien, Bulgarien und Ungarn zufallen, Großbritannien hingegen in Griechenland die Vorherrschaft ausüben.[9] Roosevelt seinerseits war vor dem Churchill-Stalin-Handel nicht konsultiert worden. Er war damit nicht einverstanden, glaubte er doch an das Selbstbestimmungsrecht der Völker, wie es von Präsident Wilson formuliert worden war. Stalins Ansinnen war es einen stalinistischen Sozialismus auf Basis der Kriegsergebnisse zu errichten und zu einer Machtaufteilung mit den kapitalistischen Mächten zu kommen, was ihm 1939 mit Hitlerdeutschland nicht gelungen war. Er vertröstete Roosevelt und Churchill, als diese ihn aufforderten, in den osteuropäischen Ländern freie Wahlen zuzulassen, auf einen unbestimmten Zeitpunkt. Stalin verschaffte sich so seine Einflusszonen dort, wo die rote Armee stand, gleichgültig wie stark die Kommunistischen Parteien in diesen Ländern tatsächlich waren. Prosowjetische Regierungen wurden, wie in Polen, gegen den Willen der Bevölkerung installiert. Über seine unmittelbaren politischen und militärischen Interessen in Polen und Rumänien hinaus zeigte sich Stalin in der Zeit nach Kriegsende erstaunlich flexibel und variantenreich.[10] Das betraf Österreich, Deutschland, Ungarn, die Tschechoslowakei, Frankreich, Italien und Griechenland. Er bekannte sich zwar zum Marxismus-Leninismus, fühlte sich aber keineswegs ideologisch gebunden. Stalin war an der Machtabsicherung interessiert und

8 Josef Stalin, Rede, 6. November zum 27. Jahrestag der Oktoberrevolution. Josef Stalin, *Über den großen vaterländischen Krieg der Sowjetunion*, Moskau, 1946, 184–188.

9 John Lewis Gaddis, *The Cold War: A New History*, (Penguin Books: London), 2005, 20.

10 Norman M. Naimark, Stalin and Europe in the Postwar Period, 1945–53: Issues and Problems, *Journal of Modern European History*, Vol. 2, 2004/1, 28–56, hier 31.

der Marxismus war für ihn nicht mehr als »eine Wundertüte voller Schlagworte, die man rückhaltlos gebrauchen konnte«[11]. In diesem Sinne war er ein geopolitisch denkender Realist, der alle seine Handlungen idealistisch-ideologisch rechtfertigte.

Stalin versuchte durchaus auch Gebiete außerhalb Europas, in denen die Rote Armee stationiert war, zu halten. Seine Weigerung, die sowjetischen Truppen nach Kriegsende aus dem iranischen Aserbaidschan abzuziehen, trug sogar wesentlich zum Entstehen des Kalten Krieges bei. Im Gegenzug zu Stalins Reaktion begann die USA mit dem Iran strategische Beziehungen aufzubauen. Die Verteidigung des Iran wurde als vital für die Eindämmung des Kommunismus gesehen. Churchill hatte vorerst noch signalisiert, dass er für eine Aufteilung des Iran in Einflusssphären optierte, wie sie schon 1907 nach dem Vertrag von Sankt Petersburg bestanden hatten. Der entstehende Kalte Krieg, Stalins Gewinne in Zentraleuropa und der Druck von US-Präsident Truman führten 1946 schließlich doch zum Abzug der sowjetischen Truppen aus dem Norden Irans.[12]

Die Atombombenabwürfe auf Hiroshima und Nagasaki im August 1945 durch Roosevelts Nachfolger Harry Truman wurden von Stalin als Machtdemonstration gegen die Sowjetunion und als Erpressungsversuch gewertet, erfolgten sie doch noch bevor sie den vereinbarten Krieg gegen Japan überhaupt aufnehmen hatten können. Sie waren unmittelbar nach der Konferenz von Potsdam erfolgt, die die politische Neuordnung und Entmilitarisierung Deutschlands regelte, ohne dass Stalin bei dieser Gelegenheit davon informiert worden wäre. Dennoch versuchte dieser aufgrund der bestehenden wirtschaftlichen und militärischen Schwäche der Sowjetunion Zeit zu gewinnen, um die Anti-Hitler-Koalition irgendwie zu verlängern. In einem Interview mit Elliot Roosevelt erklärte er, dass sich die Beziehungen zu den USA nach dem Tode Roosevelts nicht verschlechtert, sondern sogar verbessert hätten. Entsprechend nahm Stalin auch gerne das Angebot an, Gründungsmitglied

---

11 Carl Oglesby/Richard Shaull, *Amerikanische Ideologie,* (Suhrkamp: Frankfurt am Main), 1969, 52–55.

12 Roham Alvandi, *Nixon, Kissinger, and the Shah: The United States and Iran in the Cold War,* (Oxford University Press: Oxford), 2014.

der Vereinten Nationen zu werden, weil er damit im Sicherheitsrat ein Vetorecht erhielt. Dennoch mied er die Mitgliedschaft im IWF und der Weltbank, weil er damit in das kapitalistische Weltsystem eingebunden worden wäre, was seine kommunistische Herrschaft selbst gefährdet hätte.

In Washington rätselte man über die Motive Stalins. Was wollte er wirklich? Man war sich nicht ganz sicher, ob die Sowjetunion eine Status quo-Macht war, die sich mit dem »Sozialismus in einem Lande«, wozu ihre Einflusszonen zu zählen waren, begnügen würde, oder ein revisionistischer Staat, der Umstürze außerhalb im Westen plane. Diese Frage stellte das amerikanische Finanzministerium der amerikanischen Botschaft in Moskau. Die Antwort kam von dem jüngeren Botschaftsangestellten George F. Kennan in Form eines »langen Telegramms« im Februar 1946[13]. Kennans Beobachtungen kamen für viele in den USA überraschend. Er machte die inneren Verhältnisse der Sowjetunion für Moskaus Außenpolitik verantwortlich. Deshalb hätte der Westen nur geringen Einfluss auf das, was Stalin vorhabe. Die innere Schwäche und Brüchigkeit des Sowjetsystems veranlasse Stalin, sich gegenüber der Außenwelt feindlich zu verhalten. Es sei die einzige Möglichkeit für die Diktatur einer kommunistischen Minderheit den internationalen Kapitalismus für die Unterdrückung und die Opfer der russischen Bevölkerung verantwortlich zu machen. Ein Entgegenkommen könne von Stalin nicht erwartet werden, solange sich die inneren Bedingungen nicht änderten. Die amerikanische Bevölkerung müsse über diese Situation informiert werden. Ein theatralischer und »hysterischer Anti-Sowjetismus« könne damit vermieden werden. Die USA müssten mit Selbstbewusstsein dem bösartigen Weltkommunismus »ein positives und konstruktives Bild von der Welt gegenüberstellen«, zumal die europäische Bevölkerung von der jüngsten Vergangenheit zu müde und eingeschüchtert wäre, sich selbst abstrakte Freiheit vorstellen zu können und mehr an Sicherheit interessiert sei.

---

13 George Kennan, *The Long Telegram*, Moscow 22, February 1946.

Dieses Telegramm ging weit über eine machtpolitische Analyse des neuen Ost-West-Verhältnisses hinaus. Es thematisierte sowohl das Verhältnis von Innen- und Außenpolitik als auch die Kraft des Vorbildes. Vertreter der realistischen Schule haben später dieses Telegramm und den eineinhalb Jahre später unter dem Pseudonym »X« in der Zeitschrift »Foreign Affairs« veröffentlichten Artikel[14] Kennans ausschließlich unter dem globalen sicherheitspolitischen Aspekt interpretiert. Kennan hatte jedoch anders als diese das Augenmerk insbesondere auf die inneren Verhältnisse der Sowjetunion zur Erklärung der wahrgenommenen sowjetischen Gefahr gelegt. Rückblickend kann man mit einiger Berechtigung feststellen, dass die innen-, wie auch die außenpolitischen Dimensionen sowohl für den Beginn als auch das Ende des Kalten Krieges verantwortlich waren.

Letztlich blieben Stalins Bemühungen einer Verlängerung der Anti-Hitler-Koalition ohne Erfolg. Für die USA war die Kriegskoalition mit der Sowjetunion aber unnötig und ab 1946 eine Belastung geworden. Auch Churchill sah in Sowjetrussland nun »eine tödliche Gefahr für die freie Welt«. Er forderte, dass im Osten, soweit wie möglich, eine Front durch die »Armeen der Demokratien« errichtet werde. Die Rede des nicht wiedergewählten britischen Premierministers im März 1946 im Westminster College in Fulton im US-Bundesstaat Missouri, der diese Forderung entstammt, kann als öffentlich angekündigter Beginn des Kalten Krieges gewertet werden. Churchill erwähnte darin erstmals auch den Begriff des »Eisernen Vorhangs«, hinter dem alte berühmte Städte und ihre Bevölkerung unter die Kontrolle Moskaus gekommen wären:

> »Von Stettin an der Ostsee bis nach Triest an der Adria hat sich ein eiserner Vorhang über den Kontinent gesenkt. Dahinter liegen die Hauptstädte der vormaligen Staaten Zentral- und Osteuropas: Warschau, Berlin, Prag, Wien, Budapest, Belgrad, Bukarest und Sofia. Alle diese berühmten Städte und die umwohnende Bevölkerung befinden sich in der Sowjetsphäre, wie ich sie nennen muss, und sind

14 »X«, The Sources of Soviet Conduct (George F. Kennan), *Foreign Affairs*, July 1947, 566–582.

in der einen oder anderen Form nicht nur dem sowjetischen Einfluss ausgesetzt, sondern unterstehen im hohen Maße der Kontrolle Moskaus. [...] Welche Schlussfolgerungen aus diesen Tatsachen man auch ziehen mag – und es handelt sich um Tatsachen –, dies ist sicher nicht das befreite Europa für dessen Aufbau wir gekämpft haben und keineswegs ein Europa, das die notwendigen Voraussetzungen für einen dauernden Frieden bringt.«[15]

Churchill war zu jener Zeit Privatmann, die Rede damit inoffiziell. Der Begriff tauchte daraufhin aber dennoch in vielen offiziellen Dokumenten im Ost-West-Kontext auf.

In der ersten Hälfte des Jahres 1947 beschloss die US-Regierung eine kohärente neue Strategie gegenüber der Sowjetunion zu formulieren, die über Reaktionen von Fall zu Fall hinausging. Grundlage für die neue Außenpolitik der USA bildete die weiter oben genannte Analyse Kennans. Die ersten Schritte dieser Strategie waren die Truman-Doktrin und der Marshall-Plan, die darauf abzielten, die Sowjetunion machtpolitisch einzudämmen. Im März 1947 kündigte US-Präsident Truman für Griechenland und die Türkei ein Programm für wirtschaftliche und militärische Hilfe an. Die Begründung dafür ging weit über diese Länder, die in der Nachkriegszeit weder frei noch demokratisch waren, hinaus. Er formulierte eine Politik der USA, die »freie Völker« unterstützen würde, die sich gegen die Unterwerfung von bewaffneten Gruppen oder äußeren Druck auflehnen würden.

Mit der Truman-Doktrin konzentrierten sich die USA nun endgültig darauf, die westliche Hälfte des geteilten Europas aufzubauen und die amerikanisch-britischen Besatzungszonen zu integrieren. Truman beschreibt darin zwei Welten, die gleichzeitig die beiden bestehenden geopolitischen Lager symbolisieren:

»Zum gegenwärtigen Zeitpunkt der Weltgeschichte muss fast jede Nation zwischen alternativen Lebensformen wählen. Nur zu oft ist

15 Winston S. Churchill, *Der Zweite Weltkrieg*, Mit einem Epilog über die Nachkriegsjahre, (Deutsche Buchgemeinschaft: Berlin-Darmstadt-Wien), 1954, 1001–1004.

> diese Wahl nicht frei. Die eine Art zu leben zeichnet sich durch freie Institutionen, eine repräsentative Regierungsform, freie Wahlen und durch garantierte Freiheit der Person, der Rede und des religiösen Bekenntnisses sowie durch Freiheit von politischem Zwang aus. Die zweite Lebensweise gründet sich auf den Willen einer Minderheit, der der Mehrheit aufgezwungen wird. Terror und Unterdrückung, kontrollierte Presse und Rundfunk, fingierte Wahlen und Unterdrückung der persönlichen Freiheiten sind ihre Kennzeichen.«[16]

Truman selbst beschreibt die Rede als Handlungsanleitung für die USA »wo immer es aktive Bedrohungen der Unabhängigkeit und Stabilität freier Nationen gab«.[17] Nach diesem politischen Vorstoß folgte der Marshall-Plan. Dieser hatte sowohl wirtschaftliche als auch politische Aufgaben zu erfüllen. Dabei ging es nicht darum, eine sowjetische Intervention in Westeuropa zu verhindern, sondern um dessen Aufbau und seine Integration in den Westen. Der Plan sollte neben dem Wiederaufbau Europas das westliche Wirtschaftsmodell attraktiv und das kommunistische unattraktiv machen. Der Marshall-Plan verkündete das Modell einer liberalen Gesellschaft basierend auf Marktwirtschaft und parlamentarischer Demokratie mit moderner Industrie und Freihandel.[18]

Interessanterweise schloss der damalige Außenminister George C. Marshall in seiner Rede vom 5. Juni 1947 die von der Sowjetunion besetzten osteuropäischen Länder und selbst die Sowjetunion nicht von vornherein von der Teilhabe aus. Dennoch wird eine erste Schwerpunktsetzung auf Deutschland und Österreich deutlich. Deren wirtschaftliche Entwicklung würde dadurch behindert, dass es zwei Jahre nach Ende des Krieges noch kein endgültiges Friedensergebnis gab.

---

16 Harry S. Truman, *special message to the congress on Greece and Turkey: the Truman doctrine,* 12 March 1947. Übersetzung: HG.

17 Harry S. Truman, *Years of Trial and Hope 1946–1952,* (Doubleday & Company: Garden City, N.Y.), 1956, 111.

18 Vgl. Wilfried Loth, The Cold War and social and economic history, Melvyn P. Leffler and Odd Arne Westad (Hg.), *The Cambridge History of The Cold War, Vol. II, Crises and Détente,* (Cambridge University Press: Cambridge), 2010, 511.

Neben dem Wiederaufbau Westeuropas und der Westintegration, ging es beim Marshall-Plan zugleich um den Aufbau eines funktionsfähigen Weltmarktes. Die USA konnten sich dabei, anders als die Sowjetunion, vor allem auf den politischen und wirtschaftlichen Wiederaufbau Westeuropas konzentrieren, da sie keine Kriegsschäden im eigenen Land zu verzeichnen hatten und in der militärischen Entwicklung (Atombombe) einen großen Vorsprung besaßen.

> »Es ist logisch, dass die Vereinigten Staaten alles unternehmen werden, um zu einer normalen gesunden Weltwirtschaft zurückzukehren, ohne die es weder politische Stabilität noch garantierten Frieden geben kann. Unsere Politik richtet sich nicht gegen irgendein Land oder eine Anschauung, sondern gegen Hunger, Armut, Verzweiflung und Chaos. Ihr Zweck ist die Wiederbelebung einer funktionierenden Weltwirtschaft, damit die politischen und sozialen Bedingungen entstehen, unter denen freie Institutionen bestehen können.«[19]

Tatsächlich wurden die Bedingungen letztlich so formuliert, dass sich Stalin nicht an dem Programm beteiligen konnte, obwohl er es anfänglich in Betracht gezogen hatte. Es war ein westlich-marktwirtschaftliches Programm, das nicht zum stalinistischen Kommunismus passte. Es hätte wirtschaftliche Integration in den Kapitalismus, Transparenz und Offenheit bedeutet. Stalin untersagte daraufhin allen Ländern in der sowjetischen Einflusssphäre die Hilfsleistungen anzunehmen. Das betraf auch die Tschechoslowakei, deren Regierung noch nicht vollständig stalinisiert war und ernsthaft eine Beteiligung an dem Programm in Erwägung gezogen hatte. Mit der Implementierung des Marshall-Plans wurden nicht nur die geopolitischen Grenzen gezogen, sondern auch die unterschiedlichen Wirtschaftssysteme verfestigt. Hoffnungen auf eine liberale integrierte Weltwirtschaft waren damit endgültig begraben.

An dem Programm beteiligten sich nunmehr nur noch 16 westeuropäische Länder. Aus ihnen ging 1948 die »Organisation für europäische wirtschaftliche Zusammenarbeit« (OEEC)

19 George C. Marshall, *Speech given by United States Secretary of State,* at Harvard University on 5 June 1947. Übersetzung: HG.

hervor, die die Verteilung der Hilfsgelder mit den USA planen sollte. Sie war der Vorgänger der 1961 gegründeten »Organisation für wirtschaftliche Zusammenarbeit und Entwicklung« (OECD). Die OEEC sollte den innereuropäischen freien Handel fördern, die Zölle zwischen den Mitgliedern senken, sowie die Möglichkeit einer Zoll- und Freihandelsunion prüfen. Oft wurde das »European Recovery Program« (ERP) des Marshall-Plans fälschlicherweise als humanitäre Hilfsleistung interpretiert. Seine Absicht war aber Westeuropa politisch und wirtschaftlich an die USA zu binden. Somit war er politisch letztlich bedeutender als volkswirtschaftlich. Der Plan, der etwa 13 Milliarden Dollar für den Wiederaufbau zur Verfügung stellte, trug durchschnittlich weniger als fünf Prozent zum Wirtschaftswachstum der Empfängerländer bei. Der Anteil der Hilfe am Bruttosozialprodukt war in Österreich mit 14 Prozent am höchsten.[20]

Der Marshall-Plan war ein Beitrag zum Wiederaufbau Westeuropas, aber keinesfalls eine Kolonialisierung Europas, wie es die kommunistische Propaganda bezeichnete. Im Gegenteil, im amerikanischen Kongress gab es eine heftige Debatte darüber, ob man sich mit der politischen und wirtschaftlichen Integration Westeuropas nicht in Zukunft einen Konkurrenten auf dem Weltmarkt aufbauen würde. In seinen Memoiren sinniert George F. Kennan:

> »Wir waren nicht einmal mit uns selber einig, ob wir einen deutschen wirtschaftlichen Wiederaufstieg nun wünschen sollten oder nicht. Manchmal glaubten wir ja, manchmal glaubten wir nein.«[21]

Die Truman-Doktrin und der Marshall-Plan waren die ersten Maßnahmen der USA im einsetzenden Kalten Krieg gegenüber der Sowjetunion. George F. Kennan versuchte sie mit seinen Schlussfolgerungen aus dem langen »Telegramm« in Einklang zu bringen und gab der neuen US-Politik einen Namen. Wenn

---

20 William I. Hitchcock, The Marshall Plan and the creation oft he West, Melvyn P. Leffler and Odd Arne Westad (Hg.), *The Cambridge History of The Cold War, Vol. I, Origins,* (Cambridge University Press: Cambridge), 2010, 160.

21 George F. Kennan, *Memoiren eines Diplomaten,* (dtv: München), 1971 (1967), 336.

das sowjetische Außenverhalten primär innenpolitisch motiviert war und nicht von außen verändert werden könne, dann bliebe den Vereinigten Staaten nur mehr eines übrig: die »Eindämmung« (»Containment«) der sowjetischen Feindseligkeiten. Eindämmungspolitik sollte einen als expansionistisch betrachteten Staat an der Ausdehnung seiner Macht hindern. Kennan selbst schrieb dazu:

> »Unter diesen Umständen ist es klar, dass das wichtigste Element jeglicher Politik der USA gegenüber der Sowjetunion eine langfristig angelegte, geduldige aber doch feste und wachsame Politik der Eindämmung des russischen Expansionsstrebens sein muss.«[22]

Diese dürfe aber nicht mit überflüssigen theatralischen Bedrohungsgesten verbunden sein. Der sowjetische Druck auf die freien Institutionen des Westens könne mit Gegendruck eingedämmt, aber nicht weggeredet oder weggezaubert werden. Es gäbe zwei Ziele: die Macht und den Einfluss Moskaus zu reduzieren, und Theorie und Praxis der russischen Regierung in den internationalen Beziehungen zu verändern. Dieser politischen Weisung folgte die Politik der USA gegenüber der Sowjetunion seit den Anfängen des Kalten Krieges.

Stalins Reaktion auf die Eindämmungspolitik entsprach weitgehend Kennans Annahmen. Er verschärfte den Zugriff auf seinen Machtbereich. Im Oktober 1947 folgte die Gründung des »Kommunistischen Informationsbüros« (Kominform), mit dem die Kommunistischen Parteien (KPs) künftig auf eine gemeinsame Linie verpflichtet werden sollten. Stalin rechnete auch die Tschechoslowakei zu seiner Einflusszone, obwohl sie nicht direkt militärisch besetzt war. Die Kommunistische Partei war seit den Wahlen 1946 die stärkste Partei, verhinderte aber auf Stalins Weisung im Februar 1948 Neuwahlen. Aus Protest traten die nicht-kommunistischen Minister aus der Regierung aus. Zur Durchsetzung ihrer Ziele organisierte die Kommunistische Partei Massendemonstrationen sowie Streiks und drohte mit dem Einmarsch der Roten Armee. In dieser Situation kam Staatspräsident Edvard Beneš unter Druck. Er vereidigte den

22 »X«, The Sources of Soviet Conduct (George F. Kennan), *Foreign Affairs*, July 1947, 566–582. Übersetzung: HG.

Kommunisten Klement Gottwald zum Ministerpräsident. Außenminister Jan Masaryk, der sich gegenüber dem kommunistischen Umsturz nicht klar positionierte, fand durch einen mysteriösen Fenstersturz den Tod.

Anders als in Osteuropa gestaltete sich die Lage in Deutschland, das ebenso wie Österreich in vier Besatzungszonen aufgeteilt war. Der Beschluss der mit westlichen Staaten besetzten Sechsmächtekonferenz im Februar 1948 die westlichen Zonen Deutschlands gesondert zu verwalten, veranlasste Stalin im Juni 1948 dazu eine Blockade über Westberlin, das über die sowjetische Besatzungszone versorgt wurde, zu verhängen. Obwohl Berlin daraufhin durch eine Luftbrücke der Westmächte versorgt werden konnte, war damit auch die Teilung Deutschlands vollzogen. George F. Kennan hatte damals für einen Rückzug der sowjetischen und amerikanischen Streitkräfte und für eine Neutralität und Entmilitarisierung Deutschlands plädiert, weil er nicht an die Haltbarkeit der Teilung Europas und die Überlebensfähigkeit Berlins in dieser Situation glaubte.[23] Der deutsche Bundeskanzler war vehement dagegen und Frankreich ebenso wie Großbritannien fürchteten, dass ein unabhängiges neutrales Deutschland wieder zu mächtig werden könnte. Die Teilung Deutschlands war somit besiegelt.

Mit George Kennans Telegramm, der Truman-Doktrin, dem Marshall-Plan, dem sowjetisch gestützten Putsch in der Tschechoslowakei und der Berlin-Blockade wurde die Politik der »Eindämmung« des Westens gegenüber der Sowjetunion in die Praxis umgesetzt. Sie sollte die territoriale und politische Expansion des Gegners über seine gegenwärtige geostrategische Ausdehnung hinaus verhindern.[24] Historische Vorläufer dieser Politik waren der Versuch Großbritanniens, Frankreichs und Russlands Deutschland nach 1900 einzudämmen. Davor ver-

---

23 George F. Kennan, *Im Schatten der Atombombe: Eine Analyse der amerikanisch-sowjetischen Beziehungen von 1947 bis heute,* (Kiepenheuer & Witsch: Köln), 1982, 21.

24 Vgl. Heinz Gärtner, *Internationale Sicherheit: Definitionen von A–Z* (2. Erweiterte und aktualisierte Auflage), (Nomos: Berlin), 2008, 50–52.

folgte Bismarck eine Politik der Eindämmung gegenüber Frankreich mit einem Netz europäischer Verbündeter. Das Wiener Konzert von 1815 sollte ein revisionistisches Frankreich durch die Schaffung einer Reihe von Pufferstaaten eindämmen. In gewisser Weise ähnelt Eindämmung, also die Bildung von diplomatischen und militärischen Gegengewichten gegen potentielle Herausforderer und Aggressoren, einer Politik des Mächtegleichgewichts. Eine Politik des Mächtegleichgewichts wurde aber zumeist gleichzeitig von diplomatischen Kontakten begleitet, wie zur Zeit der Entspannungspolitik der Sechziger- und Siebzigerjahre während des Ost-West-Konfliktes. Die Eindämmungspolitik während der frühen Phase des Kalten Krieges ging hingegen über eine Politik des Mächtegleichgewichts hinaus, da sie von keinen wesentlichen diplomatischen Verhandlungen begleitet war. George Kennan war erstaunt, dass für die Westeuropäer, die sich nach dem Marshall-Plan noch in einer Erholungsphase befanden, wirtschaftlicher Aufbau nicht mehr die dringlichste Aufgabe war, sondern die Bekämpfung der Gefahr, wie sie von der wahrgenommenen militärischen Überlegenheit der Sowjetunion in Mitteleuropa ausging.[25] Er war der Meinung, dass es in den Nachkriegsjahren keine Anhaltspunkte dafür gegeben hätte, dass die sowjetische Führung zu irgendeinem Zeitpunkt Westeuropa angreifen wollte, wenn sie sich nicht in ihrer eigenen Existenz bedroht fühlte.[26] Für ihn war Eindämmung ein Mittel, das den europäischen Staaten helfen sollte, unabhängig von Großmachteinflüssen zu bleiben.

Letztlich wurde klar, dass US-Präsident Truman den Kurs des beginnenden Kalten Krieges bestimmte. Er ersetzte Roosevelts Konzept der vier Mächte durch ein westliches Militärbündnis. Truman verfolgte nicht die von Churchill empfohlene Taktik der Belohnung und Bestrafung, sondern handelte nach dem Prinzip der Blockbildung. Er setzte auf westliche Einheit

---

25 George F. Kennan, *Im Schatten der Atombombe: Eine Analyse der amerikanisch-sowjetischen Beziehungen von 1947 bis heute*, (Kiepenheuer & Witsch: Köln), 1982, 14.

26 George F. Kennan, *Im Schatten der Atombombe: Eine Analyse der amerikanisch-sowjetischen Beziehungen von 1947 bis heute*, (Kiepenheuer & Witsch: Köln), 1982, 31.

anstelle von Ost-West-Verhandlungen. Eindämmung wurde für die nächsten vierzig Jahre das Leitprinzip für den Westen.[27]

Der Nationale Sicherheitsrat der USA legte Präsident Truman Anfang Sommer 1950 das Dokument NSC-68 vor. Darin wurde eine Strategie formuliert, deren Ziel es war, die Interessen der USA zu verteidigen, wo immer sie sich solche ergaben. Damit richtete sich das Dokument in erster Linie gegen sowjetische Einflussversuche im Westen. Eine Folge daraus war, dass die Außenpolitik zunehmend militärisch definiert wurde. Nach dem Beginn des Koreakrieges im Juni 1950 kam es daher schließlich zu einer massiven Aufrüstung. Das Dokument definiert Eindämmung als Politik »kalkulierten und zunehmenden Zwangs«.[28] Der NSC stellt darin auch fest, dass »ohne militärische Stärke, eine Politik der Eindämmung nichts weiter ist als eine Politik des Bluffs«. Aus dieser Logik entwickelte sich eine Politik des Risikos, um die sowjetischen Pläne zu durchkreuzen und die Sowjetunion zurückzudrängen. Jene zielte darauf ab, die vorhandene militärische und wirtschaftliche Überlegenheit in eine absolute Vormachtstellung umzuwandeln. Darunter wurde die Fähigkeit verstanden, der Sowjetunion Bedingungen diktieren zu können. Nachdem sich die Eindämmungspolitik insbesondere in Asien als uneffektiv erwiesen hatte, wurde sie durch die Strategie des »Roll back« ersetzt, die bald darauf durch die »Domino-Theorie« ergänzt wurde. Diese basiert auf der Annahme, dass einer kommunistischen Machtübernahme, wie in einer Reihe von Dominosteinen, weitere folgen, solange bis der letzte Stein der freien Welt, die Vereinigten Staaten, fallen. Um dies zu verhindern, wurde nun nicht nur eine Eindämmung des sowjetischen Machtbereichs angestrebt, sondern eine aktive Sicherung bzw. Ausweitung des westlichen Einflusses, bei gleichzeitiger Zurückdrängung des Kommunismus. Die »Roll back«-Strategie in ihrer Erweiterung mit der »Domino-Theorie« diente in den folgenden Jahrzehnten als Begründung zahlreicher Interventionen der USA, um Verbündete gegen angenommene

27 Henry Kissinger, *Diplomacy*, (Simon & Schuster: New York/London), 1994.

28 NSC-68, *United States Objectives and Programs for National Security*, 14 April 1950. Übersetzung: HG.

kommunistische Machtübernahmen zu verteidigen. Sie fand insbesondere im Zusammenhang mit den Kriegen in Südostasien häufig Anwendung.

Trotz dieser späteren Entwicklungen war die Eindämmungspolitik die dominante Strategie der USA gegenüber der Sowjetunion in der unmittelbaren Nachkriegszeit. Der Artikel Kennans traf auf eine weitverbreitete antisowjetische Stimmung in den Vereinigten Staaten, wie sie sich auch in der Truman-Doktrin und dem Marshall-Plan ausdrückte. Kennan selbst distanzierte sich später von der tatsächlich durchgeführten Politik.[29] Diese sei zu weit gegangen und er hätte weder eine »Doktrin der Eindämmung« noch die Isolierung der Sowjetunion, sondern lediglich diplomatische Standfestigkeit und Härte befürwortet. Er hätte den Begriff der »Eindämmung« politisch-diplomatisch und nicht militärisch verwendet. Außerdem habe die Politik der Eindämmung nach Stalins Tod 1953 und dem sowjetisch-chinesischen Zerwürfnis seit Ende der Fünfzigerjahre einen Großteil ihrer Berechtigung verloren. Kennan ließ offen, ob die Sowjetunion eine revisionistische und expansionistische oder eine Status quo-Macht war. Für Truman jedenfalls war sie die erstere und er reagierte mit politischen, ökonomischen und militärischen Maßnahmen. Beobachter, die die Spannungen in der frühen Phase des Kalten Krieges auf Stalin zurückgeführt hatten, wurden eines Besseren belehrt. Misstrauen und Fehleinschätzungen hörten mit dem Tode Stalins nicht auf. Sie bargen immer wieder ein Eskalationsrisiko in sich: der Eintritt der Bundesrepublik in die Nordatlantikvertrags-Organisation – NATO (1955); der »Schock«, den der Start des ersten Sputniks (1957) in den USA auslöste; die Stationierung von Nuklearwaffen in Europa; die zweite Berlin-Krise (1958–1961); sowie die Kuba-Krise 1962.[30]

Zu Beginn des Kalten Krieges wurde die Welt in zwei Teile aufgeteilt. Ideologisch zwischen Kapitalismus und Kommunis-

29 George F. Kennan, *Memoiren eines Diplomaten*, (Deutscher Taschenbuchverlag, dtv: München), 1971 (von Kennan: 1967), 358–370.

30 George F. Kennan, *Im Schatten der Atombombe: Eine Analyse der amerikanisch-sowjetischen Beziehungen von 1947 bis heute*, (Kiepenheuer & Witsch: Köln), 1982.

mus, geopolitisch in militärische Einflusssphären zwischen den USA und der Sowjetunion; in der Dritten Welt, wo dieser Prozess noch nicht abgeschlossen war, wurde von beiden Seiten »gewildert« und politisch sowie militärisch interveniert. Der Besitz von Nuklearwaffen hielt dabei die Großmächte nicht von militärischen Interventionen ab. Zudem bestand die stete Gefahr, dass eine Seite einen nuklearen Erstschlag wagen könnte, in der Hoffnung, damit davonkommen zu können, ohne dass die andere Seite zu einem Gegenschlag in der Lage wäre. Ebenso blieb das Risiko, dass ein konventioneller Angriff der Truppen des Warschauer Paktes in Europa zu einer nuklearen Eskalation führen könnte.

Stalin hatte die Nachkriegssituation für seine Zwecke kompromisslos und bestens ausgenutzt. Ihm war es gelungen einen schützenden Gürtel von Satellitenstaaten in Ost- und Mitteleuropa vor die Sowjetunion zu legen. Zudem hatte er diese territoriale Expansion propagandistisch als »Erfolg« kommunistischer Ideologie ausgegeben. Tatsächlich war es eine nationalistische Politik und keine globale kommunistische Strategie. Auch Stalins Nachfolger versuchten nach dessen Tod 1953 das Erlangte mit verringerten Spannungen zu erhalten, ohne davon etwas aufzugeben.

Wie sehr die Eindämmungspolitik auch noch spätere Phasen des Kalten Krieges bestimmte, zeigt ein anderes Beispiel: Als John F. Kennedy 1961 in den USA an die Regierung kam, war der Generalstab von militaristischen Falken dominiert, die Kennedy verachteten. Der neue Verteidigungsminister McNamara entdeckte geheime Pläne des Pentagons über einen präemptiven Nuklearschlag auf die Sowjetunion, den er unbedingt verhindern wollte.[31] Diese Teile des Generalstabs drängten zu Beginn der Kuba-Krise 1962 in gleicher Weise auf einen Präemptivschlag auf die sowjetischen Raketen oder eine militärische Intervention.

31 Errol Morris, McNamara in Context, *The New York Times*, July 7, 2009.

Die Eindämmungspolitik sollte zu Beginn des Kalten Krieges die Sowjetunion in Schranken halten. Zugleich überstieg die Zerstörungskraft der Waffen der USA diesen Zweck bei weitem.[32] Dennoch hatte sich im Westen die Vorstellung der überwältigenden sowjetischen Überlegenheit im Bereich der konventionellen Waffen bereits verfestigt. Man ging nicht davon aus, was die Sowjetunion tun könnte, sondern was sie im schlimmsten Fall tun würde. Dem zu Grunde lagen nicht die wirklichen Fähigkeiten, sondern die angenommen Absichten, die auf die kommunistische Ideologie zurückgeführt wurden. Folglich wurde in den Fünfzigerjahren eine »Bomberlücke« angenommen, die aber damals nicht existierte, wie die Geheimdienste später selbst herausfanden. Die US-Luftwaffe schätzte die Anzahl der sowjetischen Langstreckenbomber zwischen 1955 und 1957 auf 700 bis 800. Tatsächlich hatte die Sowjetunion nie mehr als 150 Stück stationiert. Zu Beginn der Sechzigerjahre wurde eine »Raketenlücke« entdeckt, die John F. Kennedy 1960 zum Wahlkampfthema gegen Richard Nixon machte. Ein Bericht des Auslandsgeheimdienstes der CIA vom September 1961 zeigte jedoch, dass die Sowjetunion auch in dieser Hinsicht weit unterlegen war.[33] Das Resultat war ein umfangreiches Raketenprogramm, nachdem Präsident Kennedy an die Regierung kam. Darauf erfolgte ein wiederum angenommenes »Fenster der Verwundbarkeit« in der zweiten Hälfte der Siebziger- und in der ersten der Achtzigerjahre, was Präsident Reagan seinerseits für umfassende Rüstungsprogramme nutzte.[34] Zudem wurde die Eindämmungspolitik von Europa auf Asien übertragen. Asien war aber nicht von vornherein in Einflusszonen aufgeteilt. Diese Unklarheit hatte schon den Koreakrieg zu Folge, der letztlich auch beim 38. Breitengrad derartige Zonen schuf.

---

32 Henry Kissinger, *World Order,* (Penguin Press: New York), 2014.

33 John Lewis Gaddis, *We know now: Rethinking Cold war History,* (Oxford Clarendon Press: Oxford), 1997, 256–257.

34 Michael Herman, Intelligence effects on the Cold War: Some reflections, Michael Herman and J. Kenneth McDonald and Vojtech Mastny, *Did intelligence matter in the Cold War?* (Norwegian Institute for Defense Studies: Oslo), 2006

Die Eindämmungspolitik war immer wieder verbunden mit Übertreibungen, ja Unwahrheiten, wie es der Vertreter der realistischen Schule John Mearsheimer ausdrückt. Anlässe für gegenseitige Vorwürfe gab es ausreichend: nukleare Überlegenheit, Expansionismus, Imperialismus oder kommunistische Weltherrschaft und viele mehr. Das ist einerseits darauf zurückzuführen, dass Entscheidungsträger Bedrohungen oft stärker empfanden, als sie es tatsächlich waren. Sie dachten in Kategorien der schlimmsten Möglichkeiten (»worst case«). Zugleich sahen sie sich unter Handlungsdruck und mussten ihre Handlungen rechtfertigen. Die Falken unter ihnen wollten zudem mit dem Hinweis auf äußere Bedrohung ihre eigene politische Stellung stärken. Dennoch stürzte unnötige Panikmache die USA immer wieder in internationale Abenteuer.[35] Das geschah, wenn Staatsmänner bewusst falsche Angaben machten, die andere für wahr halten sollten. Die Zielgruppe war meistens die eigene Bevölkerung und nicht andere Staaten. Das traf etwa auf den hochgespielten zweiten Angriff von nordvietnamesischen Patrouillenbooten auf den Zerstörer Maddox im Golf von Tonkin 1964 zu, der Präsident Johnson den Scheingrund für den Beginn des Vietnamkrieges bot. Beim Rüstungswettlauf »entdeckte« Präsident Eisenhower eine »Bomberlücke« und Präsident Kennedy eine »Raketenlücke«, die beide nicht existierten. Wenn die Bedrohung des Gegners übertrieben dargestellt wurde, so wurde eigenes Verhalten verharmlost. Als die sowjetische Luftabwehr 1960 ein Spionageflugzeug U-2 der USA über russischem Territorium abschoss, erklärte ein Sprecher des Außenministeriums der Regierung Eisenhowers, dass es sich um ein vom Kurs abgekommenes Wetterflugzeug gehandelt hätte. Präsident Kennedy beteuerte bei einer Pressekonferenz kurz vor der Invasion von Exilkubanern in Kuba, die von der Administration unterstützt wurde, dass die USA keinerlei Absichten hätten, den kubanischen Führer Castro zu stürzen. Als Präsident Nixon 1969 Kambodscha bombardierte, erklärte er gleichzeitig der

35 John J. Mearsheimer, *Why Leaders Lie: The Truth About Lying in International Politics*, (Oxford University Press: Oxford), 2011. Eric Altermann, *When Presidents Lie: A History of Official Deception and its Consequences*, (Vicing: New York), 2004.

amerikanischen Öffentlichkeit, dass er die Souveränität und Neutralität Kambodschas respektieren würde.

Der ehemalige Brigadier der US-Armee Andrew J. Bacevich[36] sieht in diesem Verhalten amerikanischer Entscheidungsträger ein regelmäßig wiederkehrendes Muster. »Panikmache« habe eine tiefere Bedeutung. Wenn Staatsmänner Stehsätze verwendeten wie »Kampf für die Freiheit«, »Beseitigung von Tyrannei«, »Befreiung der Unterdrückten«, dann meinten sie in Wirklichkeit, dass die Sicherstellung des amerikanischen Wertesystems die Konformität der anderen vorausgesetzt hätte und das Militär wäre das Mittel dazu gewesen. Bacevich nennt das die unhinterfragten »Washington rules«:

1. Die Welt müsse organisiert werden, sonst herrsche Chaos.
2. Nur die Vereinigten Staaten besäßen die Fähigkeit, das zu tun.
3. Amerika formuliert die (universellen) Prinzipien, nach denen das zu geschehen hätte.
4. Die Welt wolle, dass die USA die Führerschaft übernehmen

Bündnisse

Ein zentrales Mittel zur Umsetzung der Eindämmungspolitik bildeten militärische Bündnisse. Dabei handelt es sich um die Umsetzung des Konzepts der kollektiven Verteidigung. Die Mitglieder eines solchen militärischen Bündnisses garantieren sich gegenseitigen Beistand im Falle einer Bedrohung oder eines Angriffes. Zurzeit des Kalten Krieges waren die Nordatlantikvertrags-Organisation und die Warschauer Vertrags-Organisation die prominentesten Fälle für einen solchen wechselseitigen Beistandspakt.

Die Entstehung der NATO als explizites Militärbündnis ist nur mit den spezifischen Bedingungen des beginnenden Kalten Krieges, wie die Krise in der Tschechoslowakei, der Berlin-Blo-

36 Andrew J., Bacevich, *Washington Rules: America's Path to Permanent War*, (Metropolitan Books: New York), 2010.

ckade und dem Koreakrieg, zu erklären.[37] Die Vorgeschichte des Nordatlantikvertrages, der am 4. April 1949 in Washington D.C. unterzeichnet wurde, war gekennzeichnet durch große Unsicherheit bzgl. Amerikas Politik gegenüber Europa. In der unmittelbaren Nachkriegszeit versuchten die Vereinigten Staaten eine umfassende Strategie der unverbindlichen Sicherheitskooperation und des wirtschaftlichen Wiederaufbaus zu verfolgen. Die USA hatten vorerst auch keinerlei Absicht, ihre Truppen in Europa zu belassen. Der amerikanische Präsident Franklin Roosevelt hatte Stalin in Jalta im Februar 1945 noch mitgeteilt, dass er annehme, die amerikanischen Truppen würden innerhalb von zwei Jahren Europa verlassen.[38] Obwohl die Truman-Doktrin vom März 1947 von der Sorge um die Stabilität im östlichen Mittelmeerraum und in Westeuropa getragen war, galt vorerst Deutschland und nicht die Sowjetunion als größter Unsicherheitsfaktor, wie auch die Debatte über den Marshall-Plan zeigte. Konkrete Pläne über ein Sicherheitsarrangement zwischen den USA und Europa waren noch nicht vorhanden. Die Wende kam während der Sechsmächtekonferenz über Deutschland, die am 19. Februar 1948, fast zeitgleich mit der Machtübernahme der Kommunisten in Prag am 24. Februar, begann. Dieses Ereignis ließ die Konzentration auf Deutschland in den Hintergrund treten. In den Vordergrund trat nun das Bewusstsein einer zunehmenden Bedrohung durch die Sowjetunion. Am 11. März wurde bekannt, dass Jan Masaryk, Außenminister der Tschechoslowakei und Sohn des früheren Staatspräsidenten, unter mysteriösen Umständen den Tod gefunden hatte. Masaryk war als Freund des Westens bekannt gewesen. 1948 gab es also eine entscheidende Wende in der westlichen Bündnispolitik. Der frühere Bündnispartner, die Sowjetunion, wurde zunehmend zum Gegner; der frühere Gegner, Deutsch-

37 Vgl. Heinz Gärtner, Die Zukunft und Vergangenheit von Militärbündnissen, *Die Zukunft des Friedens: Eine Bilanz der Friedens- und Konfliktforschung*, Sahm, Sapper, Weichsel (Hg.), (Verlag für Sozialwissenschaften: Wiesbaden), 2002, (Zweite Auflage: 2006).

38 Ulam, Expansion and Coexistence, 369–370, 410; zitiert in John J Mearsheimer, *The Tragedy of Great Power Politics*, New York-London 2001, 322.

land, immer mehr zum Bündnispartner.[39] Die Bedrohungslage und auch das Bedrohungsempfinden hatten sich geändert. George Orwell hat diese plötzliche Umorientierung in seiner in diesem Jahr verfassten Novelle »1984« porträtiert: Das Bündnis zwischen Ozeanien und Ostasien gegen Eurasien wurde zum Bündnis zwischen Ozeanien und Eurasien gegen Ostasien. Es waren nicht die USA, sondern die Europäer (Frankreich, England und die Beneluxstaaten), die die Gründung der NATO forcierten, weil sie eine Invasion fürchteten. Allerdings war diese Befürchtung, wie bereits dargelegt, laut George Kennan unbegründet, da die Sowjetunion zu diesem Zeitpunkt gar nicht in der Lage gewesen wäre, ganz Europa zu kontrollieren. Diese Einschätzung entsprach auch jener der westlichen Geheimdienste, die nicht davon ausgingen, dass die Sowjetunion vor Mitte der Fünfzigerjahre in der Lage gewesen wäre, einen Krieg zu führen. Sie besaß zwar etwa 175 Divisionen, von denen aber bis zu Beginn der Sechzigerjahre lediglich ein Drittel einsetzbar war.[40]

Dennoch bekannte sich Präsident Truman am 17. März 1948 in einer Rede vor dem Kongress zur Unterstützung der europäischen Verteidigung durch die USA, wobei sich Letztere in irgendeiner Form mit den Signatoren des Brüsseler Vertrages der Westunion (Frankreich, Großbritannien und die Benelux-Staaten), der am selben Tag unterzeichnet wurde und gegen ein starkes Deutschland gerichtet war, verbinden wollte. Seine Ausführungen waren bewusst unverbindlich gehalten:

> »Der tragische Tod der tschechoslowakischen Republik traf die zivilisierte Welt wie ein Schock. […] Während ich zu Ihnen spreche, unterzeichnen fünf Staaten der europäischen Gemeinschaft in Brüssel ein für 50 Jahre gültiges Übereinkommen über wirtschaftliche Zusammenarbeit und gemeinsame Verteidigung gegen Aggression. […] Diese Entwicklungen verdienen unsere vollständige Unterstützung. Ich vertraue darauf, dass die Vereinigten Staaten ihre Unterstützung mit geeigneten Mitteln und der Situation entsprechend auf

39 James Kurth, The American Way of Victory, A Twentieth-Century Trilogy, *The National Interest*, Summer 2000, 10–12.

40 Paul Nitze zitiert in Matthew A. Evengalista, Stalin's Postwar Army Reappraised, *International Security*, Vol. 7, No. 3, Winter 1982, 112,

> die freien Nationen ausdehnen werden. Ich bin sicher, dass die Entschlossenheit der freien Länder Europas, sich selbst zu schützen, von unserer Seite mit der gleichen Entschiedenheit ausgeglichen wird, ihnen dabei zu helfen sich selbst zu schützen.«[41]

Es waren »geeignete Mittel« für die Hilfe zur Selbsthilfe, die Truman den Europäern in Aussicht stellte und nicht militärische Beistandsgarantien. Truman war gegen Verpflichtungen, die eine Kriegsbeteiligung impliziert hätten. Die USA waren vorerst nicht bereit, solche Verbindlichkeiten einzugehen. Man begann sich erst allmählich in Europa und den USA öffentlich Gedanken darüber zu machen. Einflussreiche Kreise der Truman-Administration waren immer noch für eine lockere unilaterale Erklärung des Präsidenten im Sinne der Monroe-Doktrin, wonach sich keine äußere Macht in amerikanische Angelegenheiten einmischen sollte. Unter ihnen waren George Kennan und der »Policy Planning Staff«. Kennan glaubte nicht, dass irgendwelche militärischen Verpflichtungen der USA gegenüber Europa notwendig wären. In seinen Memoiren schreibt er:

> »Vor allem konnte ich in diesem Stadium des Verfahrens keinen Bedarf für ein ausgewachsenes militärisches Bündnis auf der Grundlage der Gegenseitigkeit erkennen. [...] Zweitens setzte ich allgemein wenig Vertrauen in den Wert schriftlicher Bündnisverträge. Ich kannte zu viele Beispiele dafür, dass sie vergessen, missachtet, für unerheblich befunden oder zu bestimmten Zwecken verdreht worden waren, wenn es zum Schwur kam. [...] Was wirklich not tat, war meiner Meinung nach eine realistische Erkenntnis der eigenen lebenswichtigen Interessen. Wenn diese gegeben war, würde die Verteidigungspolitik von sich aus richtig laufen – auch ohne juristische Verpflichtungen oder Vorschriften.«[42]

Kennan glaubte, dass der Schwerpunkt nicht auf militärische Bindungen, sondern auf wirtschaftliche Erholung und politische Stabilität gelegt werden sollte. Der konservative Senator Robert A. Taft aus Ohio drückte ähnliche Besorgnisse aus. Er

41 Harry S. Truman, *Memoirs: Years of Trial and Hope 1946–1952*, Vol. II, (Doubleday & Company, Inc.: Garen City, N.Y.), 1956, 242. Übersetzung: HG.

42 George F. Kennan: Memoiren eines Diplomaten, Band 2, München, 1971, 408.

sprach sich gegen die Idee aus, Verpflichtungen in einem Bündnis einzugehen, die die USA binden würden, die nächsten zwanzig Jahre einem Land zu Hilfe zu kommen, gleichgültig von wem es angegriffen werde. Die Resolution des Senators Arthur Jr. Vandenberg vom 11. Juni 1948 forderte hingegen eine stärkere Bindung (»association«) der USA an Europa, ohne dass sie eine Verpflichtung zu einem automatischen Kriegseintritt der USA beinhaltete.[43]

Die USA befürworteten schließlich eine Formulierung für einen Vertrag, wie sie in Artikel 3 des am 2. September 1947 unterzeichneten Inter-Amerikanischen Vertrages (»Rio-Pakt«) über gegenseitigen Beistand enthalten war:

> »Ein bewaffneter Angriff eines Staates gegen eine Partei (des Paktes) wird als Angriff gegen alle Parteien betrachtet, und konsequenterweise verpflichtet sich jede Partei, in Ausübung des in Artikel 51 der Satzung der Vereinten Nationen anerkannten Rechts der individuellen oder kollektiven Selbstverteidigung, Beistand zu leisten, um den Angriff abzuwehren.«

Darin war jedoch keinerlei automatische Beistandsgarantie enthalten. Artikel 3 des Rio-Paktes ließ offen, welche Maßnahmen die einzelnen Parteien ergreifen würden:

> »Jede einzelne der Vertragsparteien kann die unmittelbaren Maßnahmen bestimmen, die sie […] in Übereinstimmung mit den Prinzipien der kontinentalen Solidarität vornehmen wollen.«[44]

Militärische Maßnahmen wurden nicht gefordert, auch wurde kein Unterschied zwischen Angriffen von Parteien des Vertrages und anderen Staaten gemacht. Es war also keineswegs ein Militärbündnis impliziert, das militärische Beistandsgarantien gegen Angreifer von außen vorsieht.

---

43 George F. Kennan: Memoiren eines Diplomaten, Band 2, München, 1971, 406. Vgl. Lawrence S. Kaplan, *The United States and NATO: The Formative Years*, (The University Press of Kentucky: Lexington, Kentucky), 1984.

44 Department of International Law, Organization of American States, *Inter-American Treaty of Reciprocal Assistance*, Washington D. C., September 2, 1947. Übersetzung: HG.

Am 24. Juni 1948 verhängte die Sowjetunion die Blockade über Berlin, die das Gefühl der sowjetischen Bedrohung noch unmittelbarer nach Europa brachte. Mit Prag und Berlin als Argument drängte vor allem Frankreich auf eine stärker bindende Sprache in einem Vertrag. Es orientierte sich an Artikel 4 des Brüsseler Vertrages, der von den Vertragspartnern verlangte, einem angegriffenen Mitglied »militärische und andere Hilfe und Beistand« zu gewähren, soweit es »in ihrer Macht« stehe. Ein kanadischer Kompromissvorschlag sah vor, dass jede Vertragspartei einen Angriff auf eine andere Partei so betrachte wie einen Angriff auf sich selbst. Aber anstelle einer militärischen Beistandsverpflichtung sollten die Mitglieder »in Übereinstimmung mit ihren verfassungsmäßigen Verfahren« über die zu gewährende Hilfe entscheiden.[45]

Am 16. Februar 1949 legte das State Department dem Präsidenten vier verschiedene Versionen des Artikels 5 vor. Am 18. Februar präsentierte Außenminister Dean Acheson dem »Foreign Relations Committee« des Senats die Fassung des Artikels 5, die letztlich Eingang in den Nordatlantikvertrag fand:

> »Die Parteien vereinbaren, dass ein bewaffneter Angriff gegen eine oder mehrere von ihnen in Europa oder Nordamerika als ein Angriff gegen sie alle angesehen werden wird; sie vereinbaren daher, dass im Falle eines solchen bewaffneten Angriffs jede von ihnen in Ausübung des in Artikel 51 der Satzung der Vereinten Nationen anerkannten Rechts der individuellen oder kollektiven Selbstverteidigung der Partei oder den Parteien, die angegriffen werden, Beistand leistet, indem jede von ihnen unverzüglich für sich und im Zusammenwirken mit den anderen Parteien die Maßnahmen, einschließlich der Anwendung von Waffengewalt, trifft, die sie für erforderlich erachtet, um die Sicherheit des nordatlantischen Gebiets wiederherzustellen und zu erhalten. Von jedem bewaffneten Angriff und allen daraufhin getroffenen Gegenmaßnahmen ist unverzüglich dem Sicherheitsrat Mitteilung zu machen. Die Maßnahmen sind einzustellen, sobald der Sicherheitsrat diejenigen Schritte unternommen hat, die notwendig sind, um den internationalen Frieden

45 Henrike Hohenecker, *Die Gründungsphase der NATO 1945–1955: Wie wurde die NATO ein Militärbündnis?* Unveröffentlichte Diplomarbeit, Wien, 2000.

und die internationale Sicherheit wiederherzustellen und zu erhalten.«[46]

Der Begriff »verfassungsmäßige Verfahren« war darin nicht mehr enthalten, fand aber Eingang in Artikel 11 des Nordatlantikvertrages. Die Formulierung »Maßnahmen […], die sie für erforderlich erachtet« ermöglichte einen gewissen Entscheidungsfreiraum für die einzelnen Mitgliedsstaaten. Die Europäer schienen mit der Formulierung »einschließlich der Anwendung von Waffengewalt« zufriedengestellt.

Unmittelbar nach Beginn der Berlin-Blockade forderte Frankreich ein Militärhilfeprogramm für Europa. Nachdem der Wortlaut des Artikels 5 relativ schwach ausgefallen war, konzentrierten sich die Europäer, insbesondere die Franzosen, auf die Vorkehrungen im Artikel 3, der »durch ständige und wirksame Selbsthilfe und gegenseitige Unterstützung« die eigenen und die gemeinsamen Streitkräfte erhalten und fortentwickeln wollte. Die Europäer stellten sich vor, dass dadurch die USA zunehmend an der europäischen Sicherheit beteiligt werden würden.[47]

Die Zuweisung amerikanischer Truppen zur NATO und die Schaffung einer integrierten Kommandostruktur erfolgten auf der Basis von Artikel 3 des Nordatlantikvertrages. Dadurch entstand die ständige Einbindung der USA in Europa. Der Vertrag selbst sah weder eine militärische Organisation noch eine integrierte Kommandostruktur vor. Bei den Senatshearings bestand US-Außenminister Acheson noch darauf, dass es nicht notwendig wäre, eine große Anzahl von Truppen in Europa zu stationieren. Die Transformation von einem politischen Vertrag zu einem Militärbündnis war das Resultat des Koreakrieges 1950–53. Die amerikanischen Truppen in Europa und die eigenen Verteidigungsanstrengungen wurden verstärkt. Der Koreakrieg erhöhte die Angst vor der sowjetischen Bedrohung in Europa. Er führte zur Schaffung der NATO-Struktur, um einen so-

46 *Der Nordatlantikvertrag*, Washington D. C., 4. April 1949.

47 Timothy P. Ireland, *Creating the Entangeling Alliance, The Origins of the North Atlantic Treaty Organization*, (Westport: Connecticut), 1981. Vgl. Lawrence S. Kaplan, *NATO and the United States: The Enduring Alliance*, (MacMillan Publishing Company: New York), 1994.

wjetischen Angriff mit amerikanischer Hilfe abwehren zu können.[48]

Es waren die Krise in der Tschechoslowakei, die Berlin-Blockade und der Koreakrieg, die die NATO letztlich zu einem Militärbündnis formten. Das Bündnis wurde nach der empfundenen Bedrohungssituation ausgerichtet. Vor diesen drei Ereignissen war das Sicherheitsarrangement zwischen den USA und Europa anders angelegt gewesen. Es hätte ein Netz von bilateralen und/oder multilateralen Kooperationsformen gegeben. Einzelnen direkt bedrohten Staaten wären Sicherheitsgarantien gewährt worden. Schwerpunkte wären auf den Aufbau und die Sicherung demokratischer und rechtsstaatlicher Strukturen, Rüstungskooperation, Transparenz bei Rüstungsprogrammen und gegenseitiger Informationsaustausch, und insbesondere auf gemeinsame Konsultationen – regelmäßig und im Krisenfall (wie es später in Artikel 4 des Nordatlantikvertrages vorkam) – gelegt worden. Ergänzt hätten dieses System zuletzt wahrscheinlich verschiedene Wirtschaftskooperationsprogramme. Ein Militärbündnis mit gegenseitiger Beistandspflicht, wie sie die NATO darstellte, wäre ohne eine direkte Bedrohung allerdings nicht entstanden.

Trotz der gegebenen Umstände, gab es während der Fünfzigerjahre immer wieder Versuche von amerikanischer Seite, das militärische Engagement in Europa zu reduzieren. Der Präsident Dwight Eisenhower bemühte sich in dieser Zeit immer wieder die amerikanischen Truppen abzuziehen und die Europäer dazu zu bringen, sich selbst zu verteidigen.[49] Auch in den Sechziger- und frühen Siebzigerjahren gab es im US-Senat eine starke Strömung, die amerikanischen Verpflichtungen in Europa deutlich zu reduzieren, wenn nicht gar vollständig aufzugeben.

---

48 Timothy P. Ireland, *Creating the Entangling Alliance, The Origins of the North Atlantic Treaty Organization*, (Westport: Connecticut), 1981, 152–228.

49 Marc Trachtenberg bemerkt, dass in den frühen Fünfzigerjahren, jeder die amerikanische Präsenz in Europa erhalten wollte – außer den Amerikanern selbst. Marc Trachtenberg, *History and Strategy*, (Princeton University Press: Princeton) 1991, 167.

Das Entstehen des Nordatlantikvertrages und die Gründungszeit der NATO waren in der amerikanischen Debatte von Unsicherheit geprägt. Einerseits bestand Einsicht in die Notwendigkeit, Europa gegen einen neuen Feind verteidigen zu müssen, andererseits hatte man Angst, von Europa in einen neuen Krieg hineingezogen zu werden. Die USA standen vor der Wahl zwischen einer Verwicklung in einen ungewollten Konflikt durch das Bündnis (»entangling alliance«), wovor US-Präsidenten wie Jefferson und Wilson immer wieder gewarnt hatten, oder einer Politik, die es Europa selbst überlassen hätte, sich um die eigene Verteidigung zu kümmern. Je höher die Abhängigkeit Europas von den USA, so die eine Befürchtung, desto höher wäre auch die Wahrscheinlichkeit, dass die USA in militärische Konflikte Europas involviert würde (»entrapment«). Ließe man Europa hingegen alleine (»abandonment«), so stiege zugleich die Gefahr eines neuen Krieges. Als potentielle Aggressoren wurde zuerst Deutschland, aber seit 1948 zunehmend die Sowjetunion gesehen. Das Bündnisdilemma der USA ergab sich also aus dem Verhältnis von »abandonment« und »entrapment«.

Die Sowjetunion reagierte auf die Eindämmungspolitik mit eigenen Maßnahmen, um den eigenen Block zu sichern. Dem Marshall-Plan wurde der 1949 gegründete »Rat für gegenseitige Wirtschaftshilfe« (RGW), der die Zusammenarbeit der Länder des sozialistischen Ostblocks fördern sollte, gegenüber gestellt. Die offizielle Antwort der Sowjetführung auf die Gründung der NATO erfolgte nicht unmittelbar, sondern zu einem Zeitpunkt als die Bundesrepublik als souveräner Staat im Mai 1955 der NATO beitrat. Auf der Konferenz der Ostblockstaaten, an der schon die Deutsche Demokratische Republik (DDR) teilnahm, erfolgte die Unterzeichnung des »Vertrages über Freundschaft, Zusammenarbeit und gegenseitigen Beistand« im Mai 1955 in Warschau[50]. Eine Austrittsmöglichkeit ist in dem Vertragswerk

---

50 Offiziell wurde die »Nationale Volksarmee« der DDR erst im Januar 1956 in die Militärorganisation der »Vereinigten Streitkräfte« des Paktes aufgenommen.

nicht vorgesehen. Eine solche Möglichkeit hätte wohl auch der Blocklogik der Sowjetunion widersprochen. Zudem war der Vertrag zur Gründung der Warschauer Vertragsorganisation (WVO) nicht nur nach außen gegen die NATO gerichtet, sondern diente auch der Kontrolle der »Volksarmeen« der acht Staaten des Ostblocks.[51]

Exkurs: Kollektive Sicherheit

Obwohl sich die Etablierung von Militärbündnissen von NATO und WVO schlussendlich durchsetzten und damit die Blockbildung zementierten, gab es bereits in der frühen Phase des Kalten Krieges Bestrebungen, dieser Entwicklung entgegenzuwirken. Die wichtigsten Initiativen zielten dabei auf die Etablierung eines Systems kollektiver Sicherheit ab. Die Mitglieder eines solchen Systems verpflichten sich, einem Mitglied (oder mehreren Mitgliedern), im Falle einer Bedrohung oder eines Angriffs durch ein anderes Mitglied (oder durch mehrere Mitglieder), unter Einbeziehung von militärischen Mitteln, gemeinsam zu Hilfe zu kommen. Im Gegensatz zu kollektiver Verteidigung oder einem Militärbündnis (wie etwa die NATO) ist kollektive Sicherheit nach innen und von seiner Grundkonzeption her nicht gegen einen bestimmten Staat oder eine Staatengruppe gerichtet.

Während des Ost-West-Konfliktes gab es eine Reihe von Initiativen kollektiver Sicherheit, die dazu gedacht waren, blockübergreifend wirksam zu werden. Letztlich stießen sie aber wieder an die Grenzen des Lagerdenkens. Das System der kollektiven Sicherheit soll den Mechanismus der gegenseitigen Bedrohung überwinden. Die Mitgliedsstaaten verpflichten sich zur Kooperation. Die Streitkräfte der Mitgliedsstaaten sollen für die Sicherheit innerhalb des Systems sorgen. Im Idealfall würden multi-

51 Andreas Hillgruber, *Europa in der Weltpolitik der Nachkriegszeit 1945–1963*, (Oldenbourg Verlag: München/Wien), 1979.

nationale Einheiten gebildet werden.[52] Schon bei den Ost-West-Konferenzen in den Fünfzigerjahren gab es eine Reihe von Vorschlägen zur kollektiven Sicherheit in Europa.

1954 und 1955 ließ die Sowjetunion den Westmächten verschiedene Vorschläge für kollektive Sicherheit in Europa zugehen, deren Vertragspartner alle europäischen Staaten sein sollten. Der Grundgedanke war, dass sich die Lager des Westens und des Ostens nicht in antagonistischen Bündnissen organisieren, sondern im gemeinsamen Bemühen um Sicherheit zusammenfänden. Sie sollten sich zum automatischen Beistand im Aggressionsfall verpflichten und an keinen den Vertragszielen widersprechenden Bündnissen teilnehmen können. Die Westmächte wiesen die Vorschläge zurück, da sie auf die Auflösung der NATO abzielten und sie die USA zum Beobachter von außen gemacht hätten. Die regional militärisch überlegene Sowjetmacht hätte in Europa ein Übergewicht gehabt. Bei der Berliner Außenministerkonferenz der vier Siegermächte 1954 legte die sowjetische Delegation einen Vertragsentwurf über kollektive Sicherheit vor, der lediglich periodische und spezielle Konsultationen aller Mitgliedsstaaten sowie die Schaffung eines ständigen politischen und eines militärischen Konsultativkomitees mit Empfehlungscharakter vorsah. Die ständigen Mitglieder des Sicherheitsrates der Vereinten Nationen sollten Beobachter in diese Organe entsenden.

1955 legten die drei Westmächte ihrerseits der Sowjetunion einen »Zusicherungsvertrag« vor, nachdem sich jede Vertragspartei verpflichtet hätte, gegen einen bewaffneten Angriff eines NATO-Mitgliedes einzuschreiten. Damit sollte der Sowjetunion zugesichert werden, dass sich alle NATO-Mitglieder gegen Deutschland wenden würden, sollte dieses die Sowjetunion oder einen anderen Staat der »Warschauer Vertragsorganisation« angreifen.[53]

---

52 Vgl. Heinz Gärtner, *Wird Europa sicherer? Zwischen kollektiver und nationaler Sicherheit*, (Braumüller: Wien), 1992.

53 Vgl. Eckhard Lübkemeier, *Eins plus ein gleich eins: NATO und Warschauer Pakt werden in einer Friedensgemeinschaft überflüssig*, Die Zeit, Nr. 23, 1. Juni, 1990.

Konzepte kollektiver Sicherheit waren oft verbunden mit spezifischen sicherheits- und verteidigungspolitischen Vorschlägen. Die Sowjetregierung sah 1956 eine gegenseitig kontrollierte 800 Kilometer breite Zone »beiderseits der Demarkationslinie« in Europa vor. In der Folge sollten sämtliche Stützpunkte und Atomwaffen innerhalb von zwei Jahren abgebaut, die ausländischen Truppen in Deutschland vermindert und letztlich durch stufenweise Abrüstung eine vollständige Entmilitarisierung angestrebt werden.[54] 1957 und 1958 machte der polnische Außenminister Adam Rapacki Vorschläge über nuklearwaffenfreie Zonen, die Polen, die Tschechoslowakei, die Deutsche Demokratische Republik und die Bundesrepublik Deutschland umfassen sollte. Sie wurden von der deutschen Regierung abgelehnt, weil sie die Westintegration der Bundesrepublik gefährdet hätte. Nach dem Austritt Frankreichs aus der Militärorganisation der NATO 1966 schlug die Sowjetunion vor, ein »Europa vom Atlantik bis nach Wladiwostok« zu schaffen, das gemeinschaftliche Sicherheitsinteressen vertrat. Diese Pläne zur Schaffung eines Systems kollektiver Sicherheit in Europa scheiterten jedoch letztlich an der Blockbildung und der Deutschlandfrage.

Der Harmel-Bericht[55] der NATO aus dem Jahre 1967 betont, dass militärische Sicherheit und politische Zusammenarbeit kein Widerspruch sind, sondern einander ergänzen würden. Allerdings schlägt der Bericht anstelle der »kollektiven Sicherheit« das Konzept der »kollektiven Verteidigung« vor. Letzteres sollte Sicherheit nicht im Inneren schaffen, sondern als Bündnis nach außen stabilisierend wirken und zur Entspannungspolitik beitragen. Der Bericht spiegelte das widersprüchliche Verhältnis der beiden Großmächte zueinander wider. Einerseits akzeptierte er die bestehenden Bündnisse, andererseits forderte er eine Aufhebung der Teilung Deutschlands, was eine Voraussetzung für »eine gerechte und dauerhafte Ordnung in Europa«

---

54 Sowjetregierung, Erklärung zur Frage der Abrüstung und Milderung der Spannungen, *Archiv der Gegenwart,* 19. November, 1956, 6110–6113.

55 North Atlantic Alliance, *The Future Tasks of the Alliance Report of the Council – ›The Harmel Report‹* (1967), December 2, 2009; benannt nach dem damaligen belgischen Außenminister Pierre Harmel.

gewesen wäre. Auch die Idee, ein Europäisches Sicherheitssystem nach Art. 53 der Charta als regionale Abmachung der Vereinten Nationen einzurichten, stieß auf Widerstand im Westen, da die Sowjetunion im Sicherheitsrat ein Veto hätte einlegen können, wenn diese regionale Einrichtung Zwangsmaßnahmen ergreifen wollte.

Ein weiterer Vorstoß in diesem Sinne erfolgte 1980 in Wien. Auf Anregung vor allem sozialdemokratischer Politiker in Westeuropa und unter der Leitung des schwedischen sozialdemokratischen Parteivorsitzenden Olof Palme wurde eine »Unabhängige Kommission für Abrüstungs- und Sicherheitsfragen« gegründet. Sie umfasste weltweit 16 Mitglieder. Die Leitvorstellungen des »Palme-Berichtes«, der 1982 dem Generalsekretär der Vereinten Nationen übermittelt wurde, war eine gemeinsame Sicherheit der Staaten von Ost und West in Europa. Die Betonung der gemeinsamen Sicherheitsinteressen sollte die Kriegsgefahr in Europa verringern.[56]

Mit dem Beginn der Entspannungspolitik Anfang der Siebzigerjahre schlug die Sowjetunion die Institutionalisierung eines gesamteuropäischen Sicherheitssystems vor, das erst allmählich zu einem kollektiven Sicherheitsarrangement transformiert werden sollte. Die NATO-Staaten standen diesem Vorschlag ablehnend gegenüber, da in einem derartigen Sicherheitssystem ohne US-Präsenz die Sowjetunion dominiert hätte. Die Sowjetunion schwächte den Vorschlag im Vorfeld der KSZE-Gespräche ab und sprach nur mehr von einem »Konsultativkomitee«. Die westeuropäischen Staaten befürworteten ihrerseits zur Vorbereitung der KSZE in Helsinki »eine ständige europäische Konferenz«. Sie sollte koordinierte Verhandlungen »über alle entscheidenden Fragen« ermöglichen und mit der Generalversammlung und dem Sicherheitsrat der Vereinten Nationen in Verbindung stehen. Vier Kommissionen waren vorgesehen, eine für Rüstungskontrolle, eine für friedliche Streitbeilegung, eine für die Deutsche Frage und eine für Wirtschaft. Die Schlussakte von Helsinki 1975 etablierte schließlich drei Körbe im Rah-

56 Gärtner, Heinz, *Handbuch zur Rüstungskontrolle: Positionen ausgewählter Länder*, (Braumüller: Wien), 1987, 98–102.

men der KSZE: einen der sicherheitsbezogene Fragen behandeln sollte, einen über die Zusammenarbeit in den Bereichen Wirtschaft, Wissenschaft, Technologie und Umwelt, und einen über die Zusammenarbeit in humanitären und anderen Bereichen. Verhandlungen über konventionelle Rüstungskontrolle wurden getrennt davon begonnen.

Die Kommunistischen Parteien

Aus der Perspektive der realistischen Schule bestimmt das Streben nach Macht und Einfluss das Verhalten von Staaten. Dafür und für ihre Selbsterhaltung gehen sie Bündnisse gegen stärkere und bedrohlichere Staaten ein, wodurch immer wieder ein Mächtegleichgewicht entsteht oder zumindest angestrebt wird. Durch die Fokussierung auf das Verhalten von Staaten vor dem Hintergrund von Machterhalt und Machtzugewinn bleiben demgegenüber weitere potentielle Einflussfaktoren und Akteure in der Analyse unberücksichtigt. Dies gilt u. a. auch für die Kommunistischen Parteien. Als nichtstaatliche Akteure entziehen sich diese sowie andere Organisationen der Analyse des Realismus. Andere theoretische Ansätze, wie etwa der Konstruktivismus, eignen sich hingegen besser, um das Phänomen von nichtstaatlichen Akteuren zu untersuchen.

Die Kommunistischen Parteien waren ein besonderes Symbol der Lagerbildung. Sie hatten sich schon in der Phase zwischen dem Ersten und dem Zweiten Weltkrieg kompromisslos hinter alle außen- und innenpolitischen Maßnahmen der Sowjetunion gestellt. Die westlichen Verbündeten waren während des Krieges gegenüber den Kommunistischen Parteien wegen ihrer Moskauhörigkeit misstrauisch, obwohl sie eine Hauptlast des Widerstandes gegen den Faschismus getragen hatten. Mit der Auflösung der Kommunistischen Internationale (Komintern) im Mai 1943 wollte Stalin dieser Kritik den Wind aus den Segeln nehmen und seine Zuverlässigkeit gegenüber den Alliierten beweisen. Diese Handlung entlarve »die Lüge der Hitlerleute«, die behaupten würden, dass Moskau beabsichtige, andere Staaten zu »bolschewisieren«. Gerade die Räson der verordneten Auflösung bestätige die Unterordnung der Kommunistischen Parteien unter die sowjetische Außenpolitik. Deren Abhängigkeit war auch ohne Zwischenschaltung der Komintern vorhanden, die im Wesentlichen ein Propagandainstrument war. Jedenfalls wurde mit der Auflösung keine eigenständige Entwicklung der

Kommunistischen Parteien eingeleitet, die erst nach dem Einmarsch der Sowjetunion in die Tschechoslowakei 1968 bei einigen Parteien mit dem Eurokommunismus versucht wurde. Gegenüber den einzelnen Kommunistischen Parteien verfolgte Stalin unterschiedliche Strategien.[57] Im Mittelmeerraum bspw. wollte er den Westmächten Zugeständnisse machen. Deswegen wies er die griechischen Kommunisten zurecht und versuchte Tito in Jugoslawien zurückzuhalten, so gut es ging. Zu dem Gesandten Titos Milovan Djilas sagte er:

> »Vermeidet es vor allem, die Engländer zu erschrecken. Beunruhigt sie nicht durch das Gerede von einem kommunistischen Gewaltstreich. [...] Was sollen die roten Sterne an euren Mützen?«

Stalin hoffte, mit diesem Verhalten zu einer Aufteilung in Einflusssphären zu kommen, was ihm 1939 mit dem Hitler-Stalin-Pakt noch nicht gelungen war. Wegen der inneren Schwäche der Sowjetunion und der Zerstörung durch den Krieg nahm Stalin an, dass er nach dem Krieg auf die Zusammenarbeit mit dem Westen angewiesen sein würde. Allerdings schloss er auch nicht aus, dass es zu einem neuen Krieg mit dem Westen kommen könnte. Stalin versuchte die Aufteilung, die die militärische Besetzung bis zur Konferenz von Teheran 1943 ergeben hatte und bei der Konferenz von Jalta 1945 weitgehend bestätigt worden war, festzuschreiben. Das Verhalten der Kommunistischen Parteien wurde auf jene außenpolitischen Erfordernisse festgelegt. Für die Parteien selbst war der Krieg ein antifaschistischer und patriotischer Befreiungskampf. Tatsächlich mussten sie sich nach 1945 in den besetzten Ländern für prosowjetische und in den westlichen Ländern für sowjetfreundliche aber nicht-kommunistische Regierungen als eine Art Pufferzone um die sowjetischen Einflusszonen einsetzen. Nach der Befreiung der osteuropäischen Länder von Hitlerdeutschland durch die Sowjetunion ordnete man nicht alle besetzten Länder und Gebiete unmittelbar der kommunistischen Herrschaft unter, auch wenn Länder wie Polen und Rumänien, trotz gegenteiliger Forderungen des Westens nach Wahlen, von Beginn an kommunis-

---

57 Heinz Gärtner, *Zwischen Moskau und Österreich: Analyse einer sowjetabhängigen KP*, (Braumüller: Wien), 1979.

tisch regiert wurden. So kam es bspw. trotz der Einflussnahme Russlands und der Kommunisten im November 1945 in Ungarn zu relativ freien Wahlen.[58]

Das Potsdamer Abkommen von 1945, das die geopolitische Situation Deutschlands neu festlegte, entsprach auch den Überlegungen Stalins. Dessen Nachkriegsziele waren in dieser Reihenfolge: »Sicherheit für ihn selbst, sein Regime, sein Land und seine Ideologie.«[59] Die marxistisch-leninistische Ideologie ordnete Stalin seinen geopolitischen Interessen unter, die er euphemistisch »Sozialismus in einem Lande« nannte. Für Stalin galt: Absicherung des Ostens und Anpassung an die Realitäten im Westen. Die sowjetische Einschätzung der globalen Lage war eine Rationalisierung der Bedürfnisse der eigenen Sicherheit.[60] Die Kommunistischen Parteien in Ost und West waren aber gleichermaßen überzeugt, dass alles was die Sowjetunion tat und forderte, auch im Interesse des jeweiligen Landes und Volkes wäre. Die »Agententheorie« des Westens, die Kommunistische Parteien in Ost und West gleichsetzten, übersah, dass die Sowjetunion im Osten und Westen völlig unterschiedliche Strategien und Taktiken verfolgte: hier Machteroberung und -festigung, dort Akzeptanz prowestlicher Regierung, wobei sie freilich nicht auf revolutionäre Rhetorik verzichteten. Immer wurde die Sowjetunion als die »gewaltigste Macht der Arbeiterklasse« bezeichnet. Verwirrend nicht zuletzt für die westlichen Kommunistischen Parteien war, dass sie das Entstehen der Volksdemokratien und deren Kontrolle durch die Sowjetunion als eigenen strategischen Erfolg darstellen mussten. Sie identifizierten sich mit der territorialen militärisch/politischen Machtergreifung der Kommunistischen Parteien im sowjetischen Einflussbereich, wofür ihnen im Westen die Voraussetzungen fehlten. Eine Unterscheidung der Kommunisten zwischen hüben und drüben der militärischen Linie wurde weder von der kommu-

58 Wilfried Knapp, The partition of Europe, Luard, Evan, *The Cold War: A Re-Appraisal*, (Praeger: New York), 1964.

59 John Lewis Gaddis, *The Cold War: A New History*, (Penguin Books: London), 2005.

60 Joyce and Gabriel Kolko, *The Limits of Power: The World and United States Foreign Policy 1945–1954*, (Harper and Row: New York), 1972.

nistischen noch der westlichen Propaganda gemacht. Aber gerade die war entscheidend für die spätere Blockbildung, die die Basis des Kalten Krieges bildete.

Auf Ebene der internationalen Beziehungen besaßen die Truman-Doktrin und der Marshall-Plan entscheidende Auswirkungen auf die interne Entwicklung der kommunistischen Parteien, da sie den Einfluss der USA auf die westliche Einflusssphäre politisch und wirtschaftlich absicherten. Stalin ließ als Reaktion auf diese Entwicklungen nun seinerseits die letzte Zurückhaltung fallen und reagierte mit dem Sturz der nicht-kommunistischen Regierungen in Ungarn (März bis August 1947) und der Tschechoslowakei (Februar 1948). Die Kommunistischen Parteien wurden auf eine »Zwei-Lager-Theorie« eingeschworen. Es seien eben nunmehr »zwei Lager« entstanden, »das imperialistische und anti-demokratische« mit der USA als »führenden Hauptkraft« einerseits, und das »anti-imperialistische und demokratische« mit den Hauptkräften UdSSR und den »Ländern der neuen Demokratie« andererseits, womit die osteuropäischen und nunmehr kommunistischen Staaten gemeint waren. Die leitende Rolle der Außenpolitik würde der Sowjetunion zufallen. Zur besseren »freiwilligen Koordinierung« wurde im Oktober 1947 das »Kommunistische Informationsbüro« (Kominform) gegründet. Die im »anti-faschistischen Kampf« verbündeten USA wurden nun mit dem faschistischen Deutschland gleichgesetzt. Als Reaktion auf die Gründung der NATO 1949 und den Beitritt der Bundesrepublik zur NATO 1955 erfolgte die Gründung des Warschauer Paktes 1955. Es ist schwer zu sagen, ob all diese Maßnahmen Stalins ohnehin früher oder später erfolgt wären, oder ob sie aus sowjetischer Sicht Teil des Sicherheitsdilemmas waren. Das sowjetische Narrativ interpretierte sie jedenfalls dementsprechend.

Dennoch ließ der Verkünder der »Zwei-Lager-Theorie« Andrei Schdanow die Möglichkeit des »Nebeneinanders der beiden Systeme« und deren Zusammenarbeit offen. Während des Kalten Krieges verfestigte sich die Lagermentalität der Kommunistischen Parteien, die aus der außenpolitischen Rationalität der Sowjetunion entstanden war. Sie verschwand auch dann nicht, als ihre Schutzfunktion für die Sowjetunion nicht mehr notwendig war. Offene Kritik am Zentrum der Kommunistischen Partei der Sowjetunion (KPdSU) wurde zunehmend unmöglich und geringste Abweichungen von der Generallinie hart bestraft. Der »demokratische Zentralismus« der KPdSU reichte dabei über die nationalen Kommunistischen Parteien hinaus bis zur letzten Betriebszelle. Die zwischen 1945 und 1948 noch mögliche relative Unabhängigkeit der Kommunistischen Parteien wich der sowjetischen Macht- und Lagermentalität. In den Kommunistischen Parteien Osteuropas setzten umfangreiche Säuberungen ein. In der Tschechoslowakei kam es 1948 zum Staatsstreich und zur Absetzung der nicht-kommunistischen Minister, um den sowjetischen Hegemonialbereich völlig abzusichern. Jugoslawien war keiner Einflusssphäre zuzuordnen und verweigerte die Unterwerfung unter den sowjetisch-kommunistischen Block. Ihre KP wurde 1948 von der Kominform ausgeschlossen und der »Titoismus« mit Faschismus gleichgesetzt. Die KP Chinas war der Kominform hingegen niemals beigetreten. Im Gegensatz zu dem, was von Stalin beabsichtigt war, trug die Kominform bereits den Kern des späteren Schismas der Kommunistischen Bewegung in sich.

Stalins Wunsch war es, seinen Macht- und Einflussbereich vollständig zu kontrollieren. Um dieses Ziels willen betonte er auch die friedliche Zusammenarbeit mit den USA: »Jeder hat das Recht, ein System nach seinem Willen aufrechtzuerhalten.« Die Geschichte werde entscheiden, welches das bessere ist. Stalins geopolitische Aufteilungspolitik war nicht neu. Er hatte es 1935 mit einer antifaschistischen Volksfrontpolitik versucht, 1939 mit dem Hitler-Stalin-Pakt, dann wieder mit der Anti-Hitlerkoalition im Zweiten Weltkrieg. Im Grunde war damit das Konzept der »friedlichen Koexistenz«, das sich 1956 durchgesetzt hatte, angelegt. Um die Kommunistischen Parteien des Westens bei der Stange und im Lager zu halten, verkündete er gleichzeitig eine Krise des internationalen Kapitalismus, der die Stärkung des sozialistischen Lagers bringen würde.

Der Eurokommunismus

Nach dem Tode Stalins 1953 konnte der »Monolithizismus« der kommunistischen Bewegung nicht mehr so starr durchgesetzt werden. Dieser Wandel klang auch in der »Geheimrede« Nikita Chruschtschows und seiner Kritik an der stalinistischen Vergangenheit am 20. Parteitag der KPdSU 1956 an[61]. Ideologisch wichtig für die Kommunistischen Parteien blieben in der Folgezeit drei Themen: die Möglichkeit der »Vermeidbarkeit von Kriegen«, die Politik der »friedlichen Koexistenz« und die Möglichkeit des »friedlichen Weges zum Sozialismus«. Einerseits wurde damit eine Lockerung der Abhängigkeiten spürbar, andererseits stand dahinter ein neues Selbstbewusstsein der Sowjetunion. Stalins Paranoia wurde abgelöst durch den Glauben an die Überlegenheit. Der Aufbau des »Sozialismus in einem Lande« wurde als nunmehr erfolgreiches Projekt präsentiert. Die These von der »friedlichen Koexistenz« bestätigt die geopolitische Blockteilung, auch wenn damit die Vorstellung von der Überlegenheit des sozialistischen Weltsystems verbunden war

Die kommunistischen Weltkonferenzen 1957 und 1960 sollten die Kommunistischen Parteien auf diese Generallinie verpflichten. Die Rede Chruschtschows hatte aber nicht nur eine zentralistische Dimension, sondern weckte auch zentripetale Kräfte. Es war der Vorsitzende der KPI, der Kommunistischen Partei Italiens – und damit der mitgliedsstärksten und bedeutendsten Gruppierung dieser Art in Westeuropa –, Palmiro Togliatti, der über Chruschtschows Kritik am Personenkult Stalins vorsichtig hinausging. In einem Interview mit der Zeitschrift »Nuovi Argumenti« im Sommer 1956 machte er die bürokratischen Auswüchse in der Sowjetunion und nicht nur Stalin, an dem er auch positive Seiten fand, für die Einschrän-

61 Chruschtschow reduzierte seine Kritik allerdings auf die Person Stalins und seine Verbrechen nach 1934. Eine Analyse des stalinistischen Systems und der sowjetischen Bürokratie fehlte. Vielen kommunistischen Parteiführern ging das aber schon zu weit und sie vermuteten, dass die Rede ein Dokument des amerikanischen Geheimdienstes sei.

kung der »Demokratie« in der Sowjetunion verantwortlich. Der wichtigste Punkt aber war, dass er von verschiedenen Zentren innerhalb der kommunistischen Bewegung sprach, die sich herausgebildet hätten und sich nicht mehr an einer einzigen Führung orientieren würden. Am Parteitag der KPI 1956 formulierte er »einen italienischen Weg zum Sozialismus«. Im »Memorandum von Jalta« (dem sogenannten »Testament Togliattis«) von 1964 sprach er von der »Einheit in der Verschiedenheit« und von der Freiheit der gegenseitigen Kritik als wesentliche Voraussetzungen für die Weiterentwicklung der kommunistischen Bewegung. Hatte Togliatti 1948 noch den Ausschluss Titos aus der kommunistischen Weltbewegung begrüßt und Verständnis für den Einmarsch der Sowjetunion in Ungarn 1956 gezeigt, so wandte er sich 1964 gegen den Ausschluss der KP Chinas, obwohl er ihre politischen Positionen kritisierte.

Damit entstand eine widersprüchliche Situation für die Kommunistischen Parteien. Einerseits hatte man die »sozialistische Sowjetunion« in jeder Hinsicht zu verteidigen, andererseits unterstrichen einige den eigenen autonomen Charakter und konnten sich dabei noch auf Dokumente der KPdSU berufen. Dieser Widerspruch kulminierte in der Haltung zum »Prager Frühling« und der darauf folgenden Intervention der Sowjetunion in der Tschechoslowakei 1968. Dabei nahm eine Kommunistische Partei innerhalb des sowjetischen Machtbereiches die Thesen des XX. Parteitages ernst, was aber die Logik der sowjetischen Geopolitik in Frage stellte. Dass das auch für Chruschtschow selbst nicht akzeptabel war, hatten schon die Niederschlagung des ungarischen Aufstandes und auch das Vorgehen der Armee und Polizei gegen die streikenden Arbeiter und Demonstranten in Polen im Jahre 1956 gezeigt. Die Niederschlagung des Prager Frühlings 1968 hatte aber bei einigen Kommunistischen Parteien im Westen den gegenteiligen Effekt.[62] Viele Kommunisten in westeuropäischen Kommunistischen Parteien

62 Heinz Gärtner/Günter Trautmann, *Ein dritter Weg zwischen den Blöcken? Die Weltmächte, Europa und der Eurokommunismus*, (Verlag für Gesellschaftskritik: Wien), 1985.

hatten mit den Ideen des Prager Frühlings sympathisiert und versuchten Elemente aus dem tschechoslowakischen Experiment für die eigenen KPs zu verwerten. Sie empfanden den Einmarsch der Truppen des Warschauer Paktes in die Tschechoslowakei als Angriff auf die eigenen Autonomiebestrebungen. Die Intervention bewirkte somit einen Einschnitt im Verhältnis der Kommunistischen Parteien zum sowjetischen Zentrum. Danach war es nicht mehr ohne weiteres möglich, die sowjetische Autorität uneingeschränkt herzustellen, was auf der Weltkonferenz 1969 sichtbar wurde. Das Jahr 1968 kann als Geburtsstunde des »Eurokommunismus« der Siebzigerjahre bezeichnet werden. Vorerst ging es aber um die Interpretation von ideologischen Begriffen wie »proletarischer Internationalismus«, »Diktatur des Proletariats«, und »Marxismus-Leninismus«. 1976 kam es zur letzten gesamteuropäischen Konferenz der Kommunistischen Parteien, die von Auseinandersetzungen über die Prinzipien Autonomie, Gleichheit und Nichteinmischung in den Parteibeziehungen dominiert war. Dennoch konnte sich bspw. die KPI nur langsam dazu durchringen, mit den alten Bindungen zu brechen. Sie sprach nach der Niederschlagung des Prager Frühlings noch von »Deformationen in den Leitungsmethoden« der sowjetischen Führung. Erst nach der Machtergreifung des Militärs in Polen 1981 stellte sie die Formulierung von der »vorwärtstreibenden Kraft der Oktoberrevolution« von 1917 in Frage. Aufgrund dieser Kritik kam es schließlich zum offenen Streit zwischen der Kommunistischen Partei Italiens und der Sowjetführung. Der Parteichef der KPdSU, Leonid Breschnew, warf ihr vor, »die sozialistische Wirklichkeit zu verzerren«.

Der monolithische Kommunismus begann also schon während des Kalten Krieges zu zerfallen. Dazu beigetragen haben aber auch die gravierenden wirtschaftlichen Schwierigkeiten und damit verbundenen Reformversuche innerhalb des Raumes des »Rates für gegenseitige Wirtschaftshilfe«. Gleichzeitig gab es eine offene Befürwortung des westeuropäischen Integrationsprozesses durch die KPI, seit sie Ende der Sechzigerjahre in das Europaparlament beigetreten war. Sie trat auch für engere atlantische Beziehungen innerhalb der Europäischen Gemeinschaft (EG) und der NATO ein.[63] Es wäre aber falsch anzunehmen, dass die KPI einen Lagerwechsel vornehmen und eine Hegemonialmacht gegen eine andere hätte eintauschen wollen. Es war vielmehr der Versuch einer Neuentwicklung jenseits der Blockbildung. Auch innerhalb des Ostblocks, z. B. während des Prager Frühlings, sowie innerhalb anderer kommunistischer Systeme, wie dem Jugoslawien unter Tito, versuchte man sich an ähnlichen Experimenten.

Für die USA allerdings war nicht so wichtig, ob sich der Eurokommunismus von Moskau absetzt, sondern wie hinderlich er für die Stärkung der atlantischen Allianz unter der Führung der USA war. Eine Orientierung Europas auf mehr Unabhängigkeit innerhalb des atlantischen Bündnisses hätte jedenfalls eine Schwächung der Position der USA zur Folge gehabt. Die Anstrengungen der KPI, zu beweisen, dass sie nicht mehr dem sowjetischen Lager zugerechnet wird, waren für das westliche Lager nicht ausreichend. Was zählte, war die Akzeptanz der Zugehörigkeit zum westlichen Lager. In der Phase des Eurokommunismus zählte für den Westen nicht mehr so sehr die Ideologie, sondern die Geopolitik. Eine ähnliche Erfahrung hatten schon die französischen Sozialisten unter ihrem Vorsitzenden Leon Blum in der unmittelbaren Nachkriegszeit gemacht, der ein selbständigeres Europa als »Instrument der Annäherung, des gegenseitigen Verständnisses und der Versöhnung zwischen den beiden entgegengesetzten Blöcken« sah. Bald darauf traten die französischen Sozialisten für die Schaffung einer eu-

63 In der KPI erleichterte die innenpolitische Orientierung auf den »Historischen Kompromiss« – das Angebot an die katholischen Kräfte des Landes zur Zusammenarbeit von 1973 – die Kritik an der sowjet-zentristischen Ideologie. Sie stellte die Aktualität und Gültigkeit der Begriffe, wie »proletarischer Internationalismus« und »Marxismus-Leninismus« auf der gesamteuropäischen Konferenz der Kommunistischen Parteien in Ostberlin 1976 in Frage. Im Gegensatz zur KPI behielt die Kommunistische Partei Frankreichs (KPF) eine europakritische Haltung. Sie wendete sich gegen jegliche Ausweitung der europäischen Instanzen, darunter auch des Europaparlaments. Die KPF vertrat somit weiterhin eine dualistische Weltsicht und bestritt eine spezifische oder eigenständige Rolle Westeuropas und der EG.

ropäischen Verteidigungsorganisation ein, bekannten sich aber letztlich doch zur Bildung einer nordatlantischen Verteidigungsallianz als Schutzschild gegen eine mögliche sowjetische Aggression. Der beginnende Kalte Krieg hatte alle Ideen für ein eigenständigeres Europa verdrängt. Während des Kalten Krieges wurde der sowjetische Block mit Gewalt und Unterdrückung zusammengehalten. Aber auch im Westen wurde jegliches Abrücken von der amerikanischen Vorherrschaft in Europa von den USA mit Misstrauen betrachtet und mit Gegenmaßnahmen beantwortet. Zu Beginn der Sechzigerjahre betrieb US-Präsident John F. Kennedy die Bildung einer Mitte-Links-Regierung in Italien als Gegengewicht zur Achse de Gaulle-Adenauer. Kennedy befürchtete damals eine zu eigenständige europäische Politik von Frankreich und Deutschland, wobei nicht ausschlaggebend war, dass diese Politik von konservativen Kräften getragen worden wäre.

Die Kommunisten hatten im Widerstand gegen den Nationalsozialismus einen hohen Blutzoll zu verzeichnen. Sie selbst standen aber im Dienst eines anderen Unrechtsregimes: der stalinistischen Sowjetunion. Zugedeckt wurde diese Frage des inneren Widerstandes durch die internationale Konstellation. In der Anti-Hitler-Koalition waren die westlichen Verbündeten mit der Sowjetunion gegen Deutschland vereint und der Widerstand der Kommunisten willkommen, solange sie nicht selbst zu viel an Macht bekamen.[64] Als der Kalte Krieg zwischen Ost und West begann, endete die Schonfrist für die Kommunisten. Sie waren nicht mehr Widerstandskämpfer gegen den Kriegsgegner Deutschland, sondern Verbündete des potentiellen Kriegsgegners Sowjetunion und damit Terroristen. Aus der Sicht des Westens war es die jeweilige internationale politische Konstellation, die bestimmte, ob ihnen das Recht auf Widerstand zuerkannt wurde oder ob sie Terroristen waren. Der damalige US-Außenminister Henry Kissinger begründete die amerikanische Unterstützung der autoritären Regime in Argen-

64 Die Kosaken etwa fielen aus dem internationalen koalitionären Schirm heraus. Sie hatten geglaubt, sie könnten sich mit Hitler gegen Stalin verbünden. Nach dem Krieg wurden sie von den Briten an die Sowjetunion ausgeliefert.

tinien und Chile in den Siebzigerjahren, die sich Verschleppungen und Folter zu Schulde kommen ließen, gegen vermeintlich kommunistische Aufständische[65] mit den Worten, dass diese Regime »von radikalen anti-demokratischen und markt-feindlichen Kräften« bedroht seien.[66] Kommunisten waren Terroristen, auch wenn sie sich gegen anti-demokratische Regime wandten, weil sie abhängig waren von einem anti-westlichen und selbst anti-demokratischen Staat. Gegen das Argument, dass jeglicher Widerstand kommunistisch induziert sei, wendeten sich in den Sechziger- und Siebzigerjahren libertäre Denker, wie Herbert Marcuse, Jean Paul Sartre und Jürgen Habermas.

Im Kalten Krieg waren die Kommunistischen Parteien keine normalen Parteien. Alle Einzelfragen waren bestimmt von ihrem Verhältnis zur KPdSU. Die Kommunistischen Parteien als nichtstaatliche Akteure wurden nicht von den zentralen außenpolitischen Stellen der eigenen Regierung kontrolliert, sondern von der Partei eines anderen Landes. Gerade das akzeptierten einige westeuropäische Kommunistische Parteien auf Dauer immer weniger. Dadurch ergaben sich ständig Spannungen zwischen den westeuropäischen Parteien und Moskau. Nach dem Einmarsch der Truppen des Warschauer Paktes in die Tschechoslowakei 1968 kam es daher zum Bruch einzelner Parteien und Gruppen mit Moskau. Die Risse im monolithischen Kommunismus wurden noch deutlicher sichtbar als schon im Falle Jugoslawiens und Chinas. Möglich wurden sie vor allem in der KPI durch die elastischen Formeln Togliattis vom Polyzentrismus, der »Einheit in der Verschiedenheit«, sowie ihre Orientierung nach Westeuropa und die Anerkennung der NATO. Die Motive für die Europabefürwortung waren nicht primär wirtschaftlich, sondern vom Wunsch nach mehr Blockunabhängigkeit bestimmt. Wirtschaftliche Argumente im Rahmen

65 Tatsächlich spielten die Kommunistischen Parteien im Widerstand gegen diese lateinamerikanischen Diktaturen im Verhältnis zu anderen Widerstandsorganisationen eine untergeordnete Rolle. Argentinien hatte zudem gute Wirtschaftsbeziehungen auch mit der Sowjetunion.

66 Diese Rhetorik tauchte im »Krieg gegen den Terrorismus« des US-Präsidenten George W. Bush wieder auf.

der Europäischen Wirtschaftsgemeinschaft (EWG) und der EG sind ebenfalls in diesem Kontext zu sehen. Das bedeutete aber auch die Stärkung der Konkurrenzfähigkeit westeuropäischer Unternehmen auf dem Weltmarkt. Die am stärksten moskautreuen Parteien lehnten daher, obwohl es gute Gründe dafür gab, eine wirtschaftliche Integration ab. Für die osteuropäischen Parteien stellte sich die Situation völlig anders da. Die Haltung zur westeuropäischen Integration der Kommunistischen Parteien und des Rates für gegenseitige Wirtschaftshilfe wurden von den wirtschaftlichen Interessen der Sowjetunion geleitet.

Die Ausrufung des Kriegsrechtes in Polen verdeutlichte die ganze Problematik, die sich aus der Blockbildung in Europa ergab. Die Gewerkschaftsbewegung Solidarnosc, die seit 1980 breite Streikwellen organisierte, balancierte auf dem schmalen Grat zwischen der Beibehaltung des territorialen Status quo und der Aufhebung der gesellschaftlichen Ordnung. Sie ist damit an den Bedingungen des Kalten Krieges gescheitert. Solidarnosc war nicht nur eine Gewerkschaft, sie war auch der Ausdruck des Wunsches eines nicht vollständig der Blocklogik unterworfenen nicht-staatlichen Akteurs, gesellschaftliche und soziale Verhältnisse zu entwickeln. Sie war damit gegen die Bevormundung des Blockes gerichtet. Die Bedeutung von Solidarnosc lag darin, dass sie nicht dem klassischen Ost-West-Schema zuzuordnen war. Sie war nicht Instrument des einen Blockes, der sich gegen den anderen richtete, sondern bildete eine Bewegung innerhalb eines Blockes gegen den eigenen Block. Das polnische Militärregime unter General Wojciech Jaruzelski, das 1981 die Macht übernahm, bedeutete dann wiederum Stabilisierung der Blockpolitik und Sicherung der sowjetischen Kontrolle, allerdings ohne direkte Beteiligung sowjetischer Truppen, wie das noch 1968 in der Tschechoslowakei der Fall gewesen war.

Der Reformkommunismus in der Tschechoslowakei und die Gewerkschaftsbewegung Solidarnosc in Polen machen deutlich, dass die staatlich-zentrierte Analyse des Realismus zu kurz greift. Sie waren ein Symbol und Bespiel dafür, dass eine multi-zentrierte Bewegung mit einer Reihe von nicht-staatlichen Akteuren unabhängig von den Blöcken im Entstehen war.[67] Das Beispiel des Eurokommunismus zeigt, dass zwar die realistische Machtpolitik den entscheidenden Rahmen im Kalten Krieg festlegte, es jedoch innerhalb der Kommunistischen Welt auch Versuche gab, eine vom sowjetischen Lagerdenken unabhängigere Identität zu finden. Dennoch blieb die historische Rolle, wie die des Eurokommunismus, eher bescheiden. Weder hat er die Entwicklungen in Osteuropa entscheidend beeinflussen können, noch war er eine Antwort auf die grundlegenden Probleme Westeuropas im Ost-West-Verhältnis. Seine Bedeutung ist eher symbolisch zu sehen. Er zeigte, dass es im Kalten Krieg in Europa nicht nur ein »Entweder-Oder« gab, sondern dass es im Westen möglich war eigene Vorstellungen zu entwickeln, ohne die Zugehörigkeit zum Westen in Frage zu stellen, und dass das kommunistische Lager und dessen sowjetischer Führungsanspruch brüchig geworden war. Die Reformkommunisten im Westen demonstrierten aber noch viel mehr, nämlich, dass die hochgebildeten linken Intellektuellen innerhalb und außerhalb der Kommunistischen Parteien nicht bereit waren, eine sowjetische Vorherrschaft in Europa hinzunehmen. Mit dem Ende des realen Kommunismus Ende der Achtzigerjahre verloren allerdings schließlich auch die reformkommunistischen Bestrebungen in Ost und West ihre Bedeutung.

67 James N. Rosenau, *Turbulance in World Politics: A Theory of Change and Continuity*, (Princeton University Press: Princeton), 1990.

Die USA: Doktrinen, Präsidenten und Analogien

Neben geo- und realpolitischen sowie ideologischen Faktoren spielten auch die Ideen und Persönlichkeiten zentraler Akteure für den Verlauf des Kalten Krieges eine entscheidende Rolle. Auch der Rückgriff auf historische Analogien, die zugleich als Richtmaß und Rechtfertigung des eigenen Vorgehens dienten, beeinflusste das Entscheidungsverhalten vieler Administrationen.

Zentral politische Ideen einzelner Präsidenten spiegelten sich dies vor allem in ihren Doktrinen wider. In ihnen wurden die maßgeblichen Richtlinien der außenpolitischen Maßnahmen der Präsidenten formuliert. Dadurch erhalten sie entscheidende Bedeutung und Wirkkraft für die Entwicklungen im Kalten Krieg.

US-Doktrinen

Als Beginn des Kalten Krieges wird in der Forschungsliteratur zumeist die Truman-Doktrin von 1947 bezeichnet. Sie betonte die Verantwortung der Vereinigten Staaten, freie Völker gegen den aggressiven Totalitarismus zu unterstützen. Die geschwächte Sowjetunion besaß damals allerdings noch nicht das notwendige wirtschaftliche und militärische Potential, um mit den USA gleichzuziehen. Mit der Zeit entwickelte die Sowjetunion gestützt auf ihr Nuklearwaffenpotential und der Gründung des Warschauer Paktes 1955 entsprechende Fähigkeiten, wodurch sie tatsächlich zu einem Rivalen der USA avancierten. In der Folge entstand die Bipolarität, wie sie für den Kalten Krieg charakteristisch war.

Nach der Truman-Doktrin hatte die Eisenhower-Doktrin einen wichtigen Einfluss auf den Verlauf des Kalten Krieges. Nach der Suez-Krise von 1956 forderte US-Präsident Eisenhower vor beiden Häusern des Kongresses im Januar 1957 eine Neuorientierung der amerikanischen Politik im Mittleren Osten, die

die Unabhängigkeit der Staaten der Region militärisch und politisch garantieren sollte. Eisenhower wollte den Einfluss des Kommunismus im Mittleren Osten zurückdrängen. Er selbst sagte dazu:

> »Wenn machthungrige Kommunisten entweder fälschlich oder zurecht glauben, dass der Mittlere Osten ungenügend geschützt ist, dann sind sie versucht, offen Waffengewalt anzuwenden. Wenn das so ist, würde das eine Kettenreaktion auslösen, die fast unvermeidlich die Vereinigten Staaten in eine Militäraktion verwickeln würde.«[68]

Diese Doktrin führte zur Intervention der USA im Libanon 1958, nicht aber – wie schon während der Krise in Vietnam 1954 – zu einem Eingreifen in Syrien 1957, obwohl Pläne dafür bestanden. Die Eisenhower-Doktrin ist nicht auf eine Lockerung der Polarisierung zurückzuführen, wie manche Beobachter annehmen[69], obwohl sie die Selbständigkeit der Staaten im Mittleren Osten betonte, sondern darauf, dass die Blockbildung in dieser Region unklar und offen war. Das bedeutet aber auch, dass es hier Entscheidungsspielräume für Regierungen und Staatsmänner gab. In der sowjetischen Einflusssphäre war das nicht so. Dort wurde die Blockdisziplin von der Sowjetunion eisern durchgesetzt, aber auch vom Westen respektiert. Der im gleichen Jahr wiedergewählte Präsident Eisenhower griff nicht ein, als die sowjetischen Truppen 1956 den ungarischen Aufstand niederschlugen. Gleichzeitig warnte er, dass ein Angriff auf das benachbarte neutrale Österreich, das sich dem Wertesystem des Westens zugehörig fühlte, eine »schwere Bedrohung des Friedens« darstellen würde.[70]

Auch in Südostasien waren die Einflusszonen nicht klar abgesteckt. Dort war man daher darum bemüht, den Einfluss der

---

68 Dwight Eisenhower, Special Message to Congress on Situation in the Middle East, January 5, 1957, *Papers of Presidents: Eisenhower, 1957*, 783–791; abgedruckt in Elmer Plischke (Hg.), *Contemporary U. S. Foreign Policy: Documents and Commentary*, (Greenwood Press: New York), 1961, 186–189. Übersetzung: HG

69 Cameron G. Thies, The Roles of Bipolarity: A Role Theoretic Understanding of the Effects of Ideas and Material Factors, *International Studies Perspectives*, Jg. 14, 2013.

70 *Bild-Telegraf*, 7. November 1956.

Kommunisten zurückzudrängen. Die Tonkin-Resolution von 1964, die der US-Kongress unter Präsident Johnson beschloss, stattete den Präsidenten mit umfassenden Vollmachten aus jeglicher bewaffneter Aggression in Südostasien entgegenzutreten. Die Resolution bildete die rechtliche Grundlage für die folgende Intervention in Vietnam. Sie war ähnlich formuliert wie die Resolutionen gegen die Bedrohungen Taiwans 1955, des Mittleren Ostens 1957 und Kubas 1962. Johnson forderte ein Maximum an Autorität zum Einsatz der Streitkräfte,

> »[...] um gegenüber den aggressiven kommunistischen Nationen Entschlossenheit zu demonstrieren, und die ganze Welt zu überzeugen, dass unsere Politik in Südostasien umgesetzt wird – und dass Frieden und Sicherheit der Region aufrecht erhalten werden können.«[71]

Auf Basis dieser Doktrin begründete Johnson schließlich die Intervention in der Dominikanischen Republik 1965. Diese wiederum sollte verhindern, dass nach Kuba ein weiteres kommunistisches Land in der westlichen Hemisphäre entstand:

> »Die amerikanischen Nationen können, dürfen und wollen das Entstehen einer weiteren kommunistischen Regierung in der westlichen Hemisphäre nicht zulassen.«[72]

Eine entgegengesetzte Entwicklung zur Tonkin-Doktrin wurde mit der Nixon-Doktrin von 1969 begründet. Sie sollte künftige Vietnams verhindern und schrieb – unter Aufrechterhaltung der amerikanischen Verpflichtungen gegenüber Verbündeten – die Hauptverantwortung der Verteidigung den direkt bedrohten Staaten zu:

---

71 Lyndon Johnson, recommendation for a congressional resolution to protect American armed forces in Southeast Asia, message to Congress, August 5, 1964; *Papers of Presidents: Johnson, 1963–1964, II*, 930–932, abgedruckt in Elmer Plischke (Hg.), *Contemporary U. S. Foreign Policy: Documents and Commentary*, (Greenwood Press: New York), 1961, 189–190. Übersetzung: HG

72 Lyndon Johnson, radio and television report to the American people on the situation in the Dominican Republic, May 2, 1965; *Papers of Presidents: Johnson, 1965*, 469–474, abgedruckt in Elmer Plischke (Hg.), *Contemporary U. S. Foreign Policy: Documents and Commentary*, (Greenwood Press: New York), 1961, 191–193. Übersetzung: HG

> »Die Vereinigten Staaten werden weiterhin ihre Vertragsverpflichtungen einhalten; [...] aber sofern die Probleme der inneren Sicherheit und der militärischen Verteidigung – außer Bedrohungen von Großmächten mit Nuklearwaffen – betroffen sind, fordern und erwarten die Vereinigten Staaten zurecht, dass die asiatischen Staaten zunehmend diese Probleme selbst in die Hand nehmen.«[73]

Während die Johnson-Doktrin also eine Begründung für die Einmischung der USA in Vietnam lieferte, sollte die Nixon-Doktrin den Abzug der US-Truppen aus Vietnam vorbereiten. Auch der Iran des Schah als Partner der USA sollte in der Golf-Region die Verantwortung übernehmen. Weitere Eckpunkte der Nixon-Doktrin waren: Einhaltung der Vertragsverpflichtungen durch die USA; die USA würden ihren Schild hinsichtlich nuklearer Bedrohungen gegen Verbündete oder Staaten, die für ihre Sicherheit unentbehrlich sind, aufspannen; bei anderen Arten der Aggression würden die USA militärische und wirtschaftliche Hilfe leisten; bei direkter Bedrohung würden die USA die Verantwortung nicht scheuen und Soldaten zur Verteidigung zur Verfügung stellen.[74]

Kurz danach leitete Nixon mit der indirekten Anerkennung der bestehenden Einflusssphären seit Beginn der Siebzigerjahre eine Periode der Entspannung ein. Bipolarität und Polarisierung nahmen dadurch zwar nicht ab, Einflusszonen wurden aber dort, wo sie bestanden, wie z. B. in Europa, anerkannt.

Der verlustreiche Krieg in Vietnam wirkte wie ein Trauma auf die amerikanische Politik und Öffentlichkeit.[75] Die Weinberger-Powell-Doktrin sollte daher ein weiteres Rezept zur Vermeidung eines weiteren Vietnamkrieges werden. Sie besagte, dass

73 Richard Nixon, informal remarks to media, en route on Asian summit tour, July 25, 1969; *Papers of Presidents: Nixon, 1969*, 544–556, abgedruckt in Elmer Plischke (Hg.), *Contemporary U. S. Foreign Policy: Documents and Commentary*, (Greenwood Press: New York), 1961, 194–198. Übersetzung: HG

74 Richard Nixon, U. S. Foreign Policy for the 1970's: Building Peace, *A report by President Richard Nixon to the Congress*, Washington, 1971, 10–21.

75 Jeffrey Record, *Making War, Thinking History: Munich, Vietnam, and Presidential Uses of Force from Korea to Kosovo*, (Annapolis, ML: Naval Institute Press), 2002.

amerikanische Truppen nur bei der Gefährdung vitaler amerikanischer Interessen, mit ganz klaren politischen und militärischen Zielen, mit ausreichender Unterstützung der amerikanischen Bevölkerung und als letztes Mittel eingesetzt werden sollen.[76] »No more Vietnams« bedeutete natürlich auch »keine verlorenen Kriege mehr«. Der Verteidigungsminister Weinberger stellte 1984 seine Version der Doktrin im nationalen Presseklub vor. Er sah den Einsatz der Streitkräfte nicht als Unterstützung von Diplomatie, sondern als ihren Ersatz, wenn diese gescheitert war.

Die Carter-Doktrin erfolgte 1980 nach der sowjetischen Invasion in Afghanistan 1979 und besagte, dass die Kontrolle des Persischen Golfs durch eine ausländische Macht als Angriff auf die vitalen Interessen der USA angesehen wird und mit allen Mitteln – unter Einschluss der Anwendung von Gewalt – zurückgewiesen werden sollte:

> »Lassen Sie mich absolut klar sein: Jeder Versuch einer externen Macht, die Kontrolle über den Persischen Golf zu bekommen, wird als Angriff auf die Kerninteressen der Vereinigten Staaten von Amerika angesehen, und ein derartiger Angriff wird mit allen Mitteln, einschließlich militärischer Gewalt, zurückgeschlagen.«[77]

Diese Doktrin nahm Anleihen von der Monroe-Doktrin von 1823, die ausländische (gemeint war europäische) Einmischung in Lateinamerika zurückwies. US-Präsident Carter stellte zu diesem Zweck eine schnelle Eingreiftruppe auf und beendete damit die Entspannungspolitik der Siebzigerjahre. Zugleich stoppte der Präsident die Ratifizierung des SALT II-Rüstungskontrollvertrages über strategische Nuklearwaffen durch den Kongress und startete das größte Aufrüstungsprogramm seit dem Ende des Vietnamkrieges. Außerdem boykottierte er die Teilnahme der US-Sportler bei den Olympischen Spielen 1980 in Moskau.

---

76 Vgl. Heinz Gärtner, *Internationale Sicherheit: Definitionen von A–Z* (2. Erweiterte und aktualisierte Auflage), (Nomos: Berlin), 2008, 60–62.

77 Jimmy Carter, *State of the Union Address Delivered Before a Joint Session of the Congress*, January 23, 1980. Übersetzung: HG

Die Reagan-Doktrin bestand in der Praxis, antikommunistischen Aufständischen in der Dritten Welt Unterstützung zukommen zu lassen (Afghanistan, Angola, Mosambik, Nicaragua, El Salvador, Äthiopien etc.). Reagan sagte 1982:

> »Ich bin überzeugt, dass eine freie und friedliche Entwicklung unserer Hemisphäre erfordert, dass wir denjenigen Regierungen helfen, sich zu verteidigen, die von Aggression außerhalb ihrer Grenzen konfrontiert sind.«[78]

Die Reagan-Doktrin von 1985 begnügte sich nicht mehr damit bestehende Einflusszonen, wie in El Salvador, zu halten, sondern beabsichtigte kommunistische Gewinne, die mit sowjetischem Einfluss gleichgesetzt wurden, in allen Teilen der Dritten Welt zurückzudrängen (»rollback«). Das bedeutete, dass die Reagan-Doktrin über die bloße Eindämmung hinausging und sich als Befreiungsstrategie verstand. So wurde auch die Intervention in Grenada 1983 begründet. Die Gesetzesänderung von Senator Dick Clark von 1975, die die finanzielle Unterstützung der anti-kommunistischen Rebellen verbot und ein weiteres Vietnam verhindern sollte, wurde 1985 schließlich ebenfalls zurückgenommen. Mit dieser Doktrin verbunden war aber auch die Unterstützung von Diktaturen in Lateinamerika, Asien und Afrika, wie das Apartheid-Regime in Südafrika.[79] Um diese von den kommunistischen Diktaturen abzugrenzen, betonte die Professorin Jean Kirkpatrick[80], ihres Zeichens Mitglied im Nationalen Sicherheitsrat der Vereinigten Staaten den politischen Unterschied zwischen »autoritären« und »totalitären« Regimen.

---

78 Ronald Reagan, remarks on Caribbean Basin Initiative, to Permanent Council of the Organization of American States, February 24, 1982; *Papers of Presidents: Reagan, 1982*, I, 213–214, abgedruckt in Elmer Plischke (Hg.), *Contemporary U. S. Foreign Policy: Documents and Commentary*, (Greenwood Press: New York), 1961, 202–205. Übersetzung: HG

79 Coral Bell, *The Reagan Paradox: American Foreign Policy in the 1980s*, (Edward Elgar Publishing Limited: Hants), 1989.

80 Jeane Kirkpatrick, *Commentary Magazine*, Vol. 68, No. 5, November 1979, pp. 34–45. Jeane Kirkpatrick, *Dictatorships and Double Standards: Rationalism and Reason in Politics*, 1982.

Damit sollten Kooperationen mit »autoritären« Staaten gerechtfertigt werden. Autoritäre Regime, so Kirkpatrick, würden die Gesellschaften nicht in gleicher Weise kontrollieren wie der »totalitäre Kommunismus«.[81]

Die Reagan-Doktrin knüpfte an der Johnson-Doktrin für Lateinamerika an. Beide sollten ein zweites Kuba verhindern. Sie ging aber mit ihrem aktiven anti-kommunistischen Engagement über die Nixon-Doktrin hinaus, die die Verantwortung über ihre Sicherheit den Verbündeten selbst übertrug.

Mit Ausnahme der Truman-Doktrin sollten alle Doktrinen die Rolle der USA in der Dritten Welt definieren. Geographische Schwerpunkte waren dabei vor allem die Golfregion und Lateinamerika. In Europa war mit der Truman-Doktrin die Bipolarität des Kalten Krieges etabliert worden, Präsident Nixon hatte sie anerkannt. In der Dritten Welt existierten hingegen weit weniger geregelte Verhältnisse, was Unklarheiten bzw. Unsicherheiten begründete. Die beiden Supermächte versuchten daher auch dort bipolare Strukturen einzuführen, indem sie sich bemühten, vor allem lokale und regionale Verbündete zu gewinnen. Diese Akteure verfolgten aber auch ihre eigenen Interessen und trachteten danach, ihrerseits die Supermächte dafür einzusetzen.

US-Präsidenten

Eine andere aber auch auf innenpolitischen Faktoren basierende Einteilung der US-Außenpolitik trifft der Politikwissenschaftler Stephen Sestanovich.[82] Er sieht zyklische Bewegungen zwischen den Präsidenten: den »maximalistischen«, und solchen, die »Rückzugs«-Strategien verfolgen. Die offensichtlichsten Bespiele für die ersteren seien Truman, Kennedy und Re-

81 Kirkpatrick übernahm die Begrifflichkeiten von der Historikerin Hannah Arendt, ohne sie aber theoretisch auszuführen.

82 Stephen Sestanovich, *Maximalist: America in the World from Truman to Obama,* (Alfred A. Knopf: New York), 2014. Vgl. Dazu auch Heinz Gärtner, *Die USA und die neue Welt,* (Lit.-Verlag: Münster), 2014.

agan. Rückzugspräsidenten reagieren meistens auf das Überengagement der »Maximalisten«. Beispiele für diese seien Eisenhower und Nixon, die die verfahrenen Kriege (Korea und Vietnam) beenden wollten. Während der Kennedy-Administration habe ein Zuwachs amerikanischer Macht begonnen, unter Nixon sei der Schub gebremst worden. »Maximalisten« würden nachfolgenden Rückzugspräsidenten vorwerfen, die amerikanische Führungsrolle und Macht zu verspielen.

Seit 1940 sieht Sestanovich drei Zyklen. Der erste dauerte vom beginnenden Kalten Krieg bis zur Eisenhower-Administration. Der zweite Zyklus reicht von Kennedys »New Frontier«-Periode bis zum Auslaufen der Entspannungspolitik Ende der Siebzigerjahre. Der dritte wurde von Ronald Reagan eröffnet und schien über das Ende des Kalten Krieges hinaus fortzudauern. Sestanovich sieht in dieser Diskontinuität die Quelle des Erfolges amerikanischer Außenpolitik. Es sei eine Regel, dass sich jede neue Administration ernsthaft bemüht, die Fehler der Vorgängerregierung zu korrigieren. Die beiden Präsidenten nach dem Zweiten Weltkrieg, die die Kontinuität mit den Vorgängern betonten, Lyndon Johnson und Gerald Ford, seien gescheitert. Johnson verzichtete 1968 auf eine weitere Kandidatur, nachdem er die Wahlen 1964 nach dem Tode Kennedys noch klar gewonnen hatte. Ford verlor die Wahlen 1976 gegen Jimmy Carter. Auch jene Präsidenten, die versprachen, mit der Unordnung des Vorgängers aufzuräumen, Dwight Eisenhower und Richard Nixon, hätten entscheidende Wahlsiege erreicht.[83] Die Amerikaner, so Sestanovichs Hypothese, wollten, dass Präsidenten erfolglose Kriege beenden und keine neuen Konfrontationen aufbauen. Neben dem Versprechen, den Koreakrieg zu beenden, versuchte Eisenhower mit Abrüstungsvorschlägen (zum Beispiel mit seiner Kritik am »militärisch-industriellen Komplex«) eine nukleare Konfrontation mit der Sowjetunion zu vermeiden. Nixon seinerseits präsentierte sich als Friedensbringer während des Vietnamkrieges. Es waren letztlich die Demo-

83 Dasselbe trifft auf Barack Obama zu, der 2008 mit dem Versprechen, die Kriege in Afghanistan und Irak zu beenden, die Wahlen gewonnen hatte.

kraten Kennedys im Kongress, die Eisenhowers Vernunftspolitik herausforderten, während die zurückhaltende Entspannungspolitik Nixons mit der Sowjetunion in den Siebzigerjahren schließlich mit dem Einmarsch der Sowjetunion in Afghanistan 1979 endete. Jimmy Carter wurde daraufhin Opfer der »maximalistischen« Rhetorik der Reagan-Republikaner und -Demokraten. Kompromisslose »Maximalisten«, so wie auch Sestanovichs selbst, beanspruchen, dass die USA mit ihrer kompromisslosen und konfrontativen Haltung viel erreicht hätten. Ihre Beispiele sind die Berlin- und die Kuba-Krise 1948 und 1962, der »Sieg« im Kalten Krieg gegen die Sowjetunion 1989/1990.[84]

Man kann aber argumentieren, dass die von Sestanovich als »maximalistisch« bezeichneten Präsidenten gerade vermieden, die Krisen eskalieren zu lassen. Truman lehnte einen bewaffneten Durchbruch der Blockade Berlins, Kennedy eine bewaffnete Intervention in Kuba ab; Reagan setzte die Entspannungs- und Rüstungskontrollpolitik trotz aller offensiven Rhetorik (»evil empire«) fort. Wohl kein Präsident war ein idealtypisches Beispiel für eine offensive oder zurückhaltende Politik. Allerdings gab es oft klare Prioritäten. Entscheidend aber an der Argumentation ist, dass die Politik der USA während des Kalten Krieges nicht allein aus einem Aktion-Reaktions-Verhalten gegenüber der Sowjetunion erklärt werden kann, sondern dass innenpolitische Verhältnisse in den USA einen entscheidenden Einfluss auf ihre Außenpolitik hatten.

Ähnlich fragt Joseph Nye[85], welche Art von Führungsrolle amerikanischer Präsidenten die Vorrangstellung der USA am ehesten gesichert hat. Nye teilt die Präsidenten nach mehreren Kategorien ein. Sie können, mit höheren Idealen und moralischen Werten ausgestattet, transformorientiert (»transformational«) oder, basierend auf Ressourcen der Macht, aktionsorientiert (»transactional«) sein. Sie können zusätzlich inspirierend wirken (»incremental«) oder am Status quo festhalten. Eine Vorrangstellung einzunehmen, bedeutet für ihn Erster, aber nicht

84 Nach Ende des Kalten Krieges ist die Vertreibung Saddam Husseins aus Kuwait 1993 ein Beispiel für »maximalistische« Politik.

85 Nye Jr., Joseph S. *Presidential Leadership and the Creation of the American Era* (Princeton University Press: Princeton), 2013.

der Alleinige zu sein. Macht kann nicht über, sondern nur mit anderen Staaten ausgeübt werden. Das bedeutet für einen Präsidenten aber auch, in der Lage zu sein, den globalen historischen, kulturellen und politischen Kontext, in dem man sich selbst und in dem sich andere befinden, zu verstehen und sich den Veränderungen anzupassen.

Ronald Reagan war für Nye ein transformorientierter Präsident. Er konnte die weitreichenden Pläne, die Nuklearwaffen abzuschaffen, die er mit dem sowjetischen Präsidenten Gorbatschow teilte, nicht umsetzen. Seine Unterstützung des südafrikanischen Apartheidregimes und sein oft willkürliches militärisches Engagement in Lateinamerika sind ethisch fragwürdig. Hingegen konnten aktionsorientierte Präsidenten oft bessere Resultate erzielen. Dwight Eisenhower beendete den Koreakrieg und konsolidierte die Eindämmungspolitik gegenüber der Sowjetunion. George H. W. Bush managte erfolgreich das Ende des Kalten Krieges.

Derselbe Präsident musste aber auch erkennen, dass mit dem Ende des Ost-West-Konfliktes die Gewalt in der Dritten Welt andauerte. In Europa blieb der Friede mit Ausnahme von kriegerischen Auseinandersetzungen an der Peripherie (Balkan, Georgien, Ukraine) hingegen erhalten. Während des Kalten Krieges waren dort Institution geschaffen worden, die auch nach dessen Ende weiter funktionierten und ausgebaut wurden. Das waren insbesondere die Organisation für Sicherheit und Zusammenarbeit (OSZE), die aus der KSZE hervorging, die Europäische Union, die sich aus der Europäischen Gemeinschaft entwickelte, und die NATO. Aus dem gewaltbeladenen Kalten Krieg entstand in Europa auch eine Kultur des Friedens. Francis Fukuyama schrieb über das Ende der Geschichte[86], das durch das alleinige Überleben von Demokratien und Marktwirtschaften begann. Demokratie, wirtschaftliche Interdependenz und institutionelle Verflechtung würden die Struktur für den Frieden nach dem Ende des Kalten Krieges bilden. Fukuyama hatte aber

86 Francis Fukuyama, *End of History and the Last Man* (Free Press: New York), 1992.

die mit der Neuordnung der Welt verbundenen, neu entstehenden Konflikte unterschätzt.

Henry Kissinger[87] zufolge hätte es die Ordnung nach dem Zweiten Weltkrieg geschafft, sowohl einen Ausgleich innerhalb der Atlantischen Allianz als auch ein nukleares Gleichgewicht zwischen den USA und der Sowjetunion herzustellen. Im Vietnamkrieg hätten die USA das Westfälische System,[88] das nach 1648 die moderne Staatenwelt hervorbrachte, verteidigt, das revolutionäre China Maos aber zerstören wollen. Es waren aber auch Mao und Präsident Nixon mit seinem Sicherheitsberater Kissinger, die 1972 über ideologische Grenzen hinweg Beziehungen knüpften, die nach dem Vorbild des historischen Konzertes Teil eines neuen Fünf-Mächtegleichgewichtes mit Europa, Japan und der Sowjetunion werden sollten. Etwas euphemistisch schreibt Kissinger, dass die Verwendung von Nuklearwaffen außer während der Kuba-Krise 1962 von der Sowjetunion niemals ernsthaft überlegt worden war. Tatsächlich hatten aber auch die US-Präsidenten Truman und Eisenhower während des Koreakrieges deren Einsatz in Erwägung gezogen. Er wurde auch von General Westmoreland während des Vietnamkrieges vorgeschlagen.

Während Kissinger Jimmy Carter nur wenig Aufmerksamkeit widmet, verkörpert Ronald Reagan für ihn die ideale Kombination von Macht und Legitimität durch dessen moralischen Anspruch von Amerika als »the shining city on a hill«, kombiniert mit militärischer Stärke und der Vision von einer Versöhnung mit dem sowjetischen Präsidenten Michail Gorbatschow. Die Beendigung des Kalten Krieges durch George H. W. Bush und die Welle der demokratischen Transformationen schien für Kissinger wie die Vollendung der Vision Wilsons, eine Weltordnung nach dem demokratischen Vorbild der USA zu schaffen. Legitimität und Macht haben für Kissinger sowohl eine geostrategische Dimension (nach dem Vorbild Theodor Roosevelts) als

87 Henry Kissinger, *World Order*, (Penguin Press: New York), 2014.

88 Als Westfälisches System wird der Friedenszustand nach Ende des dreißigjährigen Krieges 1618–1648 bezeichnet. Der Ursprung der Idee von souveränen Staaten wird davon abgeleitet.

auch eine moralische Mission (nach dem Vorbild Woodrow Wilsons). Macht ohne Moral verwandelt jede Meinungsverschiedenheit in eine Demonstration der Stärke. Moralische Verordnungen ohne Gleichgewichtsvorstellungen geraten leicht zu Kreuzzügen oder unfähiger Politik, die die internationale Ordnung selbst gefährden.

Analogien

Wenn Eindämmungspolitik die Zurückdrängung des Kommunismus, wo immer er als Gefahr gesehen wurde, bedeutete, so war sie nur in Westeuropa konsequent. In der Dritten Welt waren die Einflussbereiche weniger gefestigt und verschoben sich oft. Der Korea- und der Vietnamkrieg sowie die Kuba-Krise wurden meistens als Beispiele für eine geplante, konsequente und rationale Eindämmungspolitik bezeichnet. Es gab dennoch zahlreiche Fälle, wo die Gefahr von Umstürzen zwar faktisch gegeben war, die USA aber nicht direkt militärisch eingriffen, um einen potentiellen oder tatsächlichen sowjetischen Einfluss zu verhindern. Abgesehen von der kommunistischen Machtergreifung in der Tschechoslowakei (1948), seien die chinesische (1949) und kubanische Revolution (1959) erwähnt sowie die Weigerung Eisenhowers, in Vietnam (1954) und Kennedys in Laos (1961) direkt zu intervenieren; weitere Beispiele sind der kommunistische Aufstand in Indonesien (1964) und der Sturz Somozas sowie der Sieg der Sandinistischen Nationalen Befreiungsfront in Nikaragua (1979). Warum also manifestierte sich Eindämmung in bestimmten Situationen als eine militärische antikommunistische Strategie und in anderen nicht?

Für Yuen Foong Khong[89] war es die Analogie des Koreakrieges, die zur Entscheidung Präsident Johnsons beigetragen hatte, in Vietnam zu intervenieren. Man befürchtete, dass Südvietnam,

89 Yuen Foong Khong, *Analogies at War: Korea, Munich, Dien Bien Phu, and the Vietnam Decisons of 1965*, (Princeton University Press: Princeton), 1992.

genau wie Südkorea, in Gefahr war, vom aggressiven kommunistischen Norden überrannt zu werden, was für die USA und den Weltfrieden insgesamt eine extreme Gefährdung dargestellt hätte. Derartige Überlegungen waren für Eisenhower 1954 und Kennedy 1961 aber nicht ausschlaggebend gewesen, als sie auf eine direkte Intervention verzichteten. Im Fall von Vietnam hatte Kennedy es daher vorgezogen, Militärberater zu entsenden, allerdings ohne selbst direkt militärisch einzugreifen. Die Korea-Analogie für Vietnam war in der amerikanischen Regierung zudem nicht unumstritten. Während Präsident Johnson und sein Außenminister Dean Rusk Anhänger der Analogie waren und den Standpunkt »Niemals wieder!« vertraten, fand der stellvertretende Außenminister George W. Ball eine Reihe von Gründen, die gegen die Annahme dieser Analogie sprachen. Etwa gäbe es in Südvietnam keine massive Landinvasion wie in Südkorea, sondern lediglich langsame Infiltration; in Südkorea hatte es außerdem ein klares Mandat des Sicherheitsrates der Vereinten Nationen und eine multinationale Streitkraft gegeben, während in Vietnam die USA auf sich alleine gestellt waren.

Tatsächlich aber verwendete Präsident Johnson eine Reihe von Analogien zur Rechtfertigung der Vietnamintervention:

> »Die Geschichte ist auf der Seite der Freiheit. […] Deswegen wurde es für uns notwendig, dieses Grundprinzip unserer Politik – in Berlin, in Korea, in Kuba und heute in Vietnam – zu verteidigen. Heute Abend, wie so viele Abende vorher, kämpfen und sterben junge Amerikaner in einem fernen Land.«[90]

Eine andere Analogie, die zu Beginn und während des Krieges in Vietnam herangezogen wurde, war die Konferenz in München 1938, als Großbritannien und Frankreich Deutschland das Sudetenland gewaltlos überließen. »München« wird als Synonym für »Appeasement« verwendet. Diese Analogie war schon 1956 von dem damaligen Senator John F. Kennedy auf Vietnam

---

90 Lyndon B. Johnson, Third Annual Message, January 12, 1966; Fred L. Israel (Ed.), *The State of the Union Messages of the Presidents*, 1790–1966, Vol. III, (Chelsea House Publishers: New York), 1967, 3178. Übersetzung: HG

angewendet worden. Kennedy hatte seine Dissertation über Englands Verhalten vor dem Zweiten Weltkrieg mit dem Titel »Why England slept!«[91] geschrieben. Er verwendete diese Analogie u. a., um als Präsident seine harte Haltung in der Kuba-Krise 1962 zu begründen. Bereits vor der Kuba-Krise hatte er aber seinen Mitarbeitern auch das soeben erschienene Werk von Barbara W. Tuchman »The Guns of August«[92] zu lesen gegeben, das das Hineinschlittern der europäischen Mächte in den Ersten Weltkrieg behandelt. Diese Analogie hatte wiederum mäßigenden Einfluss auf Kennedys Entscheidungen im Fall der Kuba-Krise, als er eine direkte Intervention auf Kuba ablehnte. In seinen Memoiren bestätigt Henry Kissinger, dass die München-Analogie während des Vietnamkrieges eine Rolle spielte, da eine Kapitulation den Ruf der USA nachhaltig geschädigt hätte.[93] Ergänzt wurde diese Analogie durch die bereits genannte »Domino-Theorie«. Demnach hätte der Fall eines Landes an den Kommunismus andere nach sich gezogen, ähnlich wie in den dreißiger Jahren vor dem Zweiten Weltkrieg, als das Rheinland, Österreich, das Sudetenland und Polen von Deutschland besetzt worden waren. Bei genauerer Betrachtung trifft diese Analogie allerdings nur bedingt auf die Verhältnisse vor dem Vietnamkrieg zu. Deutschland verfolgte eine klare Strategie mit seinem Vorgehen. Die Sowjetunion wurde hingegen von den agierenden lokalen Akteuren in Asien und Afrika oft gegen die eigenen Absichten in die Konflikte hineingezogen.

Nach Ende des Vietnamkrieges wurde »Vietnam« selbst zu einer Analogie, die das Gegenteil von »München« ausdrücken sollte. Während »München« die Folgen eines Nachgebens gegenüber aggressiven Mächten symbolisierte, wurde »Vietnam« ein Synonym für eine letztlich katastrophale Verstrickung in einen Krieg. »München« sollte davor warnen, leichtfertig auf Ge-

---

91 John F. Kennedy, *Why England Slept*, (Wilfred Funk, Inc.: New York), 1961 (Originalausgabe 1940).

92 Barbara, Tuchman, *The Guns of August*, (The Macmillan Publishing Company: New York), 1962.

93 Henry Kissinger, *White House Years*, (Little, Brown: Boston), 1979, 292.

waltanwendung zu verzichten, »Vietnam« davor, was passieren kann, wenn man Gewalt leichtfertig anwendet.[94]

Historische Analogien dienten Politikern meist weniger als analytische Grundlage für ihre Entscheidungen, sondern als Rechtfertigung. In den meisten Fällen wurden sie aus überwiegend politischen und ideologischen Gründen herangezogen.[95] Die Heranziehung von Analogien reicht deshalb nicht aus, um zu erklären, warum in bestimmten Fällen eine militärische Intervention in Erwägung gezogen wurde und in anderen nicht. In einigen Fällen wurde eine direkte Einmischung nicht in Erwägung gezogen oder ein solches Vorgehen war schlichtweg nicht möglich. Andererseits gab es Situationen, in denen eine bewusst übertriebene Darstellung der kommunistischen Gefahr dazu genutzt werden sollte, eine eindämmende Intervention zur rechtfertigen

Eine weitere Analogie sah Henry Kissinger während der Siebzigerjahre und der Annäherung der USA an China. In dieser Konstellation entwickelte der US-Außenminister die Idee des Mächtekonzerts nach dem Vorbild des Wiener Kongresses von 1815. Kissinger konnte dabei auf seine Doktorarbeit über die Architekten des Wiener Kongresses Metternich und Castlereagh zurückgreifen.[96] Diese Analogie soll ein kooperatives Übereinkommen zwischen Großmächten darstellen, um gemeinsam die internationalen Beziehungen zu verwalten und zu beherrschen. Insbesondere die USA, Europa, die Sowjetunion, China und Japan sollten sich demnach in einem Gleichgewicht befinden und auch bei der Herstellung globaler Stabilität kooperieren. Kissinger versuchte auf diese Art, das realistische Konzept des Mächtegleichgewichtes und das des liberalen Institutionalismus der gemeinsamen Prinzipien und Normen zu kombinieren.

---

94 Jeffrey Record, *Making War, Thinking History: Munich, Vietnam, and Presidential Uses of Force from Korea to Kosovo*, (Annapolis, ML: Naval Institute Press), 2002.

95 Andrew Mumford, Parallels, prescience and the past: Analogical reasoning and contemporary international politics, *International Politics*, Vol. 52, No. 1, January, 2015, 1–19.

96 Henry Kissinger, *A World Restored: Metternich, Castlereagh and the Problems of Peace, 1812–22*, (Orion: London), 2000 (Weidenfeld & Nicolson, 1957).

Erklärungsansätze zum Kalten Krieg

Das Sicherheitsdilemma

Sowohl US-Staatsmänner als auch Wissenschaftler haben verschiedene Ansätze zur Erklärung des Phänomens »Kalter Krieg« entwickelt und herangezogen. Diese haben zum Ziel, die Komplexität der Realität des Kalten Krieges zu reduzieren und die entscheidenden Ursachen und Mechanismen für dessen Zustandekommen und Bestehen aufzeigen.

In der wissenschaftlichen Debatte nimmt dabei das sog. »Sicherheitsdilemma« eine prominente Stellung ein. Dieser zentraler theoretischer Ansatz, der die Entwicklungen der Nachkriegsphase zu erklären versucht und ist in der realistischen Schule.[97] Das Hauptargument des Sicherheitsdilemmas lautet, dass die anarchische Natur des internationalen Systems ohne anerkannte übergeordnete Autorität ein hohes Maß an Unsicherheit aus Sicht der handelnden Staaten bedingt. Denn obwohl angenommen wird, dass andere Staaten keine unmittelbare Gefahr darstellen, lässt sich weder die Möglichkeit ausschließen, dass andere Staaten aggressiv werden könnten, noch gibt es eine Garantie, dass sich der eigene Staat selbst friedlich verhält. Ein großer Teil der internationalen Politik wird also von Angst und Unsicherheit getrieben. Zeigt ein Staat Zurückhaltung, wähnt er sich in Gefahr, sollten andere Staaten aggressiv werden. Eine zentrale Frage ist daher, wie andere Staaten reagieren, wenn ein Staat plötzlich sein Verhalten ändert.

Zu einem gewichtigen Teil war der Kalte Krieg durch die Problematik des Sicherheitsdilemmas geprägt. Beide Seiten waren stets damit beschäftigt, sich selbst zu verteidigen oder entsprechende Verteidigungspotentiale aufzubauen. Jeweils eine oder beide Seiten hatten Befürchtungen, dass die jeweils andere Sei-

97 Siehe zum Beispiel: Robert Jervis, Was the Cold War a Security Dilemma? *Journal of Cold War Studies*, Winter, 2001.

te in einem aggressiven Vorgehen begriffen war oder ein solches plante. Das Haupthindernis für Übereinkünfte lag daher zumeist nicht in der unterschiedlichen Ideologie, sondern in der Befürchtung, die andere Seite könnte mehr Vorteile aus der Situation ziehen als man selbst.

Die Diagnose, dass der Kalte Krieg ein Sicherheitsdilemma war, wäre politisch und psychologisch attraktiv. Es hätte bedeutet, dass man keinem die Schuld zuweisen kann: niemand und alle waren schuld. So eindeutig fällt die Analyse allerdings nicht aus. Es gab immer auch offensive Elemente im Kalten Krieg, die nicht mit dem Sicherheitsdilemma erklärt werden können. Diese verhinderten, dass beide Seiten in der Lage waren, wechselseitiges Vertrauen aufzubauen. Wäre der Ost-West Konflikt rein defensiver Natur gewesen, hätte er zumindest entschärft und die Spannungen reduziert werden können. Offensive Ideologien und Doktrinen passen nicht in das Modell eines reinen Sicherheitsdilemmas. Expansionsbemühungen, die ihrerseits der Erhöhung der eigenen Sicherheit dienten, hätten bei Berücksichtigung des Sicherheitsdilemmas von der anderen Seite ebenso interpretiert werden müssen. Beiden Seiten hätte demnach schließlich daran gelegen sein müssen nach Wegen zu suchen, um die bestehenden Spannungen zu reduzieren. Im Kalten Krieg wurden aber meist Zugeständnisse der anderen Seite als Versuch gewertet, ein falsches Gefühl der Sicherheit zu erwecken.

Man kann davon ausgehen, dass ein Sicherheitsdilemma dort am ehesten vorlag, wo der Status quo des Einflusses geklärt, wenn auch nicht explizit anerkannt war. Eine solche Situation war weitgehend in Europa der Fall. Die Verteidigung der eigenen Sicherheit, beispielsweise durch Aufrüstung, wurde dort regelmäßig von der gegnerischen Seite als aggressives Verhalten aufgefasst. Die daraus resultierende Unsicherheit war ihrerseits dann wieder Anlass für aggressive Drohgebärden. So wurde die Stationierung von sowjetischen Raketen auf Kuba 1962 von den USA als Expansion des sowjetischen Einflussbereichs und direkte Bedrohung der eigenen Sicherheit angesehen. Chruschtschow hingegen fühlte sich seinerseits in Europa von den USA bedroht und wollte ein Gegengewicht zu den Raketen in Europa schaffen und den Status quo in Berlin absichern.

Trotz seiner großen Plausibilität blieb das Sicherheitsdilemma als Erklärungsansatz nicht ohne Kritik. Ein zentraler Einwurf bestand darin, dass die zentrale Thesen des Sicherheitsdilemmas immer dann als unzutreffend gelte, wenn eine oder beide Supermächte aus wirtschaftlichen, ideologischen oder innenpolitischen Gründen expansionistisch handelten und der Status quo somit von einer oder beiden Seiten in Frage gestellt wurde.

Eine derartige, dem Ansatz des Sicherheitsdilemmas widersprechende Ansicht vertritt W. W. Rostow[98], der den Kalten Krieg lediglich mit dem sowjetischen Expansionsdrang zu erklären versucht, wodurch kein Raum für das Auftreten und Bestehen eines Sicherheitsdilemmas bleibt. Er vergleicht die Sowjetunion nach 1945 mit dem Hegemoniestreben Deutschlands vor den beiden Weltkriegen und mit Japan vor dem Zweiten Weltkrieg. Alle drei Fälle endeten mit der militärischen Niederlage dieser aufstrebenden Mächte. Rostow teilt aus dieser Perspektive den Kalten Krieg in drei Phasen ein: 1945–1955, 1955–1973, 1973–1987. Als ersten Zyklus bezeichnet er das Duell Truman gegen Stalin um die Vorherrschaft in Europa. Der zweite Zyklus war von der nuklearen Bedrohung durch Chruschtschow geprägt, und der dritte durch die sowjetische nukleare Erpressung Europas mit Mittelstreckenraketen und sowjetische Vorstöße nach Afrika. Wenn also das gesamte Verhalten einer Seite als offensiv und das der anderen als rein defensiv gesehen wird, gibt es keine Kompromisse oder Vertrauensbildung, sondern nur die Antwort durch Stärke.

George Kennan gab im Rahmen des von ihm geprägten Begriffs der »Eindämmung«, den er als politisch-ideologisch ansah, eine andere Erklärung für das Verhalten der Großmächte im Kalten Krieg. Der Stalinismus, so Kennan, war »hintergründig, teuflisch, grausam« und »zynisch«. Dennoch erschien Sowjetunion 1947 aus amerikanischer Sicht »in keiner Weise […] eine Bedrohung« darzustellen. Sie war vom Krieg erschöpft und strebte somit nicht nach einer militärischen Auseinandersetzung mit den USA. Erst in den folgenden Jahrzenhten seinen

98 W. W. Rostow, On Ending the Cold War, *Foreign Affairs*, Vol. 65, No. 4, Spring 1987, 831–851.

dann zunehmend militärische Aspekt im amerikanisch-sowjetischen Verhältnis in den Vordergrund gerückt, schrieb Kennan 1987.[99] Nicht dass die Sowjetunion das Interesse gehabt hätte »Westeuropa zu überrennen«. Aber die schiere Größe ihrer Streitkräfte sei beunruhigend geworden, erweckte Ängste und bewirkte eine gefährliche Konkurrenz. In Kennans Analyse steckt somit der Kern des Sicherheitsdilemmas. D. h., die bloße Existenz eines weitreichenden Rüstungspotentials auch ohne aggressive Absichten wurde vom Westen als Bedrohung der eigenen Sicherheit empfunden. Vertrauensbildung und Rüstungskontrolle wären hingegen möglich gewesen, wenn die defensiven Intentionen erkannt worden wären.

Eine ähnlich unterschiedliche Interpretationsmöglichkeit ergibt sich bei der Beurteilung der nuklearen Abschreckung. Wären Nuklearwaffen während des Kalten Krieges rein defensiver Natur gewesen, hätten die beiden großen Nuklearwaffenmächte auf den Ersteinsatz verzichten können. Das heißt, dass man lediglich die Kapazität für einen Vergeltungsschlag benötigt hätte. Da aber der Einsatz von Nuklearwaffen glaubwürdig sein sollte, war der Aufbau einer Ersteinsatzkapazität sowie die Etablierung von Nuklearwaffen zur strategischen Kriegsführung unerlässlich. Aufgrund dieses Umstand, traute keine Seite dem defensiven Charakter der jeweils anderen, was wiederum zur Entwicklung immer einsatzfähigere und zielgenauere Waffensysteme führte. Hinzukam außerdem, dass beide Seiten danach trachteten, im Fall einer tatsächlichen Eskalation den letzten Schlag führen zu können

Diese Umstände waren es die zum atomaren Wettrüsten führten. In der Folge entwickelte sich ein Mächtegleichgewicht, bei dem keine Seite in der Lage war, den Status quo entscheidend zu den eigenen Gunsten zu verändern. Es bleibt somit unklar, ob sich dieses aus dem defensiv orientierten Sicherheitsdilemma oder einem offensiv angelegten Überlegenheitsbedürfnis herausbildete.

99 George F. Kennan, Containment Then and Now, *Foreign Affairs*, Vol. 65, No. 4, Spring 1987, 858–890.

Einen anderen Erklärungsansatz verfolgt der amerikanischen Historiker John Lewis Gaddis[100]. Gemäß seiner Annahme entstand während des Kalten Krieges eine ganze Reihe von impliziten Regeln, die das Verhalten der involvierten Staaten beeinflussten und beschränkten. Diese Regeln waren nicht Teil einer schriftlichen Einigung. Sie waren nicht das Ergebnis von diplomatischen Verhandlungen oder völkerrechtlichen Beschlüssen, sondern setzten sich aus gegenseitigen Interessen, nicht expliziter Anerkennung von Einflussbereichen, eingespielten Verhaltensweisen, Gewohnheiten und Präzedenzfällen zusammen. Diese Verhaltensregeln waren keine Vereinbarungen, spielten aber eine wichtige Rolle bei der Aufrechterhaltung des Status quo. Gaddis[101] hat diese ungeschriebenen Regeln, die sowohl die USA als auch die Sowjetunion weitgehend respektierten, als Grundlage für den »langen Frieden« im »Kalten Krieg« bezeichnet.

Demnach respektierten die beiden Supermächte die gegenseitigen Einflusssphären, ohne jedoch zuzugeben, dass diese existierten. Tatsächlich taten die USA und die Sowjetunion alles, um diese abzusichern. Obwohl sie die jeweilige Einflussnahme öffentlich verurteilten, forderten weder das Weiße Haus noch der Kreml einander direkt heraus. Die USA versuchten nicht, die sowjetische Kontrolle in Osteuropa zurückzudrängen und die Sowjetunion akzeptierte umgekehrt die Anwesenheit der NATO in Westeuropa bzw. am Mittelmeer sowie den Einfluss der USA in Lateinamerika. In Asien stellte Moskau das Bündnis der USA mit Japan ebenso wenig in Frage, wie die USA die Dominanz der Sowjetunion über die Mandschurei und Nordostasien nach den Jalta-Vereinbarungen. Der Einflussbereich der USA war dabei sehr viel größer, wenngleich auch lockerer, als der der Sowjetunion.

100 John Lewis Gaddis, *Strategies of Containment: A Critical Appraisal of American National Security Policy during the Cold War*, (Oxford University Press: New York), 2005.

101 John Lewis Gaddis, The Long Peace: Elements of Stability in the Postwar International System, *International Security*, Vol. 10. No. 4, Spring 1986.

Wo aber die Aufteilung der Einflusssphären unklar blieb, war die Versuchung der Supermächte groß, dies zum eigenen Vorteil auszunutzen. Dieser Fall trat in der frühen Phase des Kalten Krieges ein, als Stalin 1948 eine Blockade über Berlin verhängte, oder als Nordkorea 1950 mit Billigung aber nicht mit direkter Beteiligung Stalins Südkorea angriff. Ganz ähnlich verhielt es sich in den Sechzigerjahren im Fall Kuba. Die Sowjetunion betrachtete Kuba zwar als ihren Einflussbereich, dieser wurde aber von den USA nicht anerkannt. Nachdem die Invasion der von den USA unterstützten Exilkubaner in Kuba 1961 gescheitert war, glaubte die Sowjetunion mit der Stationierung von Raketen auf Kuba 1962 ihren Einfluss auch militärisch nutzen zu können. Die USA ihrerseits versuchten Vorteile aus der Abwendung Jugoslawiens und der Volksrepublik China vom Sowjetblock zu ziehen. Sie hielten sich aber zurück, als es Aufstände in Mitgliedsstaaten des Sowjetblockes, 1956 in Ungarn, 1968 in der Tschechoslowakei und 1981 in Polen, gab. Die Sowjetunion wiederum versuchte nach der Revolution 1959 in Kuba Fuß zu fassen, mischte sich aber nicht ein, als die USA ihren Einfluss nach den von ihnen unterstützten Staatsstreichen im Iran 1953, in Guatemala 1954, in der Dominikanischen Republik 1965, in Chile 1973 und in Grenada 1983 geltend machten.

Für den Erklärungsansatz von Gaddis spricht, dass es die Sowjetunion und die USA stets direkte militärische Konfrontationen vermieden. So haben sich die US- und die Rote Armee während des Kalten Krieges keine einzige Schlacht geliefert, obwohl die Gefahr bei der Berlinblockade 1948, dem Bau der Berliner Mauer 1961 und der Kuba-Krise 1962 zeitweise sehr hoch war. Dennoch waren beiden Seiten zumeist darauf Bedacht, das Risiko von Zwischenfällen, die zu einer Konfrontation hätten führen können, möglichst gering zu halten.[102] Dort wo es zu direkten militärischen Auseinandersetzungen kam, nahmen sie in der Regel nur indirekten Einfluss auf lokale Akteure und lieferten Waffen an Verbündete, um den jeweiligen Block auszu-

102 John Lewis Gaddis, The Long Peace: Elements of Stability in the Postwar International System, *International Security*, Vol. 10. No. 4, Spring 1986.

weiten. Ein gutes Beispiel für ein solches Vorgehen durch beide Seiten bietet Angola in den Siebzigerjahren. So unterstützte die Sowjetunion in dem dortigen Bürgerkrieg kubanische und die USA südafrikanische Truppen. Aus den Kriegen im Mittleren Osten sowie jenen zwischen Indien und Pakistan in Südasien hielten sich USA und Sowjetunion sogar vollständig heraus.

Ein ähnliches von informellen Spielregeln geprägtes Verhalten beider Supermächte zeigt sich auch im Umgang mit nuklearen Waffen. So kam es in keinem Fall einer militärischen Auseinandersetzung, in die zumindest eine beider Seiten direkt verwickelt war, zum Einsatz von Nuklearwaffen, obwohl insbesondere im Koreakrieg und auch in Vietnam ihr Einsatz von Seiten der US-Generalität gefordert wurde. Dennoch kam es in keinem der genannten Fälle und ebenso wenig bei der sowjetischen Intervention in Afghanistan zu einem solchen Einsatz.

Beide Supermächte waren demnach an der Stabilität der bipolaren Strukturen interessiert. Das bedeutete gleichzeitig, dass man einander implizit die Kontrolle eines Teils der Welt zugestand. Obwohl der Kalte Krieg in vielen Fällen einer Art Nullsummenspiel glich, bei dem der Gewinn einer Seite, dem Verlust der anderen entspricht, zielte keine der getroffenen Maßnahmen auf die innere Destabilisierung des Gegners ab. Es erfolgte keine Einmischung in innere Krisen, wie z. B. die Absetzung des sowjetischen Regierungschefs Nikita Chruschtschow 1964 nach der Kuba-Krise oder die des amerikanischen Präsidenten Richard Nixon nach der Watergate-Affäre 1975.[103] Politische Propaganda über den Zusammenbruch des Kapitalismus oder die Reformunfähigkeit des Staatskommunismus verdeckten diese Rücksichtnahme. Die Hoffnung auf eine innere Implosion war hingegen auf beiden Seiten stets vorhanden, was nach 1989 im Ostblock auch tatsächlich eintrat. Die innenpolitische Bedeutung der bipolaren Strukturen, wird von Denkern der realistischen Schule allerdings oft übersehen.

103 John Lewis Gaddis, The Long Peace: Elements of Stability in the Postwar International System, *International Security*, Vol. 10. No. 4, Spring 1986.

Zusammenfassend lässt sich sagen, dass der Kalte Krieg weder durch das Sicherheitsdilemmas, noch durch Gaddis Ansatz des »langen Frieden« allein vollständig erklären lässt. Bestenfalls kann man sagen, dass es sich dabei um eine Mischung aus Sicherheitsdilemma, informellen Regelwerken und offensiver Expansionspolitik handelte. Dabei machen alle Erklärungsversuche eines deutlich: Waren die Einflusssphären erst einmal etabliert, unterblieb eine militärische Intervention.

Kriege

Der Begriff »Kalter Krieg« beschreibt die Verschlechterung der Beziehungen der Westmächte mit der Sowjetunion in der unmittelbaren Nachkriegszeit. Als journalistische Kreation tauchte er erstmals 1947 in der Öffentlichkeit auf und wurde für die Zeit nach dem Scheitern der Anti-Hitler-Koalition seit 1946 verwendet. In der Folge kam es jedoch zu einigen Unklarheiten, was mit diesem Begriff genau gemeint sei. So erklärte der National Security Council Report 68[104], der 1950 Präsident Truman übergeben wurde: »Der Kalte Krieg ist tatsächlich ein realer Krieg.« Entgegen dieser Aussage entspricht der Kalte Krieg aber nicht der sozialwissenschaftlichen Definition eines Krieges. Bereits 1832 schrieb der preußische General Carl von Clausewitz[105]: »Der Krieg ist also ein Akt von Gewalt, um den Gegner zur Erfüllung unseres Willens zu zwingen«. Krieg wird somit ein »tödlicher gesellschaftlicher Kampf«[106], der nicht nur von gewaltlosen politischen Konflikten, sondern auch von gewaltsamen, aber nichttödlichen militärischen Aktionen, etwa von einer militärischen Okkupation eines Landes ohne Blutvergießen, unterschieden wird. Nach diesen Definitionen war der Kalte Krieg kein Krieg. Im Gegenteil, der Kalte Krieg hatte durch Aufteilung von Einflusssphären und durch ein Mächtegleichgewicht einen anhaltenden, wenn auch prekären Frieden in Europa geschaffen.

Allerdings blieb diese Entwicklung nur auf Europa beschränkt. Insbesondere in Asien und Afrika gab es hingegen, im Sinne der Definition von Clausewitz, eine ganze Reihe von Kriegen. Sie beinhalteten die für die Charakterisierung eines Krieges notwendigen Voraussetzungen. Danach muss Krieg folgende Elemente aufweisen: »Die Kampfhandlungen müssen eine gewisse Zeitdauer und alle Parteien eine gewisse zentral ge-

104 *NSC-68,* United States Objectives and Programs for National Security, 14 April, 1950.

105 Carl von Clausewitz, *Vom Kriege* (Berlin: 1999 (1832)).

106 Egbert Jahn, *Frieden und Konflikt,* (VS Verlag für Sozialwissenschaften: Wiesbaden), 2012.

lenkte Organisation aufweisen. Zumindest auf einer Seite müssen offizielle Truppen eingesetzt sein.«[107] Während des Kalten Krieges trat eine Reihe unterschiedlicher Kriegstypen auf. Es gab solche mit direkter externer Beteiligung einer Großmacht, wie in Korea, Vietnam und Afghanistan. Dann gab es Kriege, die ausschließlich von Verbündeten der USA oder der Sowjetunion geführt wurden. Ihren Ursprung hatten zahlreiche dieser Kriege im Zerfall der alten Kolonialreiche. Dazu zählten sowohl zwischenstaatliche Kriege, wie jener zwischen Somalia und Äthiopien 1977–1978 als auch interne oder Bürgerkriege wie in Angola nach 1975 oder in Zentralamerika in den Siebziger- und Achtzigerjahren.

Der Krieg in Korea

Als Resultat des Zweiten Weltkrieges wurde Korea 1948 am 38. Breitengrad geteilt. Der Norden war von der Sowjetunion, der Süden von den USA besetzt gewesen. Anders als in Europa zeigten beide Siegermächte aber wenig Interesse an der Fortsetzung der Besetzung. Die sowjetischen Truppen waren daher 1948 aus Korea abgezogen worden. Aber auch die USA hatte wenig Verlangen, ihre Truppen in Korea zu belassen und den Abzug ihrer Truppen ebenfalls 1949 veranlasst. Dennoch blieb die Aufteilung in die genannten Einflusszonen weiterhin bestehen. Im Süden hatte am 8. September 1948 Rhee Syng-man nach offiziellen Wahlen die Republik Korea ausgerufen, die der USA nahestand. Als Reaktion erfolgte am 9. September im Norden des Landes und auf sowjetischen Beschluss die Gründung der Volksrepublik Korea. Die USA belieferten den Süden mit Waffen und schickten militärische Ausbilder, gewährten aber keine Sicherheitsgarantien. Ganz im Gegenteil, am 12. Januar 1950 hielt der amerikanische Außenminister Dean Acheson im Nati-

107 Kende, István, *Kriege nach 1945: Eine empirische Untersuchung, Militärpolitik Dokumentation*, Heft 27 (Frankfurt/Main: Haag-Herchen), 1982. Statistische Kriegsursachenforschungsprojekte wie etwa das »Correlates of War«-Project sowie das »Uppsala Conflict Data Program« ziehen auch eine bestimmte Anzahl von Kampftoten heran.

onalen Presseklub eine Rede, in der er Korea nicht in den Sicherheitsbereich der amerikanischen Verteidigungspolitik einbezog.[108] Der Grund war, dass die Regierung Truman nicht an die reale Möglichkeit einer Invasion Nordkoreas glaubte. Sie war eher besorgt über die Schwäche der südkoreanischen Regierung um Rhee Syng-man. Die wirtschaftliche Lage war katastrophal, die Regierung instabil, korrupt und autoritär.

Der Angriff Nordkoreas auf Südkorea am 24. Juni 1950 überraschte daher die USA. Noch sechs Tage vor dem Angriff sagte der Direktor des US-Geheimdienstes CIA General Walter Bedell Smith, dass ein Angriff Nordkoreas zugunsten von Propaganda und Subversion aufgeschoben wäre.[109] Die Administration schwankte zwischen der Furcht über den Beginn eines großangelegten Angriffs der Sowjetunion und der Annahme, dass es sich um einen begrenzten Krieg handle. Für das britische Außenministerium war der Angriff bereits einen Tag danach »von Russland angeregt« worden und wäre »ein Vorbote für einen Weltkrieg«. Der Sicherheitsrat der Vereinten Nationen erklärte einstimmig mit der Enthaltung Jugoslawiens am 25. Juni in der Resolution 82 den Angriff als illegal und forderte den sofortigen Rückzug der nordkoreanischen Truppen.[110] US-Präsident Truman befürchtete sogar, ganz ähnlich wie das britische Außenministerium, dass ein Sieg Nordkoreas den Dritten Weltkrieg bedeuten würde:

> »Ich war der Meinung, dass die Russen versuchten, Korea ohne Zutun zu bekommen und darauf setzten, dass wir uns davor fürchteten, einen Dritten Weltkrieg zu beginnen und keinen Widerstand leisten würden.«[111]

Truman nahm in dieser Situation eine für einen amerikanischen Präsidenten »interventionistisch-maximalistische« Position ein,

108 Dean Acheson, *Speech on the Far East,* National Press Club, Washington D. C., January 12, 1950.

109 Central Intelligence Agency, Dokument zitiert in *International Herald Tribune,* October 2, 1993.

110 *New York Herald Tribune-European Edition,* June 26, 1950.

111 Harry S. Truman, *Memoirs: Years of Trial and Hope, 1946–1952,* (Doubleday & Company: New York), 1956, 335. Übersetzung: HG.

um nicht als Rückzugspräsident zu erscheinen.[112] Auch bedingt durch innenpolitischen Druck, war er nun darum bemüht eine Außenpolitik der Stärke zu demonstrieren.[113] So ordnete er im Juni 1950 das Bombardement Nordkoreas an. Er tat dies, ohne die Unterstützung des amerikanischen Kongresses einzuholen.[114]

Der Sicherheitsrat der Vereinten Nationen gab erst kurz nach der Entscheidung mit der Resolution 85 am 30. Juni seine Zustimmung.[115] Die Sowjetunion war dabei nicht vertreten, da sie mit der Abwesenheit gegen den Umstand protestierten, dass der UN-Vertreter Nationalchinas nicht durch einen Vertreter des nunmehr kommunistischen Chinas ersetzt worden war. Anfang November 1950 verabschiedete die Generalversammlung der Vereinten Nationen die »Uniting for Peace«-Resolution, die die Militäraktion, an der auch einige andere Staaten beteiligt waren, autorisierte.[116]

---

112 Stephen Sestanovich, *Maximalist: America in the World from Truman to Obama,* (Alfred A. Knopf: New York), 2014.

113 In Deutschland warnte Bundeskanzler Konrad Adenauer vor der Analogie, dass die ostdeutschen Kommunisten, ähnlich dem Angriff Nordkoreas auf Südkorea, auf westdeutsches Gebiet vordringen könnten. Mit diesem Argument wurden auch die Wiederbewaffnung Deutschlands und eine beschleunigte Eingliederung in ein westliches Verteidigungsbündnis begründet. Andreas Hillgruber, *Europa in der Weltpolitik der Nachkriegszeit 1945–1963,* (Oldenbourg Verlag: München/Wien), 1979, 57–58.

114 Kongressabgeordnete der republikanischen Partei reagierten unverhältnismäßig ungehalten, indem sie dem Präsidenten vorwarfen, er hätte den Nordkoreanern »grünes Licht« für den Angriff gegeben, weil er Südkorea nicht in den Verteidigungsbereich der USA einbezogen hätte. Der republikanische Senator Joseph McCarthy beschuldigte den Außenminister Dean Acheson sogar, ein »Instrument Moskaus« zu sein und riet ihm, dass er nach Moskau »flüchten« sollte. Zugleich warf er Verteidigungsminister George Marshall vor, die amerikanischen Interessen »an die Kommunisten zu verkaufen«.

115 Rolf Steininger, *Der Kalte Krieg,* (Fischer Compact: Frankfurt am Main), 2006, 59.

116 In den folgenden Jahrzehnten wurde diese Resolution immer wieder als Alternative zitiert, wenn der Sicherheitsrat durch ein Veto eines permanenten Mitgliedes blockiert war.

Stalin hatte zwar den nordkoreanischen Führer Kim Il-sung zu einem Angriff auf Südkorea ermuntert, vermied aber dennoch eine direkte Beteiligung. Die Initiative zur Unterstützung Nordkoreas überließ er daher der gerade erst errichteten Volksrepublik China. Im Oktober 1950, noch vor Eingreifen der Chinesen, sagte Stalin dem chinesischen Außen- und Premierminister Zhou Enlai zwar militärische Hilfe, aber keine Luftunterstützung zu. Man kann daraus schließen, dass Stalin bestrebt war, sich um die Einflusssphären in Europa zu kümmern und nicht unnötig Energien in Asien zu binden. Dennoch sah man in Washington die Drahtzieher in Moskau sitzen, die eine kommunistische Weltherrschaft errichten wollten. Korea, so wurde vermutet, sei nur der Anfang.

Nach beeindruckenden anfänglichen Erfolgen der nordkoreanischen Truppen, denen es beinahe gelang die gesamte Halbinsel zu besetzen, wurden sie durch gelandete UN- Streitkräfte geschlagen und aus dem Süden verdrängt. Im Nachrücken überschritten die UN-Streitkräfte schließlich auch den 38. Breitengrad und damit die ursprüngliche Demarkationslinie und näherten sich schnell der chinesischen Grenze. Für die Amerikaner völlig überraschend standen sie dort aber nun einer fast 500 000 Mann starken chinesischen Volksfreiwilligenarmee gegenüber. Die meisten Entscheidungsträger hatten eine begrenzte »Polizeiaktion« nach der Zurückdrängung der nordkoreanischen Soldaten über den 38. Breitengrad erwartet. Ein vereinigtes demokratisches Korea war als Lösung gesehen worden. Truman hatte anfänglich noch die Möglichkeit in Betracht gezogen, Korea unter der Führung Südkoreas militärisch zu vereinen, musste aber einsehen, dass dies nach dem Eingreifen der Chinesen nicht mehr denkbar – und mit Rhee Syng-man auch nicht machbar – war.[117] Schon Ende 1950 musste Präsident Truman öffentlich eingestehen, dass sich die militärische Situation dramatisch verschlechtert hatte. Er drohte sogar unter dem Einfluss des amerikanischen Oberbefehlshabers MacArthur mit

117 William Stueck, The Korean War, Melvyn P. Leffler and Odd Arne Westad (Hg.), *The Cambridge History of The Cold War, Vol. I, Origins,* (Cambridge University Press: Cambridge), 2010, 277.

dem Einsatz von Atomwaffen. Als er am 30. November bei einer Pressekonferenz gefragt wurde, ob die von ihm erwähnten notwendigen militärischen Mittel auch die Atombombe mit einschließe, antwortete Truman: »Es schließt jede Waffe mit ein, die wir besitzen. [...] [I]hr Gebrauch wurde immer in Erwägung gezogen.«[118] Truman weigerte sich, Peking Zugeständnisse zu machen, obwohl ihn die britische Regierung darauf hinwies, dass Europa für die westlichen Sicherheitsinteressen viel wichtiger wäre als Asien.

Der noch 1950 zu Beginn der Gegenoffensive gegen Nordkorea vielgelobte General MacArthur wurde 1951 vom Präsidenten seines Postens enthoben. Er hatte sich über Trumans Politik der Zurückhaltung hinweggesetzt und mit Unterstützung einiger republikanischer Kongressabgeordneter zur Erreichung eines endgültigen Sieges einen Krieg gegen China gefordert. Trotz der Panik und Fehleinschätzungen waren die amerikanischen Truppen unter dessen Nachfolger General Matthew Ridgway in den folgenden Monaten in der Lage, die nordkoreanischen Truppen zumindest wieder bis zum 38. Breitengrad zurückzudrängen. Der Einsatz von Nuklearwaffen, die Bombardierung Chinas und eine massive Aufstockung der Truppen waren dazu nicht notwendig geworden.

Im Juli 1951 begannen Waffenstillstandsgespräche. Nun sah Stalin eine Möglichkeit, ohne große Kosten auf den Krieg Einfluss zu nehmen. Er verzögerte die Waffenstillstandsgespräche[119], belieferte China mit Waffen, die er sich teuer bezahlen ließ, schickte aber keine Truppen. Es wäre aber nicht richtig, in diesem begrenzten Sinne den Koreakrieg von Seiten der Sowjetunion als Stellvertreterkrieg zu bezeichnen. Stalin war eher an seiner Einflusszone in Europa als an Ostasien interessiert. Primäre Interessen an dem Angriff auf Südkorea hatte Nordkorea selbst. Es wurde von Stalin allerdings dazu angeregt. China erhielt zwar eine Unterstützungszusage von Stalin, es interve-

118 Harry S. Truman, *Memoirs: Years of Trial and Hope, 1946–1952*, (Doubleday & Company: New York), 1956, 395–396.

119 Rolf Steininger, *Der Kalte Krieg*, (Fischer Compact: Frankfurt am Main), 2006, 46.

nierte aber letztlich, da es selbst eine Pufferzone zur eigenen Grenze behalten wollte. Chinas Ziele waren seit Oktober 1950, zu verhindern, dass der Krieg auf chinesisches Gebiet übergreift, die US-Truppen den Norden Koreas nahe der chinesischen Grenze besetzen und das nordkoreanische Regime stürzen. Ein Offensivkrieg lag aber nicht im Interesse der Volksrepublik.[120]

Die neue republikanische Administration Eisenhowers war 1952 gewählt worden, weil er versprach, den in den USA mittlerweile unpopulär gewordenen Krieg zu beenden. Dennoch erwog er erneut den Einsatz von Nuklearwaffen. Der Krieg zog sich eineinhalb weitere Jahre hin und entwickelte sich zunehmend zu einem Stellungs- und Abnutzungskrieg ähnlich dem Ersten Weltkrieg. Er endete an der Waffenstillstandslinie im Juli 1953 ohne Abschluss eines Friedensvertrags. 40 000 amerikanische, 900 000 chinesische Soldaten sowie zwei Millionen koreanische Soldaten und Zivilisten starben während des dreijährigen Krieges.[121]

Die Existenz von Nuklearwaffen hatte die beteiligten Staaten nicht davon abgehalten, diesen Krieg zu beginnen und zu führen. Ende September 1949 hatte Stalin den nordkoreanischen Führer Kim Il-sung von einem Angriff auf Südkorea noch abgeraten, weil Nordkorea weder politisch noch militärisch darauf vorbereitet war. Das war vier Wochen nach dem ersten Nuklearwaffentest. Im Januar 1950 gab Stalin Kim Il-sung hingegen grünes Licht, da er nun offenbar der Ansicht war, dass China nach der Revolution die militärische Unterstützung des Nachbarlandes übernehmen würde, sollte die USA intervenieren. Das chinesische Engagement war für Stalin scheinbar wichtiger als die abschreckende Wirkung der sowjetischen Bombe.[122]

---

120 Niu Jun, The birth of the People's Republic of China and the road to the Korean War, Melvyn P. Leffler and Odd Arne Westad (Hg.), *The Cambridge History of The Cold War, Vol. I, Origins,* (Cambridge University Press: Cambridge), 2010, 240–241.

121 John Lewis Gaddis, *The Cold War: A New History,* (Penguin Books: London), 2005, 50.

122 Vgl. David Holloway, Nuclear weapons and the escalation of the Cold War, 1945–1962, Melvyn P. Leffler/Odd Arne Westad (Hg.),

Die USA wiederum hatten auf MacArthurs Rat vertraut, dass sich China gegen den Vorstoß der US-Truppen bis zur chinesischen Grenze nicht widersetzen werde. Nach MacArthurs Auffassung konnte sich China keinen Krieg mit der Nuklearmacht USA leisten zumal der Bürgerkrieg im eigenen Land erst seit einem Jahr beendet war. Nachdem es dennoch zur chinesischen Intervention gekommen war, bezeichnete General MacArthur Mao als irrationalen Abenteurer, da dieser sich in seinem Handeln nicht von der Rationalität der Abschreckungslogik leiten ließ. MacArthur nahm dabei wohl in Kauf, dass China im Falle eines Nuklearschlages als Vergeltung hätte Taiwan angreifen können. Mao seinerseits nahm bei seinem Vorstoß bewusst in Kauf, dass die USA China angreifen könnte, wenn China in Korea eingriff. In einem Telegramm[123] an Stalin vom 2. Oktober 1950 schrieb Mao:

> »Da chinesische Truppen gegen amerikanische Truppen in Korea kämpfen werden, müssen wir darauf vorbereitet sein, dass die USA zumindest viele große Städte und Industriezentren in China mit der Luftwaffe bombardieren und die Seestreitkräfte die Küstenregionen angreifen werden.«

Nach dem Tod Stalins kam es 1953 zum Waffenstillstand und mit der Teilung Koreas entlang des 38. Breitengrades zu einer klaren Blockbildung im Kalten Krieg außerhalb Europas. Der Koreakrieg blieb nicht ohne Einfluss auf globale Entwicklungen. In den USA hatte er eine massive Aufrüstung zur Folge. Die Strategie des NSC-68-Dokuments von 1950[124] zur Zurückdrängung des sowjetischen Einflusses wurde nun konsequent umgesetzt. Das US-Verteidigungsbudget des Jahres 1950 von fünf Prozent des Bruttosozialproduktes stieg während des Krieges auf über zehn Prozent, blieb auf dieser Höhe bis in die sechzi-

---

The Cambridge History of The Cold War, Vol. I, Origins, (Cambridge University Press: Cambridge), 2010, 380.

123 Telegram to Stalin Concerning the Decision to Send Troops into Korea for Combat, October 2, 1950, abgedruckt in Thomas J. Christensen, Threats, Assurances, and the Last Chance for Peace: The Lessons of Mao's Korean War Telegrams, *International Security,* Vol. 17, No. 1, Summer 1992. Übersetzung: HG.

124 *National Security Council Report 68,* 14. April, 1950.

ger Jahre und sank erst Ende der Siebzigerjahre auf das Vorkriegsniveau. Zugleich stieg die Anzahl der Militärbasen der USA nach dem Koreakrieg weltweit dramatisch an. Mitte der Sechzigerjahre existierten 450 Stützpunkte in 36 Ländern.[125] Aber der Krieg hatte auch Konsequenzen in Europa. Wenn Stalin die Absicht hatte, die USA in Asien zu binden, um selbst mehr Spielraum in Europa zu haben, so ist sein Plan nicht aufgegangen. Denn die USA und die NATO reagierten mit einer massiven Aufrüstung in Europa. Die USA vervierfachten ihre Verteidigungsausgaben und die NATO wurde von einem politischen Bündnis zu einer integrierten Militärorganisation umgewandelt. Die USA verlegten Kampftruppen an die Ostflanke der NATO und erhöhten die Anzahl der in Europa stationierten Bomber. Der Oberbefehlshaber der NATO-Streitkräfte in Europa ist seitdem Amerikaner.

Der Koreakrieg hatte den USA erlaubt, eine offensive Außenpolitik zu betreiben. Sie wollten am Beispiel Koreas beweisen, dass es möglich ist, den Gegner zu vernichten, dessen bedingungslose Kapitulation zu erreichen, einen Regimewechsel herbeizuführen, das Land zu besetzen. Die Bedeutung des Krieges wurde dabei von Beginn an aber falsch eingeschätzt. Er entstand aus regionalen Erwägungen, aus denen sich die Sowjetunion heraushielt, und es handelte sich nicht um Welteroberungspläne der Roten Armee. Dennoch führte der Krieg auch auf Seiten der Sowjetunion zu einer drastischen Aufrüstungspolitik. Dies bedeutete zugleich eine Belastung für die Sowjetunion, da viele ihrer Ressourcen nach Nordkorea und China flossen.

Eine weitere bedeutende Folge des Krieges bestand darin, dass sich das Verhältnis der USA zu China weiter verschlechterte. Die USA legten sich in Asien auf die Bekämpfung des Kommunismus in allen Formen fest, und ihre kommunistischen Gegner bekräftigten ihren Willen, US-Interventionen und »Imperialismus« entschlossen entgegenzutreten. Die feindlichen

125 Stephen Sestanovich, *Maximalist: America in the World from Truman to Obama,* (Alfred A. Knopf: New York), 2014.

Konfliktlinien des Kalten Krieges in Asien waren damit in den frühen Fünfzigerjahren für die nächsten Jahrzehnte festgelegt. Die unversöhnliche Feindschaft zwischen den USA und China begannen sich erst mit dem Besuch von US-Präsident Nixon 1972 langsam zu normalisieren.

Die außenpolitische Teilung Koreas hatte ferner Konsequenzen für die südkoreanische Innenpolitik. Der Präsident Südkoreas Rhee Syng-man war gegen den Waffenstillstand von 1953, musste sich aber letztlich den Beschlüssen der US-Regierung beugen. In der Folgezeit errichtete er ein zunehmend autoritär agierendes Regime, das seine Herrschaft maßgeblich auf der kommunistischen Bedrohung begründete. Damit nahm Rhee Syng-man zugleich die USA in politische Geiselhaft, da die amerikanischen Truppen letztendlich ein autoritäres Regime zu verteidigen hatten. Zudem gaben ihm die USA Sicherheitsgarantien. Nach Perioden von Putschen, Militärdiktaturen und Unruhen, aber auch wirtschaftlichem Wachstum, dauerte es bis Ende der Achtzigerjahre bis Südkorea eine demokratische Regierung erhielt. Eine ähnliche Abhängigkeit der USA von korrupten, autoritären, anti-kommunistischen Regimen entwickelte sich in Taiwan unter Chiang Kai-shek und in Vietnam unter Ngô Đình Diệm.

Die Volksrepublik Korea entwickelte sich nach Ende des Krieges unter der Regierung Kim Il-sungs zu einer totalitären Diktatur. Kim Il-sung verband ein kommunistisches Regime mit einem Personenkult und einem dynastischen Nachfolgesystem. Im Gegensatz zu Chruschtschows Entstalinisierungsversuchen verherrlichte er Stalin und sein repressives System. International war er isoliert und wirtschaftlich völlig abhängig von der Auslandshilfe kommunistischer Länder. Er verweigerte Reformen mit der Begründung, dass sie das Land destabilisieren und wie Südkorea den USA ausliefern würden. Die Isolation des Landes selbst gegenüber den kommunistischen Nachbarstaaten China und Sowjetunion verstärkte sich mit dem Regierungsantritt von Michail Gorbatschow als Generalsekretär der KPdSU 1985. Als Ende der Achtzigerjahre die UdSSR nämlich intensive diplomatische und wirtschaftliche Beziehungen zu Südkorea aufnahm, kippte das Verhältnis endgültig, da Kim Il-sung darin einen Verrat an der Ideologie des Kommunismus sah. Mit dem Ende des Kalten Krieges und dem Zusammenbruch der kommunistischen Regime in Europa wurde Nordkorea schließlich noch weiter in die Isolation getrieben, da seine Führung sich bis heute substantiellen Reformen verweigert hat.

Der Kalte Krieg hat sich tief in Korea festgesetzt. Der regionale »Kalte Krieg« zwischen Nord- und Südkorea überdauerte sogar den Zusammenbruch der Sowjetunion Anfang der 90er Jahre. Korea blieb, anders als Deutschland, ein geteiltes Land. Seit dem Ende des Koreakrieges gaben beide Seiten immer wieder vor, eine Wiedervereinigung anzustreben, allerdings jeweils unter den Bedingungen des eigenen Gesellschaftssystems. Zudem schickte das nordkoreanische Regime mehrmals paramilitärische Kommandos über die demilitarisierte Zone, die terroristische Aktionen im Süden ausführen sollten. 1968 schlug ein Anschlagsversuch auf den südkoreanischen Präsidenten Park fehl. Die Provokationen setzten sich bis in die Achtzigerjahre fort. 1983 gab es einen weiteren Anschlagsversuch auf Präsident Chun bei seinem Staatsbesuch in Burma, bei dem 17 südkoreanische Regierungsangestellte ums Leben kamen. 1987 starben 115 Personen, als eine Bombe an Bord eines südkoreanischen Zivilflugzeuges beim Flug von Afrika nach Seoul explodierte.

Bis in die Achtzigerjahre verblieben aufgrund der weiterhin angespannten Lage etwa 40 000 US-Soldaten der sogenannten United States Forces Korea (USFK) im Süden. Ihre primäre Aufgabe bestand und besteht darin, bei einem militärischen Vorstoß des Nordens, die Truppen des Gegners zusammen mit der südkoreanischen Armee so lange am Vormarsch zu hindern, bis Verstärkung aus den USA oder Japan eingetroffen ist. Bis 1991 hatten die USA zudem taktische Nuklearwaffen in Südkorea stationiert. Aufgrund der Kernwaffentests Nordkoreas seit 2006 hatte die USA 2013 erneut atomwaffenfähige Bomber vom Typ B-2 und B-52 im Süden der Halbinsel stationiert. Auch heute ist die USFK, wenn auch mit verringerter Truppenstärke, das deutliche Zeichen der Sicherheitsgarantie der USA gegenüber Südkorea. Deutlicher als vielleicht an jedem anderen Ort der Welt sind die Auswirkungen des Kalten Krieges und die durch ihn geschaffenen Realitäten bis heute in Korea spürbar.

Der Krieg in Vietnam

Nach dem Ende des Zweiten Weltkrieges errichtete Frankreich seine zwischenzeitlich an die Japaner verlorene Kolonialherrschaft über Vietnam neu. Die kommunistisch dominierte Aufstandsbewegung unter Hồ Chí Minh, der während des Zweiten Weltkrieges u. a. für den amerikanischen Geheimdienst CIA gearbeitet und gegen die japanischen Besatzer gekämpft hatte, setzte sich nun für die Unabhängigkeit des Landes ein. Als Frankreich den Versuch unternahm auch den Norden des Landes wieder zu besetzen, kam es zu Kämpfen, die schließlich zum Indochinakrieg führten. Trotz dem Anliegen der USA die Ausbreitung des Kommunismus einzudämmen, verweigerten sie der französischen Armee 1954 militärische Unterstützung gegen die Unabhängigkeitsbewegung Việt Minh. In der Schlacht von Điện Biên Phủ wurden die französischen Truppen schließlich besiegt. Nach Aushandlung eines Waffenstillstands folgte schließlich die Teilung Vietnams entlang des 17. Breitengrades bei der Indochina-Konferenz in Genf am 21. Juni 1954. Mit Hilfe der USA wurde in Südvietnam Ngô Đình Diệm als Premierminister eingesetzt, der sich jedoch in den folgenden Jahren, ähnlich wie Rhee Syng-man in Südkorea, zunehmend als diktatorischer und korrupter Herrscher entpuppte. Die Regierung von Präsident Kennedy, die schon einige tausend Militärberater und Ausbilder nach Südvietnam geschickt hatte, suchte daher nach Alternativen zu Diệm. Der damalige US-Vizepräsident Johnson ließ in seinen Memoiren durchblicken, dass die USA eine Machtübernahme der Militärs unterstützten.[126] Südvietnamesische Generäle stürzten und töteten Diệm schließlich 1963.

126 Lyndon Baines Johnson, *Meine Jahre im Weißen Haus*, (Edition Praeger: München), 1971, 68.

Nach Einschätzung des US-Verteidigungsministers McNamara kontrollierte die Aufstandsbewegung des Vietcong unter Hồ Chí Minh bis 1964 ca. 40 Prozent Südvietnams.[127] Sie hatte sich die Schwäche der Regierung Diệm, deren mangelnde Unterstützung durch die Bevölkerung und die Instabilität nach dessen Tod zu Nutze gemacht. Die US-Regierung unter Lyndon B. Johnson bemühte sich daher vorerst, die Unterstützung der einheimischen Bevölkerung gegen den Vietcong zu erhalten, bereitete aber gleichzeitig eine breite Intervention vor.

Am 2. August 1964 wurde der amerikanische Zerstörer »Maddox« im Golf von Tonkin von nordvietnamesischen Torpedobooten angegriffen. Nach einem fälschlich gemeldeten, weiteren Angriff zwei Tage später beschloss der US-Kongress mit überwältigender Mehrheit in beiden Häusern (88 zu 2 im Senat und 486 zu 0 Stimmen im Repräsentantenhaus) die sogenannte »Südasien-Resolution« (besser bekannt als »Golf von Tonkin-Resolution«), mit der der Präsident »mit allen notwendigen Mitteln« ausgestattet werden sollte, um eine weitere Aggression in Südostasien zu verhindern:

> »Der Kongress billigt und unterstützt, den Präsidenten als Oberbefehlshaber (der US-Streitkräfte) zu autorisieren […], alle notwendigen Mittel einzusetzen, um jeden bewaffneten Angriff auf die Streitkräfte der Vereinigten Staaten zurückzuschlagen und jede weitere Aggression zu verhindern.«[128]

Die von Präsident Eisenhower entwickelte »Domino-Theorie«, wonach auf den Fall eines Landes einer Region an den Kommunismus weitere folgen würden, wurde nun auf Vietnam angewandt. Ihr fehlte jedoch jegliche analytische Grundlage. Es gab keinen kausalen Zusammenhang zwischen den Entwicklungen der einzelnen asiatischen Länder. Die Freiheit San Franciscos

127 Stephen Sestanovich, *Maximalist: America in the World from Truman to Obama*, (Alfred A. Knopf: New York), 2014.

128 Tonkin Gulf Resolution, 1964, abgedruckt in Elmer Plischke (Hg.), *Contemporary U. S. Foreign Policy: Documents and Commentary*, (Greenwood Press: New York), 1961, 189–192. Übersetzung: HG.

müsse in Saigon verteidigt werden, hieß es.[129] Präsident Johnson schrieb dazu in seinen Memoiren:

> »Ich war sicher, dass sie (die kommunistische Welt) nicht haltmachen würde. Wenn wir aus Südostasien davonliefen, konnte ich auf jedem Teil des Globus Ärger voraussehen, nicht bloß in Asien, sondern auch in Nahost und Europa, in Afrika und Lateinamerika. Ich war überzeugt, unser Zurückweichen vor dieser Herausforderung würde den Weg für den Dritten Weltkrieg freimachen. [...] So viel konnte ich voraussehen: Nach allen zur Verfügung stehenden Beweisen erschien es mir erstens wahrscheinlich, dass ganz Südostasien – zumindest bis Singapur, doch so gut wie gewiss bis Djakarta – langsam, aber sicher unter kommunistische Herrschaft geraten würde.«[130]

In einem Memorandum, das im Januar 1965 US-Präsident Johnson übergeben wurde, sahen sein Verteidigungsminister McNamara und sein Sicherheitsberater Bundy zwei Alternativen: Entweder setzte die USA ihre militärische Macht ein, um eine Änderung der kommunistischen Politik zu erzwingen, oder sie legte die ganze Kraft auf einen Verhandlungskurs, um das militärische Risiko zu verringern. Sowohl McNamara als Bundy befürworteten dabei schließlich den ersten Weg.[131] Der Nationale Sicherheitsrat legte im Februar 1965 ein Bombardierungsprogramm mit dem Argument vor, es sei ein Schritt zur Eindämmung von Aggression, »um den Krieg nicht eskalieren zu lassen«. Präsident Johnson ließ sich von dieser Argumentation überzeugen, da er bei einem militärischen Scheitern in Vietnam wohl innenpolitische Konsequenzen zur erwarten hatte. Im Juli 1965 kam er zu dem Schluss, »unseren Befehlshabern im Einsatz die Truppen und das Material« zu geben, »dass sie ihrer Erklärung nach brauchen«, und zwar ohne den Weg durch den Kongress zu gehen.

---

129 Rolf Steininger, *Der Kalte Krieg*, (Fischer Compact: Frankfurt am Main), 2006, 93.

130 Lyndon Baines Johnson, *Meine Jahre im Weißen Haus*, (Edition Praeger: München), 1971, 134, 137.

131 Lyndon Baines Johnson, *Meine Jahre im Weißen Haus*, (Edition Praeger: München), 1971, 104–139.

McNamara sollte später rückblickend sagen, dass es für die USA zwischen 1963 und 1965 verschiedene Möglichkeiten des Rückzugs gegeben hätte. Eine derartige Situation hätte sich Ende 1963 während der Unruhen nach der Ermordung Diệms oder Ende 1964/Anfang 1965 angesichts der zunehmenden politischen und militärischen Schwäche Südvietnams ergeben. Wäre das der Welt und der amerikanischen Bevölkerung angemessen erklärt worden, hätten die USA Vertrauen und Glaubwürdigkeit gewonnen[132] und diese nicht zunehmend im Verlauf des Krieges verloren. Präsident Johnson ging im Juli 1965 dem Anschein nach allerdings von der gegenteiligen Annahme aus, dass nämlich »keine Nation jemals wieder Vertrauen in den amerikanischen Schutz haben kann«, wenn die USA aus Vietnam vertrieben würden. Präsident Johnsons Politik war dabei von zwei Überlegungen geprägt, die eine ständige Ausweitung des Krieges bedeutete. Zum einen sah er die München-Analogie in Vietnam. Er verstand sich als Verteidiger der Demokratie gegen die allgegenwärtige kommunistische Aggression. Ein Nachgeben würde überall in der »unterentwickelten Welt zu Befreiungskriegen« führen. Zum anderen war er davon überzeugt, dass der Krieg mit Unterstützung des Generalstabes in kurzer Zeit zu gewinnen war.

Nach 1965 wurde die Anzahl amerikanischer Soldaten vor allem auf Druck von General Westmoreland stetig bis auf 500 000 aufgestockt. Der Anteil des Militärbudgets am Bruttosozialprodukt der USA stieg 1968 nach kurzem Rückgang Anfang der Sechzigerjahre wieder auf zehn Prozent. Die Anzahl der Gefallenen erreichte 1968 mit 15 000 das Hundertfache von 1964. Westmoreland hatte während des Krieges auch den Gebrauch von Nuklearwaffen vorgeschlagen, um den Krieg schneller zu beenden, was wahrscheinlich einen Nuklearkrieg mit Russland oder China zur Folge gehabt sowie eine nukleare Verseuchung der Nachbarstaaten nach sich gezogen hätte. 1967 schrieb der Historiker und frühere Berater von Präsident Kennedy, Arthur

132 Robert S. McNamara and Brian VanDeMark, *Vietnam: Das Trauma einer Weltmacht*, (Goldmann: München), 1997, 222–269, 408.

Schlesinger, dass Johnsons Vietnampolitik nur zur Katastrophe führen könnte.[133] Im Januar 1968 begannen der Vietcong und Nordvietnam die sogenannte »Tet-Offensive«. Sie wurde zwar zurückgeschlagen, führte aber der amerikanischen Öffentlichkeit mit fast 10 000 gefallenen US-Soldaten innerhalb von vier Monaten nochmals die Grausamkeit des Krieges mit entsprechenden Fernsehbildern vor Augen. Schon Ende 1967 war eine knappe Mehrheit der amerikanischen Öffentlichkeit der Meinung gewesen, dass der Krieg ein Fehler war. 1965 hatten sich noch 64 Prozent für die Fortsetzung des Krieges und nur 18 Prozent dagegen ausgesprochen.[134] Nach der »Tet-Offensive« stieg der Anteil derjenigen, die den Krieg sofort beenden wollten, von 30 auf 50 Prozent und nur mehr zehn Prozent der Bevölkerung unterstützte die Vietnam-Politik des Präsidenten[135]. Johnson verzichtete daraufhin auf eine neuerliche Kandidatur 1968. Sein Vermächtnis wird zu Unrecht bis heute in erster Linie mit dem Vietnamkrieg verbunden, obwohl er mit dem Sozialprogramm »Great Society« und dem Bürgerrechtsgesetz, dem »Civil Rights Act«, bahnbrechende innenpolitische Maßnahmen umgesetzt hatte.

Im Mai 1968 begannen Friedensgespräche in Paris. Der neue Präsident Richard Nixon hatte 1968, wie schon Dwight Eisenhower 1952, mit dem Versprechen die Wahl gewonnen, einen Krieg beenden zu wollen. Nixon ließ 1968 sogar den südvietnamesischen Präsidenten Văn Thiệu wissen, dass dieser besser bei Friedensverhandlungen abschnitt, wenn er die Gespräche bis nach den Wahlen hinauszögern würde. Thiệu entsandte daraufhin keine Delegierten zu den von Präsident Johnson angesetzten Friedensgesprächen in Paris. Nixon seinerseits gewann schließlich die Wahlen gegen seinen Gegner der Demokratischen Partei mit 0,7 Prozent Vorsprung. Nun in Amt und Wür-

133 Arthur Schlesinger, excerpts from Journals of 1966 and 1967, *The New York Review of Books*, October 11, 2007.

134 Robert S. McNamara and Brian VanDeMark, *Vietnam: Das Trauma einer Weltmacht*, (Goldmann: München), 1997.

135 Stephen Sestanovich, *Maximalist: America in the World from Truman to Obama*, (Alfred A. Knopf: New York), 2014.

den, hatte er jedoch keinen Plan zur Hand, um den Krieg wie angekündigt zu beenden.[136] Zu seinen Redenschreibern sagte er Monate zuvor: »Der Krieg kann nicht gewonnen werden! Aber wir können es natürlich so darstellen. Eigentlich müssen wir das Gegenteil sagen, nur um ein Druckmittel in der Hand zu haben.«[137]

Letztlich weiteten Nixon und sein Sicherheitsberater Henry Kissinger den Krieg ab 1969 sogar auf Kambodscha aus. Dort griffen sie Basen der Vietcong mit massiven Luftschlägen durch B-52 Bomber an. Um heimische Unterstützung für die Fortführung des Kalten Krieges zu bekommen und Entschlossenheit gegenüber der Sowjetunion und China zu zeigen, wollte Nixon die Vereinigten Staaten auf einen »permanenten Krieg« in Vietnam einstimmen. Gleichzeitig verkündete Nixon die »Vietnamisierung« des Krieges. Die ersten US-Truppen sollten abgezogen und südvietnamesischen Streitkräfte ausgebildet werden, um den Krieg in eigener Regie weiterführen zu können. Zu diesem Zweck rüstete er das südvietnamesische Militär auf, intervenierte in Kambodscha, verstärkte das Bombardement auf Nordvietnam und verschärfte die bestehende Blockade.

1971 waren Teile der sogenannten »Pentagon-Papiere« mit Hilfe des ehemaligen hochrangigen Beamten des Verteidigungsministeriums Daniel Ellsberg in der »New York Times« publiziert worden, wonach die USA, anders als von der US-Regierung jahrelang behauptet, den Vietnamkrieg vorsätzlich geplant hätten. Daniel Ellsberg entschloss sich, die Papiere an die Öffentlichkeit zu bringen, da er überzeugt war, dass der Krieg weiter eskalieren würde und zu einer nuklearen Konfrontation mit China führen könnte.[138] In den folgenden zwei Jahren gab es eine Reihe von Vorschlägen, wie der Krieg dennoch zu gewinnen wäre. Diese schlossen die Vernichtung Hanois und Hai-

136 William Burr and Jeffrey P. Kimball, *Nixon's Nuclear Specter: The Secret Alert of 1969, Madman Diplomacy, and the Vietnam War,* (University Press of Kansas: Westbrooke Circle), 2015.

137 Zitiert in: Robert G. Kaiser, The Disaster of Richard Nixon, *The New York Review of Books,* April 21, 2016. Übersetzung: HG.

138 Daniel Ellsberg, Pentagon Papers May Have Avoided Nuclear War With China, *The New York Times,* June 29, 2001.

phongs sowie die Erwägung, Nuklearwaffen einzusetzen, mit ein. Nixon selbst zögerte, im Gegensatz zu seinen Versprechungen, die Beendigung des Krieges daher hinaus, um doch noch mit einem entscheidenden militärischen Erfolg in Vietnam in den Wahlkampf 1972 gehen zu können.[139] Er verwarf die Ansicht, dass ihm eine Lösung des Konflikts vor den Wahlen Vorteile gebracht hätte. Die Falken hätten ihm vorgeworfen, zu viele Konzessionen gemacht zu haben, die Tauben, dass ein derartiges Abkommen schon viel früher möglich gewesen wäre. Nixon schrieb im Oktober 1972 in sein Tagebuch:

> »Ich neige zu der Meinung, dass die Zeit direkt nach der Wahl besser für das Aushandeln eines Abkommens ist als die Zeit unmittelbar vor der Wahl. […] Unmittelbar nach der Wahl werden wir ein überwältigendes Mandat haben – jedenfalls hoffen wir das –, diesen Krieg zu einem erfolgreichen Ende zu bringen. Dann muss der Gegner entweder ein Abkommen abschließen oder die Folgen dessen, was wir ihm antun können, in Kauf nehmen.«

Henry Kissinger war laut Nixons Memoiren[140] entschieden der Meinung, dass Nordvietnam vor der Wahl unter viel größerem Druck stand, zu verhandeln, weil es glaubte, bessere Bedingungen während des Wahlkampfes zu bekommen. Nixon hingegen neigte zu der Ansicht, dass Hanoi nach der Wahl eher zu Konzessionen bereit gewesen wäre. Gleichzeitig aber war der südvietnamesische Präsident Thiệu vehement gegen ein Abkommen und stellte Forderungen, die laut Kissinger an »Wahnsinn grenzten«. Um sich von seinem Mitbewerber McGovern abzugrenzen, der einen einseitigen Truppenabzug der US-Truppen aus Vietnam forderte, versprach Nixon, »so lange weiterzukämpfen, bis wir einen Frieden erzielt haben«. »Ich bin der ein-

139 Seymour Hersh, *Price of Power*, (Touchstone: Princeton), 1984, 423–444. Christopher Hitchens, *The Trial of Henry Kissinger*, (Verso: London), 2001. Der Kissinger-Biograph Niall Ferguson widerspricht dieser Auffassung. Niall Ferguson, *Kissinger: 1923–1968: The Idealist*, (Penguin Press: New York), 2015.

140 Nixon, Richard M., *Memoiren*, (Ullstein Verlag: Frankfurt/M), 1981 (Originalausgabe 1978), 706–727. Vgl. auch Niall Ferguson, *Kissinger: 1923–1968: The Idealist*, (Penguin Press: New York), 2015.

zige Präsident, der den Mumm hat, zu tun, was wir tun«,[141] erklärte Nixon vor den Wahlen 1972. Auch Kissinger hatte bereits im Dezember 1970 gegenüber Nixons engstem Berater Bob Haldeman geäußert, dass ein Truppenabzug im darauffolgenden Jahre negative Konsequenzen für die Wahlen haben könnte und dieser daher erst im Herbst 1972 erfolgen sollte.[142]

Tatsächlich wurde Nixon mit einer überwältigenden Mehrheit gegen seinen Herausforderer George McGovern im Amt bestätigt. Die Anti-Vietnam-Kriegsbewegung war aber inzwischen sowohl in den USA als auch in Europa zu einer entscheidenden politischen Stimme geworden. Bereits vor den Wahlen begann Kissinger Gespräche mit dem nordvietnamesischen Verhandlungsleiter Lê Đức Thọ. Kissinger hatte Tho zugesagt, dass nordvietnamesische Truppen nach einem Abkommen im Süden verbleiben könnten, wenn die südvietnamesische Regierung Văn Thiệu nicht abgesetzt würde. Präsident Nixon hatte Kissinger zu Zugeständnissen gedrängt, weil er seine neue Chinapolitik sowie die Entspannungspolitik mit der Sowjetunion nicht gefährden wollte. Er drängte auch Văn Thiệu, ein Waffenstillstandsabkommen zu akzeptieren, indem er drohte, die bestehenden Hilfen zu kürzen.[143] 1973 wurden die Friedensverhandlungen in Paris wieder aufgenommen. Im Januar erfolgte schließlich die Unterzeichnung des Waffenstillstandabkommens und der allmähliche Abzug der US-Truppen wurde eingeleitet. Der Krieg selbst wurde mit den Abkommen jedoch nicht beendet, da es immer wieder zu Vertragsbrüchen auf beiden Seiten kam. Durch das militärische Übergewicht errang der Norden schließlich immer größere territoriale Gewinne und besetzte am 1. Mai 1975 endgültig Saigon. Vietnam wurde unter

---

141 Präsident Richard Nixon, zitiert in Michael Beckley, The Myth of Entangling Alliances: Reassessing the Security Risks of US Defense Pacts, *International Security*, Vol. 39, No. 4 (Spring 2015), 38.

142 Zitiert in: Robert G. Kaiser, The Disaster of Richard Nixon, *The New York Review of Books*, April 21, 2016.

143 Fredik Logevall, The Indochina wars and the Cold War, 1945–1975, Melvyn P. Leffler and Odd Arne Westad (Hg.), *The Cambridge History of The Cold War, Vol. II, Crises and Détente*, (Cambridge University Press: Cambridge), 2010, 300.

kommunistischer Herrschaft wieder vereint. In Kambodscha gelangten im selben Jahr die Roten Khmer unter ihrem Führer Pol Pot an die Macht und errichteten eine Schreckensherrschaft, die bis zu 2,2 Millionen Kambodschaner das Leben kostete. Die Uneinigkeit des kommunistischen Blocks zeigte sich jedoch auch hier sehr schnell. 1979 kam es, nach zahlreichen Grenzverletzungen durch die Roten Khmer, zum Krieg zwischen Vietnam und Kambodscha mit chinesischer Beteiligung, an dessen Ende die Roten Khmer entmachtet und aus der Hauptstadt Phnom Penh vertrieben wurden.

Trotz des verlorenen Vietnamkrieges trat Nixon 1974 nicht wegen jener Niederlage, sondern wegen des Watergate-Skandals zurück, nachdem der Einbruch in das Hauptquartier der Demokratischen Partei bekannt geworden war und er die Unterstützung der eigenen Partei im Kongress verloren hatte. Die Kriegskosten der USA lagen bei zwei Milliarden Dollar. 60 000 amerikanische Soldaten wurden getötet und 300 000 verwundet. Es starben 200 000 südvietnamesische und 600 000 nordvietnamesische Soldaten sowie Vietkong-Aufständische. Die Zahl der zivilen Opfer lag bei etwa fünf Millionen. Eine weitere Konsequenz des Vietnamkrieges war die »War Powers Resolution« von 1973, die vom Präsidenten verlangte, innerhalb von 60 Tagen die Zustimmung des Kongresses einzuholen oder die Truppen nach weiteren 30 Tagen abzuziehen. Die nachfolgenden Präsidenten haben diese Instrumente allerdings seither immer sehr selektiv gehandhabt. Der Vietnamkrieg, der mit der Begründung der München-Analogie über gefährliches Zurückweichen vor diktatorischer Aggression geführt wurde, avancierte nun selbst zur Analogie. In Umkehrung der München-Analogie warnt sie vor der Gefahr einer Eskalation bei unbedachter Anwendung von Gewalt. Die Glaubwürdigkeit Washingtons hat mit der Entscheidung für den Krieg deutlich gelitten. Auch die nukleare Abschreckung hatte in Vietnam ebenso wie in Korea keine Wirkung gezeigt, denn auch sie konnte die Eskalation des Krieges mit konventionellen Mitteln nicht verhindern. Nordvietnam und seine Unterstützer in der Sowjetunion und China ließen sich davon nicht beeindrucken.

Dennoch war die Niederlage der USA nicht mit einem sowjetischen Sieg im Ringen um die Vorherrschaft im Kalten Krieg gleichzusetzen. Der Führer der Aufstandsbewegung Hồ Chí Minh war nicht der Bauer im Schachspiel des Kremls. Die Sowjetunion hatte wenig Interesse an Indochina. Es lag nicht in ihrem Interesse einen offenen Ost-West-Krieg wegen Vietnam zu beginnen. Washington seinerseits sah den Krieg durchweg als Teil seiner Eindämmungspolitik, wonach die von Moskau gesteuerte kommunistische Expansion gestoppt werden müsste.[144] Die sowjetische Führung ihrerseits sah hingegen im Ausbruch des Vietnamkrieges eher eine Unterminierung ihrer diplomatischen Bemühungen. Sie hatte gehofft, dass sich nach der Kuba-Krise 1962 die Beziehungen mit den USA verbessern ließen. Nach dem Ausbruch des Krieges fühlten sie sich jedoch verpflichtet, die Nordvietnamesen wider Willen zu unterstützen, um ihre Glaubwürdigkeit zu wahren und den eigenen Einfluss gegenüber China in jenem geographischen Raum zu behaupten. Darin zeigte sich ein wichtiges Muster im Kalten Krieg außerhalb der etablierten Einflussbereiche, wonach kleinere Mächte die Abhängigkeiten, die für die Großmächte aus der Blockkonfrontation entstanden, ausnutzten, um eigene Interessen durchzusetzen.

Der Vietnamkrieg machte deutlich, dass sich während des Kalten Krieges implizite Regeln und Verhaltensweisen der Supermächte in ihren Beziehungen zueinander herausgebildet hatten, die selbst während des Krieges in Vietnam stillschweigend eingehalten wurden. Beide Mächte respektierten weiterhin die bestehenden Einflusssphären der NATO und des Warschauer Paktes in Europa und mischten sich nicht direkt in die internen Angelegenheiten jener Gebiete ein, die dem jeweils anderen Block angehörten. Ferner vermieden sie direkte militärische Konfrontation, auch um einen Nuklearkrieg zu verhindern. Während der Eskalation des Krieges flog Nixon 1972 nach Moskau und

144 Fredrik Logevall, The Indochina wars and the Cold War, 1945–1975, Melvyn P. Leffler and Odd Arne Westad (Hg.), *The Cambridge History of The Cold War, Vol. II, Crises and Détente*, (Cambridge University Press: Cambridge), 2010, 302.

besprach mit dem sowjetischen Präsidenten die Fortsetzung der Entspannungspolitik und das Rüstungsbegrenzungsabkommen SALT I (»Strategic Arms Limitation Talks«). Rhetorisch verlangte die US-Diplomatie allerdings vom sowjetischen Botschafter in Washington, dass Moskau im Gegenzug für Rüstungskontrolle, Entspannung und Handel die Nordvietnamesen zu Kompromissen zwingen sollte, was die Sowjetunion weder gewollt noch gekonnt hätte. Wären die USA – in einem kontrafaktischen Szenario – nicht in den Vietnamkrieg eingetreten, oder hätten sie sich früher zurückgezogen, so hätte sich wahrscheinlich ihr damaliges Verhältnis zur Sowjetunion dennoch nicht grundsätzlich anders gestaltet.

Ähnliches wie für die Sowjetunion galt auch für die Volksrepublik China. Die Darstellung, dass der Sieg des Kommunismus in Vietnam zugleich einen Sieg des kommunistischen Chinas bedeutete, stellte sich als völlig verfehlt heraus. Schon während der Eskalation des Krieges ließ der chinesische Führer Mao-Tse-Dung die USA über den Chinaexperten und Journalisten Edgar Snow wissen, dass China nicht gedenke, »über seine Grenzen hinaus zu intervenieren«. Auch Präsident Johnson vermied es, nach den Erfahrungen in Korea die Chinesen zu provozieren: »Ich werde China nicht ins Gesicht spucken«, erklärte er. 1972 kam es zum Besuch Nixons und Kissingers in Peking, der ungeachtet des Vietnamkrieges die Basis für eine Neuordnung der globalen Großmachtpolitik wurde. Nach dem Krieg verschlechterten sich die chinesisch-vietnamesischen Beziehungen so sehr, dass es 1979 zu bewaffneten Grenzkonflikten kam. Die Vorstellung vom monolithischen Weltkommunismus, wie man sie im Westen vielfach vertrat, wurde nach dem vietnamesisch-kambodschanischen und dem sowjetisch-chinesischen Grenzkonflikt 1968 und 1969 in Asien endgültig widerlegt.

Die sowjetische Afghanistan-Intervention

Im Juni 1979 unterzeichneten Leonid Breschnew, der Generalsekretär des ZK der KPdSU, und der amerikanische Präsident Jimmy Carter im Rahmen eines Gipfeltreffens in der Wiener

Hofburg den SALT II-Vertrag zur nuklearen Rüstungskontrolle. Er war ein Ergebnis der Entspannungspolitik der Siebzigerjahre. Die NATO hatte zu jenem Zeitpunkt noch nicht beschlossen, nukleare Mittelstreckenraketen vom Typ Pershing II in Europa zu stationieren. Der Vietnamkrieg ebenso wie die sog. Stellvertreterkriege am Horn von Afrika und in Angola hatten die Entspannungspolitik nicht wirklich gefährden können.

Zur Überraschung Moskaus hatte im April 1978 ein Staatsstreich der kommunistischen Partei Afghanistans stattgefunden. Das auf Blockfreiheit ausgerichtete Regime von Mohammed Daoud Khan wurde abgesetzt. In dieser Situation nutzte die sowjetische Führung die sich bietende Gelegenheit, um ihren eigenen Einfluss auszuweiten. Daher unterstützte sie vorerst die ambitionierten Reform- und Modernisierungsprogramme der neuen kommunistischen Regierung. Diese beinhalteten eine Landreform, die Einrichtung eines weltlichen Bildungsprogramms, Bildung für Mädchen und Verbesserung der Rechte für Frauen. Schnell aber wuchs der religiös-konservative lokale Widerstand gegen diese Reformen. Westliche Hilfe und Unterstützung, insbesondere durch die CIA, erhielten die oppositionellen Gruppen dabei vor allem über Pakistan. Hinzu kam, dass zu Beginn des Jahres 1979 die islamische Revolution im Iran Schah Reza Pahlavi absetzte und Ayatollah Khomeini an die Macht brachte. Jene Revolution und die von ihnen verfochtenen Werte und Ziele strahlten auch nach Afghanistan aus. Die kommunistische Regierung in Kabul verlor zunehmend die Unterstützung des Großteils der Bevölkerung und es kam zu lokalen Aufständen. Trotz verschiedener Ersuche von Präsident Mohammed Taraki um militärische Hilfe bei der sowjetischen Führung, entschied sich jene vorerst gegen eine direkte Intervention, um die Entspannungspolitik mit dem Westen nicht unnötig zu gefährden.[145] Im Laufe des Jahres entwickelte sich allerdings aus den lokalen Aufständen ein blutiger Bürgerkrieg. Taraki, der vorerst das Vertrauen Leonid Breschnews besaß, wurde von Hafizullah Amin, ebenfalls ein Mitglied der kom-

145 John Lewis Gaddis, *The Cold War: A New History,* (Penguin Books: London), 2005, 210.

munistischen Volkspartei Afghanistans, gefangen genommen und wahrscheinlich im Gefängnis exekutiert. Ganz im Sinne des Blockdenkens des Kalten Krieges, dass der eigene Verlust der Gewinn des anderen sei, fürchtete Moskau nun, dass es seinen gerade erst gewonnen Einfluss mit einem unsicher gewordenen Regime unter Amin verlieren würde. Zeitgleich verschlechterte sich das Verhältnis zum Westen rapide durch die Annahme des NATO-Doppelbeschlusses am 12. Dezember 1979 und die damit verbundene atomare Aufrüstung in Westeuropa. Zu Weihnachten 1979 sah die sowjetische Führung daher keine andere Alternative als eine massive militärische Intervention, ganz im Sinne der sowjetischen »Bruderhilfe« in der Tschechoslowakei 1968. Neben dem Einmarsch regulärer Truppen führte der KGB im Rahmen der Operation Storm-333 mit Hilfe von Spezialtruppen einen Enthauptungsschlag gegen die kommunistische Führung, bei dem Amin ums Leben kam. Die Sowjetunion setzte daraufhin Babrak Karmal als neuen Präsidenten ein.

Hier wiederholte sich das Muster der Interventionen der USA in Korea und Vietnam. In allen drei Fällen intervenierte eine Großmacht, nachdem ihr lokaler Verbündeter schwach und unverlässlich geworden war. Im Falle von Korea waren es die US-freundlichen Regime von Rhee Syng-man, in Vietnam Ngô Đình Diệm und in Afghanistan waren es die von der Sowjetunion gestützten Diktatoren Taraki und Amin. Im Iran hingegen unterließen die USA 1979 eine Intervention, nachdem das Regime von Schah Reza Pahlavi von der Revolution geschwächt und von US-Präsident Carter, wegen dessen Menschenrechtsverletzungen und seiner Ölpreispolitik, nicht mehr unterstützt worden war.

Die sowjetische Intervention in Afghanistan wurde unter anderem von Moskau dadurch gerechtfertigt, dass die USA in Lateinamerika ebenfalls keine instabilen Regime dulden würden. Tatsächlich fürchtete die Sowjetunion ein Übergreifen der Aufstände in Afghanistan auf die ethnisch verwandten Völker im Süden der Sowjetunion. Die Intervention war somit primär gegen einen drohenden Islamismus gerichtet. Zugleich befürchtete die Sowjetunion, dass ein Verlust Afghanistans an die Islamisten automatisch eine Ausweitung der amerikanischen Einflusssphäre in dieser Region darstellen würde. Die USA wiederum sahen im Vorgehen der Sowjetunion die Manifestation eines sowjetischen Expansionsdrangs nach Südasien und in die Golfregion. Aus der Perspektive der Sowjetunion besaß die Intervention somit einen rein defensiven, für die USA hingegen einen offensiven Charakter.

Die Konsequenzen für die US-Regierung unter Jimmy Carter waren einschneidend. Auf Druck der republikanischen Opposition wurde die Entspannungspolitik de facto aufgekündigt. Die Umsetzung des SALT II-Vertrages wurde ausgesetzt, modernste Mittelstreckenraketen und Marschflugkörper mit nuklearen Sprengköpfen in Europa als Antwort auf die sowjetischen SS-20 Raketen stationiert und die olympischen Spiele in Moskau boykottiert. Zugleich startete Präsident Carter das seit dem Korea- und Vietnamkrieg massivste Aufrüstungsprogramm, das allerdings von seinem Nachfolger Ronald Reagan noch übertroffen wurde.

Trotz der massiven Intervention konnten sich die sowjetischen und afghanischen Truppen in dem zehn Jahre andauernden Krieg gegen den Widerstand der Mudschahedin nicht behaupten. Diese wurden in dieser Zeit von den USA mit Waffenlieferungen unterstützt – eine Politik, die schon vor der sowjetischen Intervention begonnen hatte. Insbesondere die Stinger-Luftabwehrraketen machten den sowjetischen Kampfflugzeugen schwer zu schaffen. In tragischer Weise wurden diese Waffen ein Jahrzehnt später von den afghanischen Taliban, die zum Teil aus den Mudschahedin hervorgingen, dann gegen amerikanische Truppen angesetzt.

Der neue Generalsekretär der KPdSU Michail Gorbatschow versprach schließlich 1986 den Krieg zu beenden. In Afghanistan kam es daraufhin zu einem Regierungswechsel. Mohammed Nadschibullah folgte Babrak Karmal, der auf sowjetischen Druck hin abgesetzt wurde. 1988/1989 zogen die sowjetischen Truppen schließlich aus Afghanistan ab. Die Sowjetunion hatte zu diesem Zeitpunkt ca. 20 000 gefallene Soldaten, die Afghanen beinahe zwei Millionen Tote zu beklagen. Sowohl die USA als auch die Sowjetunion verzichteten fortan auf eine Einmischung in die inneren Angelegenheiten Afghanistans. Zwölf Jahre später sollten die USA in Afghanistan einmarschieren, um die Terrororganisation Al-Qaida zu bekämpfen und wurden selbst in einen 15-jährigen Krieg gegen die Taliban verwickelt. Auch ihr Modernisierungs- und Staatsaufbauprogramm erreichte nur bescheidene Ergebnisse. Die Sowjetunion erlebte das Ende des Regimes Nadschibullah nicht mehr. Sie brach 1991 zusammen, Nadschibullah konnte sich ein Jahr länger an der Macht halten. Es folgten ein Bürgerkrieg und schließlich die Machtübernahme in Kabul durch die Taliban. In den folgenden Jahren nistete sich die Terrororganisation Al-Qaida in Afghanistan ein und verübte am 11. September die Anschläge auf das World Trade Center in New York. Es folgte die Intervention durch die USA. Der Bürgerkrieg mit ausländischer Beteiligung der NATO und der USA dauert bis heute an.

Die »Stellvertreterkriege« und andere Interventionen

Während der Kalte Krieg in Europa mit einem Status quo verbunden war, gab es in anderen Teilen der Welt Konflikte mit massenhaft tödlichen Kampfhandlungen, die jährlich teilweise mehrere hunderttausend Opfer forderten. Anders als in Europa wurde dort »gewildert«, wo man sich an keine – wenn auch stillschweigende – Regeln halten musste, die den Status quo absicherten. In jenen Gebieten, in denen die Supermächte ihren Einfluss ausweiten wollten, intervenierten sie meist nicht selbst, sondern nutzen Verbündete oder andere indirekte Formen der Einflussnahme. Diese gewaltsamen Auseinandersetzungen nahmen unterschiedliche Formen an. Es gab zwischenstaatliche Kriege sowie Bürgerkriege und Anti-Regimekriege mit und ohne externe Beteiligung. Kam es zur Unterstützung einer Großmacht der einen oder anderen Seite, wurde oft auch von »Stellvertreterkriegen« gesprochen. Der Begriff gibt vor, dass die lokalen Verbündeten für die Interessen, Werte und Ideologien der

Großmächte Kriege führten. In Wirklichkeit waren es jedoch vielmehr die lokalen Konflikte, die die Großmächte im Sinne ihrer eigenen Interessen zu nutzen beabsichtigten. Umgekehrt war den lokalen Konfliktparteien die Unterstützung durch eine Großmacht auch nicht unrecht. Dabei beruhte die Einflussnahme der Großmächte nicht selten auf falschen Vorstellungen der Motive ihrer Verbündeten. Sowohl rationale Realpolitik als auch Perzeptionen spielten in diesen Kriegen daher eine weit größere Rolle, als ideologische Differenzen.[146] Die Großmächte nahmen dabei, was sie bekommen konnten, ohne dass sie die jeweiligen Regierungen der Dritten Welt vollständig unter Kontrolle bringen konnten.

Ein typisches Beispiel war der Ogadenkrieg zwischen Äthiopien und Somalia 1977–1978. Er war der intensivste zwischenstaatliche Krieg mit indirekter externer Beteiligung der Großmächte in Afrika. Nachdem die Sowjetunion anfangs in großem Umfang Waffen an Somalia geliefert hatte, begann sie 1977 das äthiopische Regime unter Mengistu, das sich selbst als »marxistisch-leninistisch« bezeichnete, zu unterstützen. Daraufhin wendete sich die somalische Regierung unter Siad Barre den USA zu. Die Folge war ein plötzlicher Allianzwechsel. Auch die USA, die sich zuerst mit Waffenlieferungen hinter Äthiopien gestellt hatten, wechselten die Fronten und unterstützten daraufhin Somalia. Der abrupte Seitenwechsel der Verbündeten zeigt, wie wenig sich sowohl die lokalen Konfliktparteien als auch die Großmächte um Werte oder Ideologie kümmerten. Vielmehr ging es um das Abstecken von Einflusszonen, die anders als in Europa nicht festgelegt waren. Mit Äthiopien unterstützte die Sowjetunion bspw. eine Militärdiktatur und half dieser, die Befreiungsbewegung in Eritrea (FPLE) niederzuschlagen, obwohl die Sowjetunion vorgab, sich weltweit für Befreiungsbewegungen gegen den westlichen »Imperialismus« einzusetzen.

---

146 Heinz Gärtner, *Hegemoniestrukturen und Kriegsursachen*, (Braumüller: Wien), 1983.

Der Kampf um Einflussbereiche beschränkte sich natürlich nicht auf den militärischen Beistand befreundeter Staaten, sondern wurde auch innerhalb von Staaten ausgetragen. Dabei unterstützte man unterschiedliche staatliche und nichtstaatliche Parteien mit Waffen, Spezialeinheiten und Geld. Alle kämpften für ihre Sache, waren aber auf externe Hilfe angewiesen, was von Seiten der Großmächte skrupellos ausgenutzt wurde.

Ein Beispiel dafür ist die sowjetische Einmischung in Angola. Nachdem Portugal 1974/75 nach der Nelkenrevolution und dem damit verbundenen Sturz des Salazar-Regimes endgültig die Entkolonisierung seiner afrikanischen Staaten einleitete, setzte in Angola ein Bürgerkrieg zwischen den Befreiungsbewegungen MPLA (»Volksbefreiungsbewegung für Angola«), UNITA (»Nationale Union für die völlige Unabhängigkeit Angolas«) und FNLA (»Befreiungsfront für Angola«) ein. Der Vorsitzende der MPLA, Agostinho Neto, sah sich gezwungen, die Sowjetunion um Hilfe zu bitten, um die vom Apartheid-Regime Südafrikas und von Westmächten unterstützten Parteien UNITA und FNLA zu bekämpfen. Dadurch erhielt der Konflikt zeitweise die Form eines Stellvertreterkrieges. Direkte Hilfe mit etwa 40 000 Soldaten bekam die MPLA allerdings von Kuba, was wiederum die Sowjetunion überraschte und in Verlegenheit brachte, da sie Kubas Präsident Fidel Castro misstraute, gleichzeitig aber nicht zulassen konnte, dass in Angola eine prowestliche Regierung an die Macht kam. Dabei ging es beim Konflikt von Angola vorrangig um die Machtpolitik lokaler Akteure. In der Perzeption der Großmächte allerdings war es ein Ost-West-Konflikt. Die Sowjetunion sah in der UNITA und FNLA treue Erfüllungsgehilfen der USA. Die UNITA vertrat jedoch in erster Linie die größte ethnische Gruppe des Landes: die Ovimbundu. Der Westen wandte sich im späteren Verlauf des Krieges zunehmend von der UNITA ab, wohingegen die FNLA für die westlichen Interessen bedeutungslos wurde. Die USA betrachteten ihrerseits die Kubaner fälschlicherweise als Erfüllungsgehilfen sowjetischer Interessen, da die Sowjetunion die Republik Kuba unterstützte. Tatsächlich war das Gegenteil der Fall. Durch die Entscheidung Castros, Truppen nach Angola zu senden, forderte er den sowjetischen Führer Leonid Breschnew heraus und riskierte die Konfrontation der gesamten von Washington unterstützten südafrikanischen Armee. Breschnew, der um bessere Beziehungen mit dem Westen bemüht war, lieferte Unterstützung nur widerwillig und zögerlich nach Monaten. Castro wiederum ging es um die Einschränkung der Macht des Apartheid-Regimes in Südafrika.[147]. Aus Sicht der Sowjetunion war man nicht gewillt, wegen Südafrika ein neues Aufkeimen des Sicherheitsdilemmas mit den USA zu riskieren.

Henry Kissinger, Außenminister unter US-Präsident Gerald Ford, legte 1976 Pläne vor, Kuba für dessen Einmischung mit massiven Luftschlägen zu bestrafen.[148] Diese Absichten waren umso erstaunlicher, als die USA gerade den verlustreichen Vietnamkrieg beendet hatten. Die wurden letztlich auch nicht umgesetzt, da 1976 der Demokrat Jimmy Carter zuvor die Präsidentschaftswahlen gewonnen hatte. Kissinger war ungehalten, weil die Gefahr bestand, dass die Sowjetunion in Afrika ihre Einflusszone ausdehnen könnte. Nicht mehr im Amt beklagte er, dass sich die USA einseitig Zurückhaltung auferlegten und nicht im Einflussgebiet der Sowjetunion intervenierten, während Moskau keine Gelegenheit auslasse, in Amerikas Einflussbereich Unruhe zu stiften:

> »Wenn wir in Osteuropa dieselben Aktivitäten entfalten wie die Sowjetunion in Afrika, würde dies nicht nur zu blutiger Repression führen, sondern auch den USA den Vorwurf einbringen, mit dem Risiko eines Krieges zu spielen.«[149]

Aus dieser Äußerung kann man entnehmen, dass Kissinger Afrika eigentlich als Einflusssphäre der USA betrachtete. Gleich-

147 Piero Gleijeses, Cuba and the Cold War, 1959–1980, Melvyn P. Leffler and Odd Arne Westad (Hg.), *The Cambridge History of The Cold War, Vol. II, Crises and Détente,* (Cambridge University Press: Cambridge), 2010, 343.

148 Leo Grande, William M./Kornbluh, Peter, *Back Channel to Cuba: The Hidden History of Negotiations between Washington and Havana,* (The University of North Carolina Press: Chapel Hill), 2014. *The New York Times,* September 30, 2014.

149 Henry Kissinger, Interview in *Time,* August 1, 1979. Übersetzung: HG.

zeitig anerkannte er, dass die Sowjetunion keinen »Master-Plan« verfolgte:

> »Ich glaube nicht, dass die Sowjetunion Angola plante oder die Bedingungen für eine Intervention in Äthiopien konstruierte oder auch ein Datum für die afghanische Revolution setzte. Aber alle diese Ereignisse waren für unsere Beziehungen abträglich.«[150]

Tatsächlich überschätzten beide Supermächte den Einfluss der jeweils anderen und unterschätzten die Interessen der lokalen Akteure. In Angola, aber nicht nur dort, konnte man ein völliges Unverständnis beim Westen und insbesondere bei der Sowjetunion darüber konstatieren, dass die lokalen nationalen Interessen unabhängig von den Großmächten verfolgt wurden. Die Sowjetunion sprach ganz allgemein von »imperialistischer«, der Westen von »kommunistischer« Infiltration. Ein weiteres Beispiel ist der Versuch von US-Präsident Eisenhower, den 1960 im Kongo gewählten Premierminister Patrice Lumumba durch einen CIA-Agenten unter anderem mit Zahnpasta vergiften zu lassen[151], weil er glaubte, Lumumba wäre von der Sowjetunion kontrolliert. Dieser Plan scheiterte. Lumumba wurde schließlich 1961 von Oppositionellen mit belgischer Unterstützung und amerikanischer Einwilligung gekidnappt, gefoltert und ermordet.

Das Bestreben, Einfluss außerhalb Europas zu bekommen, erfolgte auch mit Maßnahmen knapp unterhalb der Schwelle zum Krieg. Als die westlichen Länder Bitten des ägyptischen Präsidenten Abdel Nasser um Finanzhilfe vor allem zum Bau des Assuan-Staudammes ablehnten, wandte er sich an die Sowjetunion. Diese war aber lediglich an Rüstungslieferungen interessiert. Daraufhin verstaatlichte Nasser 1956 den Suez-Kanal, was zur britisch-französischen Intervention führte, die den ägyptischen Präsidenten stürzen sollte. Die Intervention scheiterte

150 Henry Kissinger, *NATO – The next thirty years*, speech at the Palais d'Egmont, Brussels, Belgium, September 1, 1979. Übersetzung: HG.

151 Larry Devlin, Chief of Station, *Congo: Fighting the Cold War in a Hot Zone*, (Public Affairs: New York), Reprint edition, 2008.

letztlich auch aufgrund des Widerstandes der USA und der Sowjetunion. Beide stimmten im Sicherheitsrat der Vereinten Nationen für eine Resolution, die den Rückzug der britischen, französischen und israelischen Truppen forderte.

1958 landeten amerikanische Marine-Infanterie-Einheiten im Libanon, um vermeintliche syrische und ägyptische kommunistische Putschpläne zu vereiteln. Vorausgegangen war ein Versuch der politisch benachteiligten Gruppe sunnitischer Muslime, den amtierenden Präsidenten und Christen Camille Nimr Chamoun zu stürzen. Es kam zu Ausschreitungen und Kämpfen, die mehrere Monate dauerten. Chamoun bat die USA offiziell um Hilfe und berief sich dabei ausdrücklich auf die »Eisenhower-Doktrin«. Basis dafür war die zuvor erfolgte Proklamation der Vereinigten Arabischen Republik durch den Zusammenschluss von Ägypten und Syrien, dem sich auch der Irak anzuschließen drohte. Die USA befürchtete neben einer arabischen Blockbildung die Annäherung dieser Gebiete an Moskau. Insbesondere Ägypten und Syrien unterhielten intensive diplomatische Beziehungen zur Sowjetunion und wurden von dieser militärisch und wirtschaftlich unterstützt. Eisenhower genehmigte daher die Operation Blue Bat, um den westlichen Einfluss in der Levante zu sichern und um gegen die interne Opposition der Regierung Chamouns, die von der Vereinigten Arabischen Republik protegiert wurde, vorzugehen. Nasser verurteilte die Intervention und wandte sich daraufhin an Moskau um Hilfe. Nach der Logik des Kalten Krieges lehnte sich Ägypten zeitweise an die Sowjetunion an, während die USA daraufhin Israel massiv aufrüsteten. Israel nutzte seine daraus resultierende Stärke neun Jahre später und konnte 1967 gegen Nasser trotz dessen Unterstützung durch die Sowjetunion einen erfolgreichen sechstägigen Präventivkrieg führen. Ursprünglicher Anlass war jedoch auch in diesem Fall ein lokaler Konflikt, da Nasser den Golf von Akaba für israelische Schiffe gesperrt hatte.

In der arabischen Welt gab es in der ersten Phase des Kalten Krieges ein unbeständiges Mächtegleichgewicht zwischen östlichen und westlichen Bündnispartnern. Die islamischen Staaten Ägypten, Syrien, Algerien und Irak erhofften sich Unterstützung von der Sowjetunion; Saudi-Arabien und die säkular geführten Staaten Jordanien, Iran und Marokko verließen sich auf den Schutz der USA. Mitte der Siebzigerjahre kam es zu Bündnisverschiebungen. Der ägyptische Präsident Anwar al-Sadat wandte sich den USA zu, nachdem ihm die Sowjetunion nicht helfen konnte, den von Israel 1967 besetzten Sinai zurückzugewinnen. Es gab verschiedene Ansätze, einen Waffenstillstand zwischen Israel und Ägypten durch Entmilitarisierungsmaßnahmen zu garantieren, wie etwa die Truppenentflechtungsabkommen von 1974 und 1975, die eine 30 Kilometer breite Pufferzone vorsahen oder der Friedensvertrag von 1979, dessen Grundlage 1978 in Camp David gelegt worden war. Algerien und Syrien betonten in der Folge ihren blockfreien Status. Die Position der Sowjetunion in der arabischen Welt wurde dadurch entscheidend geschwächt.

Die Sowjetunion nutzte in vielen Fällen die Möglichkeiten aus, die sich in der Dritten Welt für sie ergaben. Sie machte sich die vermeintliche Schwäche der USA zunutze, die durch ihr Engagement in Indochina entstanden war, um den eigenen Einfluss in Afrika zu festigen. Da es der Sowjetunion im Gegensatz zum Westen an ökonomischen Mitteln mangelte und die Anziehungskraft ihrer Ideologie während des Kalten Krieges immer geringer wurde, tat sie dies vorwiegend mit repressiven Mitteln und stützte sich dabei auf ihr nicht unerhebliches Militärpotential. Nach außen hin berief sich die Sowjetunion jedoch auf ihre »Solidarität« mit den afrikanischen Ländern, was aber vielfach bloße Propaganda blieb. kamen Von den etwa acht Milliarden US-Dollar Kreditzusagen, die die Sowjetunion zwischen 1954 und 1978 an afrikanische Länder machte, wurde lediglich die Hälfte ausgezahlt. Die Rückzahlungsfristen in Höhe von zehn Jahren betrugen zudem nur ein Drittel des Zeitraums, den die westlichen Länder zur Rückzahlung gewährten. Dem entgegen lieferte die Sowjetunion in den Siebzigerjahren etwa doppelt so viele Waffen nach Afrika wie die USA. Die Empfängerländer dieser Rüstungsexporte bezahlten dafür mit Rohstoffen (z. B. Kaffee aus Angola) mit unter dem Weltmarktpreis liegenden Preisen. Der tatsächliche Beitrag für Entwicklungshilfe lag nur bei 0,05 Prozent des Bruttosozialproduktesund damit weit unter dem von den Vereinten Nationen geforderten 0,7 Prozent.[152]

Die USA versuchten ebenfalls, ihre Einflusssphäre in der Dritten Welt während des Vietnamkrieges zu erweitern bzw. abzustecken. In diesem Sinne erklärte US-Präsident Lyndon B. Johnson 1965, dass die USA keine weiteren kommunistischen Regierungen in der Westlichen Hemisphäre dulden würden. Im Sinne dieser Doktrin Johnsons entsandte die USA 1965 im Rahmen der Operation Power Back Truppen in die Dominikanische Republik, um den dortigen Aufstand niederzuschlagen. Hintergrund der Operation war u. a. die Annahme Johnsons, dass sich der Aufstand zu einer zweiten kubanischen Revolution entwickeln könnte. Die entsandten US-Truppen wurden allerdings kurz darauf von Streitkräften der »Organisation Amerikanischer Staaten« abgelöst.

Auch auf indirektem Weg versuchte die US-Regierung in den folgenden Jahren, die Johnson-Doktrin in Südamerika durchzusetzen. In Chile war 1970 der Sozialist Salvador Allende demokratisch gewählt worden. Präsident Nixon und sein Sicherheitsberater Kissinger arbeiteten im Gegensatz zu öffentlichen Beteuerungen von Anbeginn an seinem Sturz. Sie glaubten fälschlicherweise, dass Allende ein neuer Castro und von der Sowjetunion gestützt wäre. Nixon und Kissinger diskutierten bereits 1970 mit dem damaligen Direktor der CIA Richard Helms über die Möglichkeit eines Putsches.[153] Kissinger soll damals gesagt haben: »Ich sehe nicht ein, warum wir akzeptieren sollen, dass ein Land marxistisch wird, nur weil seine Bevölkerung unverantwortlich ist.«[154] 1973 starb Allende bei einem Militärputsch wahrscheinlich durch Selbstmord im bombardier-

---

152 Daten aus *L'Unità* (Italien), 16. 1. 1980. *NIN* (Jugoslawien), 29. 8. 1982.

153 The Kissinger Transcripts, Auszüge in *The New York Times*, 14. November, 2012.

154 Henry Kissinger, zitiert in Walter Isaacson, *Kissinger*, (Simon & Schuster), 1992, 290; sowie Robert Jervis, Identity and the Cold War, Melvyn P. Leffler and Odd Arne Westad (Hg.), *The Cambridge History of The Cold War, Vol. II, Crises and Détente*, (Cambridge University Press: Cambridge), 2010, 33. Übersetzung: HG.

ten Präsidentenpalast Moneda. Dieses Modell der externen Einflussnahme, ohne selbst direkt beim Putsch beteiligt zu sein, war schon zwanzig Jahre vorher beim Sturz des demokratisch gewählten iranischen Premierministers Mohammad Mossadegh 1953 vom amerikanischen Geheimdienst erfolgreich angewandt worden. Auch damals wurde von der CIA, wie später in Chile, Unzufriedenheit geschürt und zu Demonstrationen angestiftet.[155] Die USA begrüßten sowohl den Sturz Mossadeghs[156] als auch den Allendes, leugneten im Nachhinein aber eine direkte Beteiligung an den Vorgängen. Hinsichtlich der eigenen Haltung wurde 1953 und 1973 der zu große Einfluss der Kommunisten auf die jeweilige Regierung als Begründung hervorgehoben. Auch beim Staatsstreich in Guatemala 1954[157] verlief die Argumentation der USA ähnlich.

Besonders im Fall des persischen Schah-Regimes zeigt sich, wie wenig Einfluss die Großmächte auf die lokalen Akteure tatsächlich auszuüben vermochten, wenn sie sich auf indirekte Einflussnahme und Interventionen verließen. So wäre es verfehlt anzunehmen, dass der Schah, der nach dem Sturz Mossadeghs in den Iran zurückkehrte, nur ein »Stellvertreter« der USA war. Der Schah war ein eigenständiger Akteur, der immer wieder versuchte, die Supermächte unter Druck zu setzen und zu manipulieren, um die eigenen lokalen Ambitionen und Interessen durchzusetzen.[158] Das wurde schon unmittelbar nach dessen Machtübernahme durch den Staatsstreich 1953 deutlich. Der Schah setzte zunächst alle Bemühungen daran die amerikanischen Regierungen dahingehend zu bewegen, die Gleichgewichtspolitik zwischen Iran und Saudi-Arabien aufzugeben und die Vorherrschaft des Iran in der Region anzuerkennen.

155 Michael Axworthy, *Iran – Weltreich des Geistes: Von Zoroaster bis heute*, (Wagenbach: Berlin), 2011, 249.

156 Homer Bigart, US Officials Pleased At Fall of Mossadegh, *New York Herald Tribune*, European Edition, August 20, 1953.

157 Documents related to the coup plot in June, 1954 (code-named PBSUCCESS), released 2003 by the State Department, excerpts, *The New York Times*, July 6, 2003.

158 Roham Alvandi, *Nixon, Kissinger, and the Shah: The United States and Iran in the Cold War*, (Oxford University Press: Oxford), 2014.

Der US-Außenminister John Foster Dulles beklagte sich 1958 in diesem Zusammenhang über die Persönlichkeit des Schah, die zu ernsthaften Komplikationen führe. Dieser betrachte sich als »militärisches Genie« und fordere mit dem Hinweis auf die sowjetische Gefahr immer mehr militärische Unterstützung in der Region. Damit würde er sich innerhalb der eigenen Regierung von den Teilen isolieren, die eher wirtschaftliche Entwicklung denn Militärausgaben befürworteten.[159] Am meisten fruchteten die Bemühungen des Schahs gegenüber der Nixon-Administration. Seine Erfolge hatten ihn schließlich dazu ermutigt, einen Konflikt mit dem Irak zu provozieren, der 1969 fast zu einem Krieg am Shatt al-Arab geführt hätte. Zwischen 1972 und 1975 verwickelte der Iran die USA über die CIA gemeinsam mit Israel in den kurdischen Aufstand gegen das säkulare panarabische Bath-Regime im Irak. Als den Kurden eine Niederlage drohte und der Irak Kompromissbereitschaft signalisierte, schloss der Schah gegen den Willen Kissingers ein Abkommen mit dem Irak, ließ die Kurden im Stich und erhielt dafür Territorium am Shatt zuerkannt. Kissinger blieb in dieser Situation keine andere Wahl, als dem Abkommen zuzustimmen. In ähnlicher Weise entglitt den USA die Kontrolle über das iranische Nuklearprogramm, nachdem der Schah diesbezügliche Forderungen von US-Präsident Gerald Fords, die über die Verpflichtungen des Atomwaffensperrvertrages von 1969 hinausgingen, zurückgewiesen hatte. Bezeichnend an diesem Umstand war dabei insbesondere, dass das Nuklearprogramm des Iran maßgeblich mit Hilfe der USA aufgebaut worden war. Diese Beispiele machen deutlich, dass der Schah nicht bloß ein Bauer der USA am Schachbrett des Persischen Golfs war. Der Schah nutzte die Nixon-Doktrin, wonach regionale Verbündete selbst Verantwortung im Kalten Krieg übernehmen sollten, geschickt für seine eigenen Interessen aus. Im Gegenzug bot er dafür Sicherheit und Stabilität am Golf an. Seit 1976 hatte das Regime des Schah jedoch zunehmend unter dem niedrigen Ölpreis gelitten, was

159 National Security Council, 10. Memorandum of Discussion at the *354th Meeting of the National Security Council*, Washington, February 6, 1958.

die Unzufriedenheit der Bevölkerung im Lande verstärkte. Zugleich war es der Schah selbst, der die Neuverhandlung eines Erdölvertrages von 1954 verschleppte.[160] 1979 ließ Präsident Carter den Schah schließlich fallen, nachdem dieser angesichts der islamischen Revolution nicht mehr zu halten war. Das Pentagon versuchte zwar noch vergeblich, mit iranischen Generälen die Machtübernahme des revolutionären Regimes zu verhindern, nachdem der Schah zum Verlassen des Landes aufgefordert worden war, jedoch letztlich ohne Erfolg.[161]

Die Administration des US-Präsidenten Ronald Reagan sicherte ihre Positionen in der Welt mit dem Aufbau eines Systems von befreundeten Regierungen. Militär- und Sicherheitsprogramme sollten dies gewährleisten. Bevorzugte Empfänger von Hilfsleistungen waren Israel, Pakistan, Ägypten, El Salvador und die Türkei. Reagans Außenminister Alexander Haig sagte zu Beginn seiner Amtszeit:

> »Die befreundeten Staaten, die wir unterstützen, können selbst dazu beitragen, unsere lebenswichtigen nationalen Interessen zu sichern. […] Indem wir diese Staaten stärken, stärken wir uns selbst. […] [D]ie Notwendigkeit für die Vereinigten Staaten, sich direkt einzumischen, könnte so reduziert oder ausgeschaltet werden.«[162]

Präsident Reagan formulierte 1985 seine Doktrin, wonach antikommunistischen Aufständischen in der Dritten Welt Unterstützung gewährt werden sollte. In Frage kamen Afghanistan, Angola, Mosambik, Nicaragua, El Salvador, Äthiopien und andere. 1983 sendete Reagan US-Truppen, unterstützt von der Organisation Ostkaribischer Staaten, nach Grenada. Völkerrechtlich wurde die Intervention mit dem Schutz amerikanischer Staatsbürger begründet. In Wahrheit wurde aber befürchtet, dass Kuba und die Sowjetunion Einfluss auf den Karibikstaat bekommen könnten, da es 1979 zu einer gewaltfreien Revolu-

---

160 Roham Alvandi, *Nixon, Kissinger, and the Shah: The United States and Iran in the Cold War,* (Oxford University Press: Oxford), 2014.

161 Charles Kurzman, *The Unthinkable Revolution in Iran,* (Havard University Press: Cambridge, Mass.), 2004.

162 Alexander Haig, Juni 1981, zitiert in Heinz Gärtner, *Hegemoniestrukturen und Kriegsursachen,* (Braumüller: Wien), 1983, 27.

tion unter Maurice Bischof gekommen war, dessen Regierung enge Beziehungen zu den genannten Staaten pflegte. Die amerikanische UN-Botschafterin Jeane Kirkpatrick forderte daher 1983 nach der Invasion »ein umfassendes amerikanisches Hilfsprogramm für die zentralamerikanisch-karibische Region«, wo sich »amerikanische Stärke« gegenüber sowjetischen Umtrieben bewähren müsse; das Programm sollte sich am Marshall-Plan des Nachkriegseuropa orientieren.

Neben den genannten Instrumenten der direkten und indirekten militärischen Intervention, gab es auch weitere Mittel der Einflussnahme durch die Großmächte. Dies waren in erster Linie Wirtschafts- und Finanzhilfen, die Kredit- und Zinspolitik sowie Technologietransfers. Außerdem waren die USA in den Achtzigerjahren Mitglied von 43 Verteidigungspakten. Natürlich war Lateinamerika eine besonders sensible Zielregion für die USA. Sie verkauften dort mehr Investitions- und Konsumgüter als im Rest der Dritten Welt. Die Karibik war hingegen von überwiegend strategischer Bedeutung. Fast die Hälfte aller von den USA ein- und ausgeführten Güter, zwei Drittel des importierten Erdöls und 50 Prozent der im Ausland gekauften Minerale gingen in den Achtzigerjahren durch den Panamakanal und den Golf von Mexiko. Aus diesen, aber auch aus ideologischen Gründen, wurden linksgerichtete Anti-Regimeaufstände in dieser Region als besonders gefährlich für die amerikanischen Interessen eingestuft. Sie wurden in der Regel pauschal und fälschlich entsprechend des Blockdenkens als »kommunistisch« bezeichnet. In den meisten Fällen hatten aber die Guerillabewegungen in Mittelamerika wenig mit den Kommunistischen Parteien zu tun, weil sie sich nicht von der Sowjetunion abhängig machen wollten. Es war aber zutreffend, dass die sowjetische Führung nach der gleichen Logik bestrebt war, ihren Einfluss auf die Befreiungsbewegungen geltend zu machen. Die für Südostasien entworfene »Domino-Theorie« wurde von den USA zunehmend auf Zentralamerika angewendet. Nach Kuba 1959 und Nicaragua 1979 dürften El Salvador und Guatemala nicht fallen; sogar Mexiko wäre gefährdet. US-Präsident Ronald Reagan schickte Berater und Waffen an die Regierung El Salvadors und die Rebellen Nicaraguas, um die Ausbreitung des Kommunismus in der Karibik zu verhindern. Gemäß der »Reagan-Doktrin« ging es nicht mehr nur um die »Eindämmung« (»containment«) sondern zugleich um »Zurückdrängung« (»roll back«) des vermeintlich sowjetischen Einflusses.

Die Unterstützung vermeintlich antikommunistischer Gruppierungen, insbesondere durch Waffenlieferungen, zeitigten für die USA im Nachhinein allerdings oft negative Folgen. Die von der CIA an die antisowjetischen Mudschahedin gelieferten Waffen nach dem sowjetischen Einmarsch in Afghanistan 1979 (z. B. die Stinger-Luftabwehrraketen) landeten bspw. schlussendlich in den Händen der anti-amerikanischen Taliban. Ein anderes herausragendes Beispiel für die negativen Folgen von Waffenlieferungen aus Sicht der US-Regierung stellt die sog. »Iran-Contra-Affäre« dar. Hintergrund der Affäre war der geheime und illegale Verkauf von Waffensystemen an den Iran, deren Erlös an die rechtsgerichtete Guerilla-Bewegung der Contras gegen die linksgerichtete sandinistische Regierung in Nicaragua floss. Dieses Vorgehen der US-Regierung und CIA war in zweierlei Hinsicht problematisch. Zum einen belieferte die USA ein Land mit Waffensystemen, mit dem es offiziell verfeindet war. Zum anderen, und dies war aus rechtlicher Sicht weit gravierender für die Reagan-Administration, widersprach dieses Vorgehen dem Boland-Amendment, einem Gesetz von 1982, das den USA verbot, die Contra-Rebellen in Nicaragua finanziell und militärisch zu unterstützen. Zugleich diskreditierte sich die US-Regierung noch zusätzlich durch den Umstand, dass die iranischen Gelder ursprünglich für die Befreiung amerikanischer Geiseln im Libanon vorgesehen gewesen waren.

Eine weitere Option der Einflussnahme durch die USA bestand in dem Bemühen um die Erweiterung der NATO-Kompetenzen. Schon während des Höhepunktes im Kalten Krieg wurde darüber nachgedacht, wie die Kapazitäten der NATO, die für die Territorialverteidigung der Mitgliedsstaaten aufgebaut worden war, auf außerhalb des Bündnisgebietes, etwa auf die Golfregion, ausgedehnt werden könnten. In den Schlussfolgerungen des Treffens der NATO-Außenminister 1982 hieß es:

> »Die Bündnismitglieder stellen fest, dass gewisse Ereignisse außerhalb des Bündnisgebietes ihre gemeinsamen Interessen betreffen können. Ihre Beratungen müssen diese gemeinsamen Interessen berücksichtigen.«

Gleichzeitig wurde betont, dass es »im Interesse des Bündnisses insgesamt sei, sicherzustellen, dass ausreichend Kapazitäten zur Verfügung bleiben, Abschreckung und Verteidigung des Bündnisgebietes aufrecht zu erhalten«.[163] Diese Spannung zwischen Territorialverteidigung und »out of area«-Einsätzen sollte das Bündnis fortan begleiten. Nach Ende des Kalten Krieges erfolgten dann »out of area«-Operationen auf dem Balkan in den Neunzigerjahren und in Afghanistan im darauffolgenden Jahrzehnt. Während des Konfliktes in der Ukraine mit Russland wurde beim NATO-Gipfel in Wales im September 2014 neuerlich der kollektiven Territorialverteidigung Priorität eingeräumt. Erneut wurde eine »sehr schnelle Bereitschaftstruppe« eingeführt, die gegen die russische Bedrohung im Osten eingesetzt werden könnte. Sie wurde beim Verteidigungsministerrat der NATO im Juni 2015 ausgebaut. Ein ähnlicher Spezialverband (»Allied Mobile Force« – AMF)[164] existierte bereits während der Zeit des Kalten Krieges, um Abschreckung und Abwehrwillen des Bündnisses gegenüber dem Ostblock zu demonstrieren. Sie war 1960 gegründet und 2002 durch die international einsetzbare »NATO Response Force« (NRF) ersetzt worden. Die »Berlin-Brigaden« der amerikanischen und der britischen Streitkräfte, die während des Kalten Krieges in Berlin stationiert waren, hatten ähnliche Aufgaben.

---

163 *Final Communiqué North Atlantic Council*, Brussels 9–10 Dec. 1982. Übersetzung: HG.

164 Bernd Lemke, Abschreckung oder Provokation? Die Allied Mobile Force (AMF) und ihre Übungen 1960–1989, *Military Power Revue der Schweizer Armee*, Nr. 2, 2010.

Insgesamt fällt die Bilanz der Großmächte, eigene Einflusssphären außerhalb Europas zu errichten, relativ dürftig aus und hatte oft schwerwiegende Rückwirkungen zur Folge. Verbündete folgten ihren eigenen Interessen. Viele militärische Übergriffe waren nicht von der jeweiligen Großmacht geplant oder veranlasst. Lokale Akteure verfolgten meist ihre eigenen Interessen und versuchten Großmachtunterstützung dafür zu bekommen. Immer wieder sind Großmächte im Ost-West-Konflikt von kleineren Verbündeten abhängig geworden, damit diese ihren jeweiligen Einfluss in der Region wahren konnten.

Die Abhängigkeiten von Großmächten von regionalen und lokalen Regimen und Diktatoren in der Dritten Welt, die die jeweilige Einflusssphäre aufrechterhalten sollten, brachten die Großmächte immer wieder in Schwierigkeiten. Davon waren die USA mehr betroffen als die Sowjetunion.[165] So war die USA durch die Abhängigkeit von den korrupten, autoritären, antikommunistischen Regimen, wie in Korea unter Rhee Syng-man oder in Vietnam unter Ngô Đình Diệm, zu direkten und großangelegten militärischen Interventionen in den Fünfziger- und Sechzigerjahren gezwungen. Zudem scheiterte der Versuch der Einflussnahme nicht selten. So wurden die USA-freundlichen Diktatoren Chiang Kai-Shek in China, Fulgenico Batista in Kuba und Anastasio Somoza in Nicaragua 1949, 1959 und 1979 durch Revolutionen gestürzt. Besonders schwerwiegend war in diesem Zusammenhang aber der Sturz Schah Reza Pahlavis im Iran. Dieser hatte vor seinem Sturz die Kontakte zur Nixon-Administration und die geopolitische Bedeutung seines Staates vor allem dazu genutzt, seine eigenen machtpolitischen Interessen gegenüber den Kurden, dem Irak und sein Nuklearprogramm zu verwirklichen. In Afghanistan erlebte die Sowjetunion mit den von ihr unterstützten korrupten und brutalen Regimen von Taraki und Amin, die sich ebenfalls letztlich nicht behaupten konnten, ein ähnliches Schicksal wie die USA.

165 Henry Kissinger, *World Order*, (Penguin Press: New York), 2014.

Die Sowjetunion war in ihren Bemühungen um die Ausweitung ihres direkten Einflussgebiets außerhalb von Europa allerdings fast noch erfolgloser als die USA. Kein einziges Land konnte als Verbündeter der Sowjetunion bezeichnet werden und nur mit einem einzigen OPEC-Land, nämlich Libyen, wurden intensivere Beziehungen geknüpft. Außer in Kuba hatte sie nur Einfluss in den ärmsten Regionen der Dritten Welt. Vermeintliche Bündnispartner wie Ägypten, der Sudan, Somalia wendeten sich von ihr ab, sobald erwartete Hilfeleistungen ausblieben; mit dem Irak und Syrien gab es hingegen nur taktische, aber keine strategische Zusammenarbeit. Afghanistan sollte nach 1979 sogar nur mit militärischer Gewalt gehalten werden. Die Sowjetunion sah sich danach mehr und mehr mit der Schwierigkeit konfrontiert, ihren Verbündeten im Süden ausreichend Hilfe zukommen zu lassen. Nachdem die Rote Armee in Afghanistan durch den unpopulären Krieg eine Niederlage erlitten hatte, verlor die sowjetische Bevölkerung selbst das Vertrauen in weitere Abenteuer in der Dritten Welt. Vorteile aus dem teuren Engagement der Sowjetunion in Afrika und im Mittleren Osten waren kaum erkennbar.[166]

Beim Verhältnis der Großmächte zu lokalen Regimen und Akteuren ergab sich ein Gemisch von gemeinsamen Interessen und gegenseitigen Abhängigkeiten. Lokale Diktatoren wollten Konkurrenten ausschalten oder Aufstandsbewegungen bekämpfen. Dafür brauchten sie die Großmächte. Äthiopien schlug mit Hilfe der Sowjetunion die Befreiungsbewegung in Eritrea (FPLE) nieder. Ebenso brauchte die Befreiungsfront MPLA Angolas Hilfe von ihr gegen die westlich unterstützten Aufständischen der UNITA und der FNLA. Die Großmächte aber hatten ihrerseits das Interesse, ihren Einfluss mittels der lokalen Regime oder Aufständischen auszuweiten. Durch diese zeitweilig konvergierenden Interessen entstanden wechselseitige Abhän-

166 Wilfried Loth, The Cold War and social and economic history, Melvyn P. Leffler and Odd Arne Westad (Hg.), *The Cambridge History of The Cold War, Vol. II, Crises and Détente*, (Cambridge University Press: Cambridge), 2010, 522.

gigkeiten, die in ihrer Dauer und Reichweite jedoch zumeist eng begrenzt blieben.

Bei den »Verbündeten« in der Dritten Welt handelte es sich nicht um dauerhafte Bündnispartner eines Militärbündnisses, wie der NATO oder dem Warschauer Pakt, sondern um unbeständige und prekäre Koalitionen. Aufgrund des komplexen Verhältnisses von Interessen und Abhängigkeiten kann man weder von einer reinen Stellvertreterrolle noch von einer »Tyrannei« der lokalen Regime und Bewegungen sprechen. Insgesamt waren die Großmächte außerhalb Europas dem Widerspruch ausgesetzt, Einfluss gewinnen zu wollen, ohne die Lage wirklich kontrollieren zu können.

Krisen

Eine Krise entsteht durch die Intensivierung von Spannungszuständen mit Mitteln, die noch nicht die Ebene militärischer Auseinandersetzungen erreicht haben. Damit von einer Krise gesprochen werden kann, müssen mehrere Elemente vorhanden sein:

1. Ein Konflikt zwischen zwei oder mehreren Akteuren über wichtige/existentielle Interessen.
2. Zeitdruck, eine Lösung des Konfliktes zu finden.
3. Die Gefahr eines Krieges.

Im Kalten Krieg gab es drei Krisen, die das Eskalationsrisiko für eine bewaffnete Konfrontation zwischen den Supermächten beinhalteten. All diese Krisen entwickelten sich in geographischen Räumen, in denen seinerzeit die Einteilung in Einflusssphären noch nicht abgeschlossen war. Es waren dies die beiden Berlin-Krisen 1948 und 1958–1961 sowie die Kuba-Krise 1962.

Die Berlin-Krise 1948

1944 wurde das Londoner Protokoll von den USA, Großbritannien und der Sowjetunion unterzeichnet; ein Jahr später trat auch Frankreich bei. Das Protokoll legte die Besatzungszonen der vier Siegermächte für Berlin fest. Demzufolge sollten die Kommandanten der vier Sektoren die Zonen gemeinsam verwalten. Dabei galt das Einstimmigkeitsprinzip im Rahmen der vom Alliierten Kontrollrat vorgegebenen Richtlinien. Das Londoner Protokoll traf allerdings keine spezifischen Regelungen für den Zugang zu Berlin. Diese erfolgten in einem Briefwechsel zwischen Marschall Stalin, US-Präsident Truman und Premierminister Churchill im Sommer 1945. Stalin sagte zu, »alle notwendigen Maßnahmen« zu treffen. Bei einer Konferenz Ende Juli 1945 wurde schließlich ein mündliches Übereinkommen über die Details des Zugangs über die Schiene, Straße und Luft erreicht.

Im Januar 1947 vereinigte man die amerikanische und britische Besatzungszone in Deutschland in einer wirtschaftlichen »Bizone«. Es folgte die Verkündung der Truman-Doktrin im März sowie des Marshall-Plans im Juni des gleichen Jahres. Im März 1948 wurde die »Westunion«, bestehend aus Großbritannien, Frankreich und den Beneluxstaaten als Brüsseler »Fünfmächtepakt« beschlossen. Dabei handelte es sich um einen Vorläufer der »Westeuropäischen Union« (WEU) in Form eines europäischen Militärbündnisses mit Beistandsverpflichtungen. Nicht zu Unrecht betrachtete die Sowjetunion diese Maßnahmen der westlichen Mächte als gegen sich gerichtet. Zum letztlichen Bruch mit der Sowjetunion kam es allerdings erst nach der Londoner Sechsmächtekonferenz 1948. Diese fand unter Ausschluss der Sowjetunion statt und diente in erster Linie dazu, die Grundlagen zur Schaffung eines föderalistischen und demokratischen deutschen Staats auf dem Gebiet der drei westlichen Besatzungszonen zu etablieren. Als Marschall Sokolowskij, dem Oberkommandierenden der sowjetischen Streitkräfte in Deutschland, im Alliierten Kontrollrat daraufhin die Auskunft über die Ergebnisse der Konferenz verweigert wurden, bedeutete dies nicht nur das Ende des Alliierten Kontrollrats, sondern auch der Viermächte-Verwaltung in Deutschland.

Unter dem Eindruck dieser Vorgänge wollte der Vorsitzende der Sozialistischen Einheitspartei Deutschlands (SED) Wilhelm Pieck die Chance nutzen und den Abzug der westlichen Truppen aus Berlin erreichen. Am 26. März sagte er diesbezüglich zu Stalin, dass es seine Partei bevorzugen würde, »wenn die Alliierten aus Berlin abgezogen werden«.[167]. Trotz des Zerwürfnisses gab es aber zu diesem Zeitpunkt noch keine Anzeichen für eine militärische Auseinandersetzung. Weder wurde die Rote Armee mobilisiert noch die Truppen in der sowjetischen Zone in den Kriegszustand versetzt. Weder Stalin noch der Westen

---

167 Zitiert in Norman M. Naimark, Stalin and Europe in the Postwar Period, 1945–53: Issues and Problems, *Journal of Modern European History*, Vol. 2, 2004/1, 28–56, hier 42.

nahmen zu diesem Zeitpunkt an, dass die andere Seite wegen Berlin einen Krieg beginnen würde.[168]

Entscheidend spitzte sich die Lage erst mit der Durchführung der Währungsreform im Juni 1948 zu.[169] Dabei wurde die faktisch entwertete Reichsmark in den westlichen Besatzungszonen durch die Deutsche Mark ersetzt. Die Sowjetunion reagierte auf diesen Vorgang, indem sie drei Tage später ihrerseits eine Währungsreform, indem von ihr kontrollierten Teil Deutschlands anordnete. Die westlichen Sektoren Berlins waren in dieser Anordnung bewusst eingeschlossen worden, um den sowjetischen Anspruch auf die ganze Stadt zu unterstreichen. In der Folge kam es zu heftigen Protesten auf Seiten der Bevölkerung Westberlins, die letztlich dazu führten, dass Großbritannien, die USA und Frankreich, die sowjetische Währungsreform in Westberlin zurückwiesen und dort die Deutsche Mark einführten. In dieser Situation reagierte Stalin und verhängte eine Luft- und Seeblockade über Westberlin. In erster Linie sollte dabei die Durchsetzung einer eigenen Währungsreform in der Sowjetzone ermöglicht und die Einführung der Deutschen Mark in den Westzonen Berlins verhindert werden.

Das Vorhaben erwies sich als vollständiger Fehlschlag. Die Westmächte umgingen die Blockade mit einer Luftbrücke und Westberlin wurde letztlich in die Währungsreform einbezogen. Im Mai 1949 hob Stalin die Blockade auf, nachdem sie sich als nicht nachhaltig erwiesen hat und er sein Ziel nicht erreichen konnte. Zugleich förderte Stalin mit diesem Vorgehen die Blockbildung, die er ursprünglich durchkreuzen wollte und festigte darüber hinaus die anti-sowjetische Einstellung der Deutschen.

---

168 Norman M. Naimark, Stalin and Europe in the Postwar Period, 1945–53: Issues and Problems, *Journal of Modern European History*, Vol. 2, 2004/1, 28–56, hier 42.

169 Svetozar Rajak, The Cold War in the Balkans, 1945–1956, Melvyn P. Leffler and Odd Arne Westad (Hg.), *The Cambridge History of The Cold War, Vol. I, Origins*, (Cambridge University Press: Cambridge), 2010, 208.

Die Berlin-Krise 1958–1961

Die gängige Erklärung[170] der sogenannten zweiten Berlin-Krise 1958–1961 nennt vor allem innerdeutsche Ursachen. Die Flüchtlingszahl im geteilten Deutschland vom Osten nach Westdeutschland war seit 1952 stetig angestiegen. Sie erreichte 1961 drei Millionen Ostdeutsche, die in den Westen flohen oder übersiedelten. Es handelte sich vielfach um gut ausgebildete Personen. Nach der zunehmenden Abriegelung der deutsch-deutschen Grenze war Berlin als letztes Schlupfloch in den Westen verblieben.

Um dieser Situation zu begegnen, erfolgte im November 1958 das sogenannte Chruschtschow- oder Berlin-Ultimatum. Der nunmehr auch sowjetische Ministerpräsident Chruschtschow forderte darin, Westberlin innerhalb von sechs Monaten in eine entmilitarisierte »freie Stadt« umzuwandeln, was den Abzug der Westmächte aus Berlin bedeutet hätte. Die Westmächte wie auch die Bundesrepublik Deutschland lehnten die Forderung unmittelbar darauf ab und unterstrichen auch den Schutz Westberlins durch die NATO. In der Note vom Dezember 1958 boten die Westalliierten aber an, die Berlin-Frage im Rahmen von Viermächte-Gesprächen über Deutschland zu behandeln. Die Sowjetunion schlug im Gegenzug im Januar 1959 einen Friedensvertrag vor, der von beiden deutschen Staaten hätte unterzeichnet werden sollen. Offiziell beabsichtigte man daraus eine Konföderation der beiden deutschen Staaten zu entwickeln. Die politischen Führer der DDR hatten aber schon vorher bekannt gegeben, was sie wirklich zum Ziel hatten. So sagte der Vorsitzende des Zentralkomitees der Sozialistischen Einheitspartei Deutschlands (SED) Walter Ulbricht im Oktober 1958: »Ganz Berlin liegt auf dem Territorium der DDR!«[171]

US-Präsident Eisenhower wollte nicht nachgeben. Sein Dilemma war, dass Westberlin einerseits mit konventionellen

170 John Lewis Gaddis, *The Cold War: A New History*, (Penguin Books: London), 2005, 112–115. Rolf Steininger, *Der Kalte Krieg*, (Fischer Compact: Frankfurt am Main), 2006, 68–72.

171 Andreas Hillgruber, *Europa in der Weltpolitik der Nachkriegszeit 1945–1963*, (Oldenbourg Verlag: München/Wien), 1979, 89.

Waffen nicht zu verteidigen war, andererseits konnte er es nicht aufgeben, ohne die amerikanische Glaubwürdigkeit ernsthaft aufs Spiel zu setzen. Er zog den Schluss, dass er den Einsatz von Nuklearwaffen in Erwägung ziehen müsste. Eisenhower war bereit, das Risiko eines großen Krieges einzugehen, um den Status Berlins aufrechtzuerhalten. Es war dies eine Überlegung, die später US-Präsident Kennedy etwas widerstrebend übernahm.[172] Im Westblock herrschte bezüglich dieser Frage alles andere als Einigkeit. So wollte sich der britische Premierminister Macmillan nicht von den USA unter Druck setzen lassen und richtete daher folgende Frage an Präsident Eisenhower:

> »Wollen Sie, dass wir wegen zwei Millionen Menschen in den Krieg ziehen, die zwei Kriege gegen uns geführt und uns fast vernichtet haben?«[173]

Chruschtschow erhöhte indes den diplomatischen Druck. Er drohte im März 1959 mit einem »Separatfrieden« mit der Deutschen Demokratischen Republik, wodurch dieser die »Souveränität« übertragen worden wäre, alle Verkehrswege nach Westberlin zu kontrollieren. Nachdem Kennedy im Januar 1961 Dwight D. Eisenhower im Präsidentenamt ablöste, fand im April desselben Jahres das sogenannte Gipfeltreffen Kennedy-Chruschtschow in Wien statt. Der sowjetische Regierungschef forderte während des Treffens in einer Note, dass Westberlin strikt »neutral« sein sollte, die Westmächte aber ihre Beziehungen mit der »freien Stadt« aufrechterhalten und entwickeln könnten. Er akzeptierte die Anwesenheit von kleinen Truppenkontingenten der Siegermächte (einschließlich der Sowjetunion) als »Quarantoren« in Westberlin. Es könnten aber auch Einheiten neutraler Staaten unter Aufsicht der Vereinten Nationen

---

172 Robert J. McMahon, US national security policy from Eisenhower to Kennedy, Melvyn P. Leffler and Odd Arne Westad (Hg.), *The Cambridge History of The Cold War, Vol. I, Origins*, (Cambridge University Press: Cambridge), 2010, 309.

173 National Security Council, 193. Memorandum of Discussion at the 445th Meeting of the National Security Council, Washington, May 24, 1960. Übersetzung: HG.

dieselbe Aufgabe übernehmen.[174] Um seinen Forderungen mehr Nachdruck zu verleihen, verwies Chruschtschow aber zugleich auch auf die Überlegenheit der konventionellen sowjetischen Streitkräfte auf dem »Kriegsschauplatz Deutschland«. In einer Rundfunkansprache reagierte Kennedy darauf mit den »three essentials«: das Recht der Westmächte auf ihre Anwesenheit in Westberlin, ihr Zugangsrecht durch Ostdeutschland, und die Verpflichtung, das Selbstbestimmungsrecht der Bürger Westberlins zu achten.

Mit dieser Rede wurden auch die Einflusszonen in Berlin fixiert. Auf die darauf erneut einsetzenden Flüchtlingsbewegungen reagierte die DDR mit Billigung der Sowjetunion im August 1961 mit dem Mauerbau, der den Ostsektor Berlins vom Westen gewaltsam isolierte. Diese Trennung wurde von den USA ebenfalls akzeptiert. Kennedy war nicht bereit einen Krieg wegen Berlin zu beginnen. Schon auf dem Rückweg vom Gipfel aus Wien im Juni 1961 räsonierte er:

> »Es scheint ziemlich dumm, den Tod von einer Million Amerikaner wegen des Streits über Zugangsrechte auf einer Autobahn zu riskieren […] oder auch weil die Deutschen Deutschland wieder vereinigen wollen. Wenn ich die Russen mit einem Nuklearkrieg bedrohen werde, dann muss es ein viel größerer und wichtigerer Grund als dieser sein.«[175]

Für Kennedy war die Teilung Deutschlands weniger schlimm als ein Krieg: »Es ist keine schöne Lösung,« meinte er, aber »eine Mauer ist um einiges besser als Krieg!«[176] Ähnlich äußerte sich sogar Chruschtschow, der die Mauer als »verhasstes

---

174 Aide-memoire from Soviet government to the United States, handed by Chairman Nikita Khrushev to President at Vienna Summit Meeting, June 4, 1961; abgedruckt in Elmer Plischke (Hg.), *Contemporary U. S. Foreign Policy: Documents and Commentary*, (Greenwood Press: New York), 1961, 218–220.

175 John F. Kennedy, zitiert in Henry Kissinger, *Diplomacy*, (Simon & Schuster: New York/London), 1994, 585. Übersetzung: HG.

176 Michael R. Beschloss, *The Crisis Years: Kennedy and Krushchev, 1960–1963*, (HarperCollins: New York), 1991, 278. Übersetzung: HG.

Ding«[177] bezeichnete, der sie aber zugleich auch als einzige Alternative zum Zusammenbruch der DDR sah. Die Errichtung der Mauer erschien somit wie ein weltpolitischer Kompromiss, der Kennedy und Chruschtschow eine nukleare Konfrontation ersparte und zugleich den Fortbestand der DDR sicherte. Allerdings hatte die Sowjetunion in der Berlin-Frage ein weiteres Mal gegenüber den Westen nachgeben müssen. Zu guter Letzt fügte die Mauer durch Berlin dem Kommunismus auch dauerhaft Schaden zu, und war ein Symbol für die Dominanz des Blockdenkens im Kommunismus.

Präsident Kennedy wies nach der Berlin-Krise nochmals sowohl die Anwendung von Gewalt als auch eine Appeasement-Politik zurück, machte aber gleichzeitig ein Kooperationsangebot an den Kreml:

> »In den letzten sechs Monaten haben die Verbündeten unmissverständlich klar gemacht, dass unsere Präsenz in Berlin, unser freier Zugang und die Freiheit von zwei Millionen Westberlinern nicht aufgegeben wird, weder durch Gewalt noch durch Appeasement. Um diese Rechte und Verpflichtungen zu wahren, sind wir bereit, zu reden, wenn es sinnvoll ist, aber auch zu kämpfen, wenn notwendig. […] Ich kann den Verlauf der Verhandlungen über Berlin nicht vorhersagen. […] Ich kann nur sagen, dass wir keine Mühen scheuen werden, eine friedliche und beidseitig akzeptable Lösung des Problems zu finden. Ich glaube, dass eine derartige Lösung gefunden werden kann, wenn sich die Beziehungen mit der Sowjetunion unter der Voraussetzung verbessern, dass der Kreml die zugrunde liegenden Rechte und Interessen und den Wunsch der gesamten Menschheit nach Frieden anerkennt.«[178]

Für die USA war die Stabilität in Europa durch diesen erzwungenen Status quo das geringere Übel als eine unkontrollierte Es-

177 Hope M. Harrison, *Driving the Soviets up the Wall: Soviet – East German Relations, 1953–1961*, (Princeton University Press: Princeton), 2003, 169.

178 John F. Kennedy, Second Annual Message, January 11, 1962; Fred L. Israel (Ed.), *The State of the Union Messages of the Presidents, 1790–1966*, Vol. III, (Chelsea House Publishers: New York), 1967, 3141. Übersetzung: HG.

kalation der Krise. Diese hätte durch Aufstandsbewegungen wie vom 17. Juni 1953 in der DDR oder einen Schusswechsel an der Demarkationslinie ausgelöst werden können. Bei jedweder substantiellen Grenzverletzung im Zentrum Europas bestand zudem die Gefahr einer nuklearen Konfrontation. Dennoch war durch den Mauerbau nur eine akute Krise abgewendet, wohingegen der politische Status Berlins zunächst weiterhin ungeklärt blieb. Letztlich dauerte es ein Jahrzehnt, bis die Entspannungspolitik der amerikanischen Administration unter Präsident Nixon und die Ostpolitik von Bundeskanzler Willy Brandt einen Wandel in den Beziehungen zwischen den beiden Blöcken einleitete. Erst im Viermächteabkommen über Berlin 1971 akzeptierte die Sowjetunion den Viermächtestatus der Stadt und garantierte die Zugangswege in der Hoffnung einer offiziellen Anerkennung Ostdeutschlands durch die Alliierten.[179]

Die Berlin-Krise hatte allerdings nicht nur einen innerdeutschen bzw. innereuropäischen, sondern auch einen globalen Hintergrund. Der Sowjetunion unter Chruschtschow ging es darum, den Status quo und ihre Einflusszone in der Mitte Europas zu fixieren, nachdem sie dabei gegenüber der Berlin-Krise von 1947 schon wichtige Fortschritte gemacht hatte. Jetzt versuchte Chruschtschow eine Anerkennung des sowjetischen Einflusses durch die USA zu erhalten. Ihm war dies wichtig, da im Osten Ende der Fünfzigerjahre die Spannungen mit der Volksrepublik China wuchsen. Das später daraus resultierende Schisma im Weltkommunismus zeichnete sich seit Jahren ab und erreichte mit dem 1958 vom Vorsitzenden der KP Chinas Mao Tse Tung verkündeten »großen Sprung nach vorn« einen ersten Höhepunkt. Eines der Ziele der von Mao initiierten Kampagne lag darin, neben der politischen Emanzipation von Moskau, einen eigenständigen Kurs in der Wirtschaftspolitik und eine wirtschaftliche Lösung von der Sowjetunion zu erreichen. Diese zum Teil rasanten politischen Entwicklungen in der Volksrepublik setzten Chruschtschow unter Zeitdruck. Er brauchte

179 Henry Kissinger, *Diplomacy*, (Simon & Schuster: New York/London), 1994, 593.

schleunigst ein endgültiges Arrangement im Westen mit den USA, um im Osten mehr Handlungsspielraum zu bekommen. Dieser Zeitdruck, unter dem Chruschtschow während der Krise stand, verschärfte das Risiko zur Eskalation.[180]

Als eine weitere Ursache für das Chruschtschow-Ultimatum im November 1958 und die sich zuspitzende neuerliche Krise in der Berlin-Frage, wurden auch die westdeutschen Pläne zur Entwicklung einer eigenen atomaren Bewaffnung angeführt, die Chruschtschow als direkte Bedrohung betrachtete. Deutschland verfolgte in den Fünfzigerjahren ein eigenes Nuklearwaffenprogramm, da die deutsche Führung glaubte, dass es eine gleichberechtigte Macht werden, und daher auch dieselben Rechte haben sollte wie die USA oder Großbritannien. Konrad Adenauer misstraute auch der Dauerhaftigkeit der amerikanischen Sicherheitsgarantien und strebte daher die Entwicklung eigener Nuklearwaffen an. Hinzu kam, dass die Sowjetunion mit dem erfolgreichen Start des Satelliten Sputnik bewiesen hatte, dass nun die USA selbst in unmittelbare Reichweite der sowjetischen Kernwaffen gerückt war und die USA möglicherweise dem Druck nicht standhalten würde. Um die alternativlose Notwendigkeit eines solchen Programms zu betonen, sprach der westdeutsche Kanzler davon, dass die BRD Nuklearwaffen produzieren müsse.[181] Gemeinsam mit Frankreich und Italien plante Deutschland daher 1957 ein geheimes Atomwaffenprogramm[182] und unterzeichnete im April 1958 ein entsprechendes Abkommen.

Obwohl das Abkommen bereits Ende des gleichen Jahres von Charles de Gaulle als neuem Ministerpräsidenten (und unter

---

180 Die USA interpretierten Chruschtschows Handlungsdruck aber fälschlich als Aktivität einen »Sino-Sowjetischen Block« im Fernen Osten zu bilden. National Security Council, 153. Memorandum of Discussion at the 445th Meeting of the National Security Council, Washington, May 24, 1960.

181 Zitiert in Hans-Peter Schwarz, *Konrad Adenauer: A German Politician and Statesman in a Period of War, Revolution, and Reconstruction; The Statesman, 1952–1967* (Vol. 2), (Providence: Berghahn), 1997, 321.

182 Harald Müller, Germany and WMD Proliferation, *The Nonproliferaton Review*, Summer 2003.

Notstandsverordnungen) aufgehoben worden war, stellten die Bemühungen der BRD hinsichtlich einer eigenen Nuklearbewaffnung für Chruschtschow und die politische Führung der Sowjetunion eine ernsthafte Bedrohung dar. In seiner Rede im Moskauer Sportpalast im November 1958[183] warnte Chruschtschow daher mit eindringlichen Worten vor einer atomaren Bewaffnung der Bundeswehr:

> »Die Imperialisten haben die deutsche Frage zu einer ständigen Quelle internationaler Spannungen gemacht. [...] Man muss offen sagen, dass der Militarismus in Westdeutschland nicht nur nicht beseitigt ist, sondern im Gegenteil sein Haupt immer höher hebt. [...] Reden von Bundeskanzler Konrad Adenauer und Verteidigungsminister Franz Josef Strauß, die atomare Bewaffnung der Bundeswehr und verschiedene Manöver verweisen auf einen deutlichen politischen Trend der herrschenden Kreise Westdeutschlands.«

Es gibt starke Hinweise darauf, dass Chruschtschow die Berlin-Krise benutzte, um die USA dazu zu bewegen, Druck auf die Bundesrepublik auszuüben, auf Atomwaffen zu verzichten. Chruschtschow und die politische Führung in Moskau hofften offensichtlich, sie könnten Berlins Stabilität gegen den nuklearfreien Status Westdeutschlands eintauschen.[184] Für den Politologen Marc Trachtenberg[185] lag die deutsche Nuklearfrage sogar im Zentrum der sowjetischen Politik während der Berlin-Krise. Von 1956 bis 1963 versuchte Deutschland, eine unabhängige nukleare Abschreckung aufzubauen; und auch bis 1969 wollte es sich diese Option offen halten. Erst die Drohung der US-Präsidenten Kennedy und Johnson, die US-Sicherheitsgarantien zu

183 Nikita S. Chruschtschow, *Rede am 10. November 1958 im Moskauer Sportpalast.*

184 Vgl. Nuno P. Monteiro and Alexandre Debs, The Strategic Logic of Nuclear Proliferation, *International Security*, Vol. 39, No. 2, Fall 2014, 7–51, hier 42–47.

185 Marc Trachtenberg, *Constructed Peace: The Making of the European Settlement, 1945–1963*, (Princeton University Press: Princeton), 1999, 253. Marc Trachtenberg, The structure of great power politics, 1963–1975, Melvyn P. Leffler and Odd Arne Westad (Hg.), *The Cambridge History of The Cold War, Vol. II, Crises and Détente*, (Cambridge University Press: Cambridge), 2010, 487.

verringern, wenn Deutschland eigene Nuklearwaffen erlangen sollte, veranlasste die westdeutsche Regierung, diese Option aufzugeben und dem Atomwaffensperrvertrag beizutreten.[186]

Letztlich lässt sich die Berlin-Krise von 1958 bis 1961 als Ausdruck einer besonderen Form des Sicherheitsdilemmas interpretieren. Sie resultierte aus dem Verhalten der zwei Supermächte, die den Status quo ihrer Einflusssphären absichern wollten. Jede Seite vermutete aber zugleich aggressive und revisionistische Absichten hinter den Verhaltensweisen der jeweils anderen. Insofern war im Kern ein Sicherheitsdilemma vorhanden. Dieses in Kombination mit offensiven Maßnahmen und aggressiver Rhetorik bargen die Gefahr der Eskalation zum bewaffneten Konflikt in sich. Somit war die Blockbildung und der Mauerbau für alle Seiten – außer für die Menschen in Berlin – das geringere Übel.

Das atomare Programm der Bundesrepublik offenbarte ferner eine weitere besondere Dimension des Sicherheitsdilemmas. Aus Sicht von Chruschtschow konnte es nur als offensive Maßnahme ausgelegt werden, insofern es den Status quo entscheidend verändert hätte. Die Bundesrepublik ihrerseits forcierte eine atomare Aufrüstung, da es die übermächtige nuklear bewaffnete Sowjetunion fürchtete und sich von den USA nicht genügend geschützt fühlte.[187] Letztlich wurden die Pläne einer eigenen nuklearen Bewaffnung von Seiten der BRD deshalb aufgegeben, weil der Atomwaffensperrvertrag, obwohl von den deutschen Politikern anfänglich abgelehnt,[188] mehr Sicherheit bot, als eine eigene Nuklearbewaffnung, die darüber hinaus von Washington nicht gewollt war.

---

186 Gene Gerzhoy, Alliance Coercion and Nuclear Restraint: How the United States Thwarted West Germany's Nuclear Ambitions, *International Security*, Vol. 39, No. 4, Spring 2015, 91–129.

187 Vgl. Nuno P. Monteiro and Alexandre Debs, The Strategic Logic of Nuclear Proliferation, *International Security*, Vol. 39, No. 2, Fall 2014, 7–51, hier 42–47.

188 Harald Müller, Germany and WMD Proliferation, *The Nonproliferation Review*, Summer 2003.

Auf US-amerikanischer Seite hatte die Berlin-Krise hingegen nicht nur Einfluss auf die Entscheidungen von Präsident Kennedy während der Kuba-Krise, sondern auch auf sein beginnendes Engagement in Vietnam. Die Eindämmungspolitik Trumans und Eisenhowers sollte dort fortgesetzt und kommunistischer Aggression entgegengetreten werden, wo immer sie auftrat. So glaubte beispielsweise der damalige Staatssekretär William Bundy, dass Kennedy seine Vietnam-Entscheidung im Herbst 1961 nicht getroffen hätte – obwohl offiziell nur die Analogie mit der Appeasement-Politik von München herangezogen wurde – wenn nicht der Bezug zu Berlin hergestellt worden wäre.[189]

Auch auf sowjetischer Seite besaß die Berlin-Krise weitreichende Folgen. So kam es zu einer Änderung der Einsatzplanungen der Streitkräfte des Warschauer Paktes, die sich nun zunehmend auf offensive Kampfhandlungen mit dem Ziel orientierten, den Gegner auf dessen eigenem Territorium vernichtend zu schlagen, was ebenfalls einer Verschärfung der bestehenden Situation in Mitteleuropa gleichkam. Diese Änderung war zudem insofern von besonderer Bedeutung, da sie über sehr lange Zeit die Einsatzplanung des Warschauer Paktes bestimmte und erst Mitte der Achtzigerjahre unter Gorbatschow eine Änderung erfuhr.

Die Kuba-Krise 1962

Mitte Oktober 1962 entdeckte ein amerikanisches Aufklärungsflugzeug vom Typ U-2 Raketenstützpunkte sowie sowjetische Kampfflugzeuge, Soldaten und Techniker auf Kuba. Die nach Kuba gebrachten Raketen waren eine Mischung aus offensiven und defensiven Waffensystemen. Es wurden sowohl Mittelstreckenraketen, die das Territorium USA erreichen konnten, als auch Kurzstreckenraketen, die in dieser Situation nur gegen angreifende amerikanische Truppen hätten eingesetzt werden

189 William Bundy, zitiert in William Conrad Gibbons, *The US Government and the Vietnam War, Part II: 1961–1964*, (Princeton University Press: Princeton), 1986, 48–49.

können, stationiert. Von amerikanischer Seite wurde insbesondere die Stationierung von Mittelstreckenraketen mit atomaren Sprengköpfen als direkte Bedrohung der eigenen territorialen Sicherheit empfunden – nicht zuletzt auch deshalb, da sich die Vorwarnzeit für einen möglichen Gegenschlag dadurch dramatisch verkürzte. Auch Präsident John F. Kennedy stellte dies nach der Entdeckung der Raketensysteme in einer Fernsehansprache ähnlich dar:

> »Diese zwangsweise Umwandlung Kubas durch die Anwesenheit dieser großen klar offensiven Langstreckenwaffen zur Massenvernichtung in eine wichtige strategische Basis stellt eine ausdrückliche Bedrohung von Frieden und Sicherheit für alle Amerikaner dar. Das ist eine eklatante und bewusste Verletzung des Rio-Vertrages von 1947 (über gegenseitigen Beistand), der Tradition unserer Nation und Hemisphäre […]«[190]

Kennedy sah in dem Vorgehen der Sowjetunion somit nicht nur eine Bedrohung der USA, sondern auch der gesamten westlichen Hemisphäre. Da die Sowjetunion die Reaktion der USA auf die Stationierung von atomar bestückten Mittelstreckenraketen vorausgesehen haben muss, stellt sich die Frage nach den Gründen für dieses Vorgehen der sowjetischen Führung bzw. nach der Vorgeschichte der Krise. Durch die kubanische Revolution 1959 war Kuba der direkten amerikanischen Einflusssphäre entzogen worden, die seit dem spanisch-amerikanischen Krieg 1898 mehr oder weniger bestanden hatte. In den der Revolution vorausgehenden Fünfzigerjahren wurde dieser Einfluss von dem korrupten und brutalen Diktator Fulgencio Batista aufrechterhalten. Auch in Kuba zeigte sich somit ein ähnliches Abhängigkeitsverhältnis der USA von korrupten autoritären anti-kommunistischen Regimen wie in Korea unter Rhee Syngman, in Taiwan unter Chiang Kai-Shek und im Iran unter Schah Pahlavi.

---

190 John Kennedy, radio and television report to the nation, October 22, 1962, abgedruckt in Elmer Plischke (Hg.), *Contemporary U. S. Foreign Policy: Documents and Commentary*, (Greenwood Press: New York), 1961, 286–288. Übersetzung: HG.

Die kubanische Revolution bedeutete allerdings nicht, dass der Verlust des direkten Einflusses der USA automatisch ein Gewinn für die Sowjetunion war, da der Revolutionsführer Fidel Castro primär ein Nationalist und kein Kommunist war. Allerdings war der damalige Präsidentschaftskandidat John F. Kennedy bereits 1960 mit der Forderung, Fidel Castro zu stürzen, in den Wahlkampf gezogen. Sein Gegenkandidat Richard Nixon bezeichnete diesen Vorschlag aus wahlkampftaktischen Gründen als »verantwortungslos«, obwohl er wusste, dass dementsprechende Vorbereitungen der Regierung bereits liefen.[191] Nachdem ein Großteil des amerikanischen Besitzes auf Kuba durch Castros Regierung verstaatlicht worden war, verhängten die USA ein Handelsembargo über Kuba, das vor allem Kubas Hauptexportprodukt Zucker betraf. Nun passierte das, was die USA eigentlich verhindern wollten. Die Sowjetunion sah die Chance gekommen, ihren Einfluss in Lateinamerika zu etablieren. Sie bot Kuba an, den Verlust durch den Ankauf von Zucker und die Lieferung von Öl auszugleichen. Daraufhin brachen die USA im Januar 1961 nicht nur die diplomatischen Beziehungen mit Kuba ab, sondern planten darüber hinaus eine Invasion der Insel, um die Entstehung eines sowjetischen Vorpostens in unmittelbarer Nähe des eigenen Territoriums zu verhindern. Diese Operation wurde von der CIA vorbereitet, von der gerade ins Amt gekommenen Administration von John F. Kennedy gebilligt und von Exilkubanern durchgeführt. Sie scheiterte im April 1961 kläglich. Zudem blieb der erhoffte Aufstand der kubanischen Bevölkerung aus. Trotz dieser Niederlage in der »Schweinebucht« beabsichtigte Kennedy, eine weitere Intervention durchzuführen, die einen Regimewechsel auf der Karibik-Insel herbeiführen sollte. Auch diese Operation mit dem Decknamen »Mongoose« sah vor, dass Exilkubaner mit Hilfe der CIA von verschiedenen Operationsbasen außerhalb Kubas Castro und dessen Regime beseitigten, schädigten bzw. unterwanderten.

---

191 John Mearsheimer, *Why Leaders Lie: The Truth About Lying in International Politics*, (Oxford University Press: Oxford New York), 2011, 35.

Diese Aktionen sowie weitere Aufrüstungspläne führten schließlich zu einer engen Allianz zwischen Havanna und Moskau, was die Sowjetunion nutzte, um ihren eigenen Einfluss in Lateinamerika zu etablieren. Den auf diese Weise neu gewonnen Einfluss nutzte Chruschtschow aus, um ein Gegengewicht für die in der Türkei und in Italien stationierten Mittelstreckenraketen vom Typ »Jupiter« sowie für die in Großbritannien stationierten »Thor«-Raketen zu schaffen. Beide Raketentypen besaßen nukleare Sprengköpfe und waren in der Lage die Sowjetunion bei sehr geringer Vorwarnzeit zu erreichen. Um diesen gravierenden Nachteil auszugleichen, wurden von Seiten der Sowjetunion im Zuge der geheimen »Operation Anadyr« nukleare Mittelstreckenraketen vom Typ R-12 und R-14 auf Kuba stationiert. Eine solche direkte Bedrohung von US-amerikanischem Territorium (darunter auch Washington, D. C. selbst), konnte nach ihrer Entdeckung nicht ignoriert werden.

Für Kennedy gab es daher nur eine Antwort: Keine sowjetischen Raketen auf Kuba! Er und seine Berater der CIA sowie des Generalstabs diskutierten drei Optionen, wie mit der bestehenden Situation umzugehen sei:

- Die erste Möglichkeit wäre ein Präventivschlag gegen die Raketen gewesen, um deren Einsatz von vornherein zu verhindern. Ob mit oder ohne Nuklearwaffen hätte ein derartiger Schlag die Gefahr einer Nukleareskalation in sich geborgen, da maximal 90 Prozent der Raketen, die zum Teil bereits atomar bestückt waren, hätten zerstört werden können. Eine darauf folgende Vernichtung von einer oder von zwei amerikanischen Städten hätte Kennedy wiederum mit Vergeltungsschlägen auf die Sowjetunion beantworten müssen, was zwangsweise eine sowjetische Vergeltung nach sich ziehen würde. Schließlich konnten sowjetische Interkontinentalraketen die USA – wenn auch bei längerer Vorwarnzeit – nicht nur von Kuba, sondern auch von der Sowjetunion aus erreichen.
- Eine zweite Antwort bestand in der direkten militärischen Invasion Kubas mit Hilfe konventioneller Truppen. Aber auch dadurch ließ sich das Risiko einer nuklearen Eskalation nicht ausschließen.

- Die dritte Option sah die Verhängung einer Seeblockade vor, die verhindern sollte, dass sowjetische Schiffe mit weiteren Raketenbestandteilen Kuba erreichten. (Die Blockade wurde »Quarantäne« genannt, um einen Vergleich mit der Berlinblockade zu vermeiden.) Damit verbunden war ein Ultimatum von 24 Stunden, nach dessen Ablauf Luftangriffe beginnen würden, wodurch ein extremer Zeitdruck bei den Entscheidungsträgern auf kubanischer und sowjetischer Seite aufgebaut wurde.

Während die ersten beiden Optionen von den »Hardlinern« innerhalb des Generalstabs befürwortet wurde, entschied sich Kennedy für die dritte Alternative. Er nahm allerdings auch in diesem Szenario eine potentielle sowjetische Vergeltung mit Nuklearwaffen bewusst in Kauf. Doch der Kreml lenkte ein und die sowjetischen Transportschiffe kamen vor dem Blockadering der amerikanischen Flotte zum Stehen. Da Castro dennoch einen amerikanischen Angriff mit Luftschlägen fürchtete, sah sich Chruschtschow veranlasst, ihn ausdrücklich vor eigenmächtigen Handlungen zu warnen, um eine ungewollte Eskalation zu vermeiden.

In einer ersten Botschaft an Kennedy verlangte Chruschtschow den Verzicht der USA auf eine Invasion in Kuba. Im Gegenzug würde sich die sowjetische Regierung dazu verpflichten, nicht in der Türkei zu intervenieren. Was Kuba betraf, so bestand Chruschtschow jedoch weiterhin auf dem Recht, Abwehrraketen auf der Insel belassen zu können, wenn die USA ihrerseits nicht ihre Raketen aus der Türkei abziehen würden.[192] Damit wollte Chruschtschow zumindest dem Schein nach eine Patt-Situation bei der strategischen Stationierung von Raketen herstellen. Für Kennedy wäre es jedoch einem öffentlichen Eingeständnis gleichgekommen, gegenüber den Sowjets nachgegeben zu haben. Er stand somit vor der Alternative, entweder eine Eskalation bis zum Atomkrieg zu riskieren oder die ohnehin

192 Letter from Khrushchev to Kennedy, October 27, 1962, abgedruckt in Elmer Plischke (Hg.), *Contemporary U. S. Foreign Policy: Documents and Commentary*, (Greenwood Press: New York), 1961, 290–291.

veralteten Mittelstreckenraketen aus der Türkei und Italien abzuziehen, die durch seegestützte Raketen hätten ersetzt werden sollen. Insbesondere aufgrund des letzten Umstands akzeptierte Kennedy den von Chruschtschow vorgeschlagenen Handel. Robert Kennedy, Bruder und engster Berater des Präsidenten, traf sich am 27. Oktober 1962 mit dem sowjetischen Botschafter Anatoly Dobrynin und sagte ihm, dass sich die USA verpflichten würden, nicht in Kuba einzumarschieren und auf absehbare Zeit die in der Türkei stationierten Raketen abzuziehen. Der letzte Teil der Vereinbarung sollte jedoch nicht öffentlich gemacht werden.[193] Am Tag darauf teilte Dobrynin Robert Kennedy mit, dass die Raketen von Kuba in die Sowjetunion zurückgebracht werden würden. Allerdings war Fidel Castro mit dem Entschluss der Sowjetunion nicht einverstanden und forderte die taktischen (nuklearen) Kurzstreckenraketen selbst behalten zu dürfen. Da ihre Existenz den USA nicht bekannt war, waren sie auch nicht Teil des Abkommens. Es bedurfte großer Überredungskünste des stellvertretenden sowjetischen Ministerpräsidenten Anastas Mikoyan, Castro schließlich dennoch davon zu überzeugen, die Raketen aufzugeben, wie dessen Sohn später in einem Buch schilderte.[194] Die Sowjetunion, das hatte sich während der Krise immer wieder gezeigt, traute offenbar Castro nicht, dass er mit diesen Waffen verantwortungsvoll umgehen würde.

Obwohl die unmittelbare Krise vorbei und die Eskalation des Konflikts abgewendet war, warfen die Ereignisse dennoch Licht auf die ihr zugrunde liegenden Konstellationen des Kalten Krieges. Dort wo die Aufteilung in Einflusszonen nicht abgeschlossen oder unklar war, konnte es zu Krisen kommen, die das Potential zur kriegerischen Eskalation in sich trugen. Wenn die Supermächte direkt beteiligt waren, wie während der Berlin- und insbesondere bei der Kuba-Krise, drohte eine globale Auseinandersetzung, die auch den Einsatz von Nuklearwaffen mit sich bringen konnte. Krisen, die zu Kriegen führten, die wie in Afrika aber von regionalen Akteuren ausgefochten wurden,

193 *New York Herald Tribune-European Edition*, October 29, 1962.

194 Sergo Mikoyan, *The Soviet Cuban Missile Crisis: Castro, Mikoyan, Kennedy, Khrushchev, and the Missiles of November*, (Stanford University Press: Stanford), April 25, 2014.

oder bei denen nur eine Supermacht direkt militärisch beteiligt war wie in Korea, Vietnam und Afghanistan, blieben hingegen – trotz manch gegensätzlicher Vorstöße – auf den Einsatz konventioneller Waffensysteme begrenzt.

Bei der Kuba-Krise spielte das Sicherheitsdilemma und die Furcht vor Verwundbarkeit eine gewisse Rolle, obwohl sich permanent defensive und offensive Elemente vermischten. Fest steht, dass jede Seite die eigenen Maßnahmen als defensives Vorgehen verstand, die Maßnahmen der jeweils anderen Seite jedoch als extrem offensiv wahrgenommen wurden. In welchem Ausmaß die einzelnen Maßnahmen letztlich tatsächlich als offensiv beabsichtigt waren, ist allerdings auch im Rückblick nur schwer zu klären. Dazu kommt, dass nicht nur zwei, sondern mit den beiden Nuklearmächten und Kuba drei Akteure involviert waren. Das revolutionäre Kuba empfand die Invasionsgefahr durch die USA als direkte, existenzielle Bedrohung und sah in der Stationierung der sowjetischen Soldaten und Raketen eine rein defensive Maßnahme. Die USA ihrerseits verstand die Stationierung nuklear bestückter Mittelstreckenraketen quasi vor der eigenen »Haustür« als einen aggressiven Akt. Umgekehrt war die Stationierung eigener Mittelstreckenraketen in der Türkei und Italien – aufgrund der sowjetischen Überlegenheit auf Ebene der konventionellen Streitkräfte in Europa – aus ihrer Sicht eine bloße Verteidigungsmaßnahme. Für die Sowjetunion bedeutete ihre Stationierung so nah am eigenen Territorium jedoch eine existenzielle Bedrohung, insbesondere da zu dieser Zeit die USA insgesamt eine Überlegenheit von 17 zu 1 hinsichtlich ihrer einsetzbaren Nuklearwaffen aufweisen konnte. Die Stationierung von Mittelstreckenraketen stellte somit aus Sicht der Sowjetunion in erster Linie nur einen notwendigen Ausgleich gegenüber der vorherrschenden strategischen Überlegenheit der Amerikaner dar.

Die Hardliner in den USA interpretierten das eigene Verhalten während der Kuba-Krise als Erfolg des Westens, der auf das kompromisslose Handeln des Präsidenten gegenüber den Sowjets zurückgeführt wurde. Diese Interpretation von Kennedys Verhalten ist jedoch nur teilweise zutreffend, da seine Entscheidungen durchaus zurückhaltende Elemente enthielten, die gegenüber der Sowjetunion defensive Signale aussenden sollten. So verzichtete er letztlich auf Luftschläge und eine militärische Intervention. Diese unterschiedlichen Wahrnehmungen sind darauf zurückzuführen, dass das Sicherheitsdilemma durch den Versuch beider Seiten konterkariert wurde, ein Macht- und Blockgleichgewicht herzustellen. In Berlin wollte die Sowjetunion die Macht der Westalliierten einschränken, in Kuba die des Castro-Regimes verteidigen. Zugleich sollte das Ungleichgewicht der US-Raketen in Europa mit der Stationierung von Mittelstreckenraketen auf Kuba ausgeglichen werden. Die USA wiederum wollten ihre überlegene Machtposition nicht aufgeben und die Sowjetunion militärisch nicht in ihre Hemisphäre vordringen lassen.

Die längerfristigen Auswirkungen sind ebenfalls zweideutig. Um das Sicherheitsdilemma teilweise zu reduzieren, wurden erste Schritte in Richtung Vertrauensbildung und Entspannung getan. Präsident Kennedy rief zu Verhandlungen mit der Sowjetunion auf, um einen Nuklearkrieg zu verhindern:

> »Sowohl die Vereinigten Staaten mit ihren Verbündeten als auch die Sowjetunion mit den ihren haben ein gegenseitiges tiefes Interesse an einem gerechten und wahrhaften Frieden und an einem Stopp des Rüstungswettlaufes. Diesbezügliche Abkommen sind sowohl im Interesse der Sowjetunion wie auch in unserem […]. Das wird ein neuerliches Bemühen erfordern, globale Regeln aufzustellen – einen neuen Kontext für weltweite Diskussionen. Dazu wird ein wachsendes Verständnis zwischen den Sowjets und uns selbst nötig sein. Und ein wachsendes Verständnis wird zunehmende Kontakte und Kommunikation erfordern.«[195]

Ein »rotes Telefon« zur direkten Kommunikation zwischen Moskau und Washington wurde eingerichtet, um Missverständnisse auszuschalten. 1963 kam es zum Abkommen über ein Verbot über nukleare Tests im Weltraum, in der Atmosphäre und unter Wasser, das jedoch unterirdische Tests nicht untersagte. Gleichzeitig startete die Sowjetunion einen Aufrüstungsprozess, der ihren Rückstand im Nukleararsenal gegenüber den

195 John F. Kennedy, *American University Speech*, June 10, 1963. Übersetzung: HG.

USA ausgleichen sollte, was von den USA wiederum nicht als defensive, sondern offensive Maßnahme gesehen wurde. Die Blockaufteilung in Verbindung mit nuklearer Abschreckung hatte permanente Unsicherheit, Furcht, Bedrohungsängste und Fehleinschätzungen verursacht, sodass gefährliche Krisen wie in Berlin oder auf Kuba entstehen konnten, die zudem die Gefahr einer Eskalationsdynamik in sich bargen.

Die Kuba-Krise dient als Musterbeispiel für rationales Handeln.[196] Jedoch basierten die Entscheidungen der Schlüsselakteure, wie wir heute wissen, in vielen Fällen zugleich auf einer Reihe gravierender Fehleinschätzungen und Informationsdefizite. So war der amerikanischen Führung zum damaligen Zeitpunkt nicht bekannt, dass neben den Mittelstreckenraketen eine Reihe von taktischen nuklearen Sprengköpfen auf Kuba stationiert worden waren. Erst 1992 war bekannt geworden, dass 100 Kurzstreckenraketen mit entsprechenden nuklearen Sprengköpfen im Falle einer Invasion zum Einsatz gekommen wären. Diese hätten wesentlich schneller und außerhalb der Kontrolle der politischen Entscheidungsträger zur Anwendung kommen können, da deren Einsatz bereits von der sowjetischen Führung autorisiert war. Darüber hinaus verblieben die Kurzstreckenraketen auch nach dem Abzug der Mittelstreckenraketen auf Kuba, zum Schutz vor einer möglicherweise doch noch erfolgenden Invasion. Tatsächlich wurden von Seiten des US-Militärs ähnliche Schritte, sogar unter Einsatz nuklearer Waffen erwogen und befürwortet, wie aus einem jahrzehntelang geheim gehaltenen Memo[197] des Vorsitzenden des Generalstabes Maxwell D. Taylor vom 2. November 1962 ersichtlich wird. Darin wurde trotz der erfolgten Einigung, die Raketen abzuziehen, der Einsatz von Nuklearwaffen empfohlen, falls sich Kuba mit Nuklearraketen gegen eine Invasion widersetzen sollte. Taylor rechnete mit 18 500 getöteten und verwundeten amerikanischen Solda-

196 Graham Allison, *Essence of Decision: Explaining the Cuban Missile Crisis*, (Little, Brown and Company: Boston), 1971. Graham Allison und Philip Zelikow, *Essence of Decision: Explaining the Cuban Missile Crisis* (2nd Edition), (Longman: New York), 1999.

197 Maxwell D. Taylor, Memo vom 2. November 1962, zitiert in *The New York Times*, October 15, 2012.

ten innerhalb der ersten zehn Tage, sollten keine Nuklearwaffen eingesetzt werden. Beim Einsatz von Nuklearwaffen würde es zwar eine nicht geringe Zahl von Verlusten, aber zugleich auch einen schnellen Sieg geben.

Umgekehrt ermunterte Castro Chruschtschow in einem Brief vom 27. Oktober 1962, der über den Fortschritt der Verhandlungen zwischen Kennedy und der sowjetischen Führung im Dunklen gelassen worden war, im Falle einer Invasion Kubas durch US-Truppen Nuklearwaffen gegen die USA einzusetzen.[198] Das impulsive Auftreten des kubanischen Revolutionsführers und seine Forderung nach dem Verbleib der nuklearen Kurzstreckenraketen auf Kuba wurden von der sowjetischen Führung letztlich auch deshalb zurückgewiesen, weil sie in Castro einen nicht kalkulierbaren Faktor in der bestehenden Situation sahen. Ein weiterer Zwischenfall während der Krise ereignete sich auf See. Dort hatten US-Kriegsschiffe vier sowjetische U-Boote durch den Einsatz von Wasserbomben zum Auftauchen gezwungen. Diese U-Boote waren atomar bestückt, was von der Kennedy-Regierung nicht bedacht worden war. Die sowjetischen Besatzungen waren zudem nicht über die aktuelle Lage informiert. Sie hatten lediglich von Radio-Miami erfahren, dass die USA eine Invasion auf Kuba plante. Auch über die an Bord befindlichen »Spezialwaffen« waren große Teile der Mannschaft nicht in Kenntnis gesetzt, bei denen es sich um nuklear bestückte Torpedos handelte. Auf dem U-Boot, das den Namen B-59 trug, verhinderte nur die Befehlsverweigerung eines untergeordneten Offiziers mit Namen Wassili Archipow, dass sie eingesetzt wurden.

Allein die hier genannten Beispiele verdeutlichen eindrucksvoll die Gefahr einer unkontrollierten Eskalationsdynamik. Sie zeigen zudem die Risiken, die sich aus den bestehenden Informationsdefiziten und Fehleinschätzungen der Schlüsselakteure hätten ergeben können.[199]

---

198 James G. Blight und Janet M. Lang, *The Armageddon Letters: Kennedy, Khrushchev, Castro in the Cuban Missile Crisis*, (Rowman & Littlefield Publishers: Boulder/New York), 2012.

199 Vgl. auch Benoit Pelopidas, Remembering the Cuban missile crisis with humility, *European Leadership Network*, November 11, 2014.

Obwohl es offiziell anders verlautbart wurde, stand Chruschtschow nach der Kubakrise nicht als bloßer Verlierer dar. Dem entgegen hatte er den Abzug der amerikanischen Mittelstreckenraketen aus der Türkei und Süditalien erreicht und somit eine entscheidende Verbesserung der strategischen Lage der Sowjetunion durchgesetzt.[200] Das wurde allerdings von den Hardlinern in der sowjetischen Führung anders gesehen. Sie warfen Chruschtschow Schwäche vor und zwangen ihn ein Jahr später zum Rücktritt. Umgekehrt war Kennedy nicht der alleinige Sieger. Zwar hatte er den Abzug der Mittelstreckenraketen aus Kuba erzwungen, jedoch seinerseits die strategische Stellung Amerikas durch den Abzug der eigenen Mittelstreckenraketen geschwächt. Zudem hatte er vorsichtiger taktiert als viele seiner Berater, die an eine »kontrollierte Eskalation« glaubten. Insofern kann bei der Kuba-Krise von einer »win-win«-Situation mit einer großen Portion Glück gesprochen werden.

200 Richard Ned Lebow und Janice Gross Stein, *We All Lost the Cold War*, (Princeton University: Press: Princeton), 1993, 19–148.

Neutralität und Blockfreiheit

Neutralität bedeutet Nichtbeteiligung des Staates an einem Krieg oder einem bewaffneten Konflikt zwischen Staaten oder anerkannten Parteien in einem Bürgerkrieg sowie die Nichtmitgliedschaft eines Staates in einem militärischen Bündnis. Sie beinhaltet das Verbot für einen neutralen Staat, sein Territorium fremden Truppen zur Stationierung oder für die Austragung von kriegerischen Handlungen zur Verfügung zu stellen.[201] Insbesondere darf der Neutrale keinem militärischen Bündnis – auch nicht mit anderen neutralen Staaten – beitreten oder ein Abkommen über kollektive Verteidigung schließen.[202]

Neutralität ist niemals eine notwendige Bedingung für Frieden gewesen, aber sie vermied in der Geschichte eine der möglichen Kriegsursachen, nämlich die Teilhabe an kriegsbereiten Militärbündnissen. Liberale Denker wie Thomas Jefferson, Thomas Paine, Immanuel Kant oder Woodrow Wilson sahen in Militärbündnissen eine Bedrohung des Friedens und eine potenzielle Vorstufe zum Krieg. Theoretiker des Realismus tendieren hingegen dazu, Bündnisse als Teil des Mächtegleichgewichts zur Aufrechterhaltung des Friedens zu sehen.

Seit Beginn des Kalten Krieges verlegte sich der Schwerpunkt der Definition von Neutralität, von der Auffassung der Neutralität als Nichtteilnahme an fremden Kriegen und militärischen Konflikten auf die Nichtteilnahme an militärischen Bündnissen. Die Mitgliedsstaaten eines Bündnisses verpflichten sich, individuell und gemeinsam, Mitgliedern, falls sie von Staaten außerhalb des Bündnisses bedroht oder angegriffen werden, unter Einschluss militärischer Mittel zu Hilfe zu kommen. Gerade die Bestimmungen über die Nichtteilnahme an einem Militärbündnis verbietet einem neutralen Staat die Mitgliedschaft in der

201 Heinz Gärtner, *Internationale Sicherheit: Definitionen von A–Z*, (Nomos, Baden-Baden), 2008 (zweite erweiterte Auflage).

202 Hanspeter Neuhold/Waldemar Hummer, Christoph Schreuer, *Österreichisches Handbuch des Völkerrechts*, Band 1: Textteil (Manz Verlag: Wien), 1991, 477.

NATO, da deren Gründungsvertrag eine explizite Beistandsverpflichtung (Artikel V) enthält. Ebenso bedeutet Bündnis- oder Blockfreiheit (»Non-Alignment«) den Verzicht auf Bündnismitgliedschaft. Neutrale Staaten nehmen daher eine kompromisslose Haltung zwischen rivalisierenden Bündnissen ein, die nicht notwendigerweise in offene Feindseligkeiten verwickelt sein müssen, aber ein konflikt- und spannungsgeladenes Verhältnis zueinander haben. Das traf auf die Beziehungen zwischen den Blöcken im Kalten Krieg zu.

Oftmals wird Neutralität als Kind des Kalten Krieges bezeichnet. Diese Annahme ist historisch und auch politisch nicht zutreffend. Die Neutralität der Schweiz hat ihre historischen Wurzeln im Dreißigjährigen Krieg, in den Napoleonischen Kriegen und teilweise sogar im 16. Jahrhundert. Die schwedische Neutralitätspolitik reicht in das 19. Jahrhundert zurück. Der Beginn des neutralen Status' Finnlands und Österreichs fällt zwar in die Zeit des Kalten Krieges, der dafür aber nicht konstitutiv war. Finnland schloss 1948 ein sogenanntes Freundschafts- und Kooperationsabkommen mit der Sowjetunion. Es sollte durch vielfältige Kontakte unvorhergesehene Konflikte mit Moskau vermeiden. Einige Neutralitätsgegner bezeichneten das Kooperationsabkommen abwertend als »Finnlandisierung«, womit eine Abhängigkeit Finnlands von der Sowjetunion zum Ausdruck gebracht werden sollte. Österreichs Neutralitätsgesetz von 1955 garantierte Österreichs Unabhängigkeit und brachte den Abzug aller Besatzungstruppen der Siegermächte. Der rechtliche Ursprung der schweizerischen und der österreichischen Neutralität liegt aber in den Haager Konventionen V und XIII aus dem Jahr 1907; diese enthalten explizit einen weiteren Punkt: die Nichtbeteiligung an einem Krieg. Bei Ausbruch eines Krieges sollten sich Nichtbeteiligte Staaten für neutral erklären können – woraus ein Recht auf territoriale Integrität abgeleitet wird.

Politisch betrachtet, war Neutralität nicht Teil des Kalten Krieges, sondern dessen Anomalie. Der Kalte Krieg war in Europa gekennzeichnet durch Blockbildung, Neutralität war die Ausnahme. Mit der Blockbildung war die Zugehörigkeit zu einem Bündnis verbunden, Neutralität bedeutete Bündnisfreiheit. Die Idee der Neutralität, an zukünftigen Konfrontationen im geteilten Europa nicht teilzunehmen, fand große Unterstützung bei der Bevölkerung jener Staaten.[203]

In den frühen Jahren der Blockbildung des Kalten Krieges zeigten die Supermächte starke Vorbehalte gegenüber dem Prinzip der Neutralität. Trotz dieser anfänglichen Vorbehalte wurden beide Supermächte im Verlauf des Kalten Krieges flexibler in ihrem Verständnis. Schließlich waren beide auf der Suche nach pragmatischen Fall-zu-Fall Lösungen im Rahmen der Bipolarität. Daher waren sie auch daran interessiert, die Möglichkeit der Zusammenarbeit mit einem der etablierten oder neu entstehenden neutralen Staaten nicht zu verlieren. So entstanden letztlich zwei unterschiedliche Interpretationen von Neutralität: eine des Westens und eine des Ostens. Diese basierten auf informellen Checklisten, die definierten, was einen »echten« neutralen Staat auszeichnete. Hauptpunkte auf der US-Liste waren, dass ein neutraler Staat bewaffnet, demokratisch und marktwirtschaftlich sein musste. Aus sowjetischer Sicht bestand die zentrale Forderung darin, dass die neutralen Staaten weniger für Verteidigung und mehr für soziale Belange ausgeben sollten.

1954 und 1955 entwickelten die USA bereits ein sehr differenziertes Bild von Neutralität. Deren internationaler Stellenwert wurde nicht von vornherein abgelehnt, sondern auf Praktikabilität, Tauglichkeit, Haltbarkeit und Solidarität überprüft. Neutrale Staaten wurden dabei nicht als Untertanen einer dritten Macht, die unter kommunistisch-sowjetische Abhängigkeit geraten würden, betrachtet. Gleichwohl war man sich in Washington darüber im Klaren, dass Neutralität sowjetischen Sicherheitsbedürfnissen entgegenkommen würde.[204]

US-Präsident Dwight Eisenhower bemerkte 1956:

> »Heute gibt es einige Staaten, die sich als neutral bezeichnen. Das bedeutet keineswegs notwendigerweise, wie so oft gesagt wird, neutral zu sein zwischen richtig und falsch oder anständig oder un-

203 Johanna Rainio-Niemi, *The Ideological Cold War: The Politics of Neutrality in Austria and Finland*, (Routledge – Taylor and Francis Group: New York), 2014, 39.

204 Michael Gehler, *Modellfall für Deutschland?: Die Österreichlösung mit Staatsvertrag und Neutralität 1945–1955*, (Studien Verlag: Innsbruck), 631.

> anständig. Diese Staaten beziehen den Begriff ›neutral‹ auf ihr Verhältnis zu Militärbündnissen. Und ich möchte betonen, dass ich darin keinen Grund sehe, dass das immer zu unserem Nachteil sei.«[205]

Diese Auffassung Eisenhowers ist im Zusammenhang mit seinem Versuch während der Fünfzigerjahre zu sehen, mehr amerikanische Truppen aus Europa abzuziehen und die Europäer dazu zu veranlassen, mehr zur eigenen Verteidigung beizutragen. Aus diesem Grund wurde von Seiten der US-Regierung immer wieder betont, dass neutrale Staaten bewaffnet sein müssten.

Aus sowjetischer Sicht wurde Neutralität als die beste Form der Friedensaußenpolitik verstanden. Durch ihre Ablehnung des Militarismus würden die neutralen Staaten einen Beitrag zum Frieden in der Welt, zur Solidarität und zur Abrüstung leisten. So betrachtete die Sowjetunion die österreichische Neutralität als »gutes Beispiel der friedlichen Koexistenz zwischen zwei unterschiedlichen Systemen«.[206] Dieses sowjetische Verständnis des friedlichen Koexistenz unter der Bedingung der Neutralität galt indes nicht für die eigenen Verbündeten. Neutralität war für ein nicht-sozialistisches Land ein Schritt nach vorne, für ein sozialistisches Land hingegen ein Rückschritt.[207] Ein Grund für die sowjetische Intervention in Ungarn 1956 lag in der sowjetischen Befürchtung, dass sich Ungarn aus dem Warschauer Pakt herauslösen und in dieser Hinsicht die österreichische Neutralität beispielgebend für die osteuropäischen Länder werden könnte.

Bei den neutralen Staaten Europas handelte es sich zumeist um kleinere Staaten. Die Dynamik des Kalten Krieges brachte es mit sich, dass die größeren und bevölkerungsreicheren Staa-

---

205 Dwight Eisenhower, remarks, press conference, June 6, 1956; *American Foreign Policy: Current Documents, 1956,* 32.; abgedruckt in Elmer Plischke (Hg.), *Contemporary US Foreign Policy: Documents and Commentary,* (Greenwood Press: New York), 1961, 556. Übersetzung: HG.

206 Wolfgang, Mueller, *A Good Example of Peaceful Coexistence? The Soviet Union, Austria, and Neutrality, 1955–1991,* (Verlag der Österreichischen Akademie der Wissenschaften: Wien), 2011.

207 Johanna Rainio-Niemi, *The Ideological Cold War: The Politics of Neutrality in Austria and Finland,* (Routledge – Taylor and Francis Group: New York), 2014, 65–67.

ten Teil der politischen Blöcke waren. Somit war es kleineren Staaten nicht möglich, den Kurs des Kalten Krieges zu verändern oder entscheidend zu beeinflussen. Im Gegenteil: Um ihren neutralen Status im sich immer weiter politisierenden Kalten Krieg aufrecht zu erhalten, übernahmen die neutralen Länder Europas – allen voran die historisch neutralen Länder Schweiz und Schweden – eine zunehmend aktivere Rolle bei der Interpretation ihrer Neutralitätspolitik. Unter diesen Umständen des Kalten Krieges erforderte eine erfolgreiche Neutralität ein geschicktes »öffentliches Auftreten« sowie glaubwürdige Argumente. Somit entstand die kontinuierliche Notwendigkeit, sich klar zu artikulieren, um den Kalten Krieg und damit die rivalisierenden Supermächte auf Distanz zu halten.

Neutrale Staaten konnten allerdings auch zur Konfliktverminderung beitragen, indem sie »gute Dienste«, Vermittlungstätigkeit, aber auch Friedenstruppen anboten. Im Rahmen des KSZE-Prozesses bildeten die sogenannten N+N-Staaten einen losen Zusammenschluss von neutralen und blockfreien (nicht-paktgebundenen) Staaten Europas, die keinem der beiden Bündnisse, der NATO oder dem Warschauer Pakt angehörten. Sie übernahmen dann eine Vermittlungs- und Brückenfunktion zwischen den Blöcken. Neutralität wurde als Option schließlich auch in das Kapitel über die Prinzipien der zwischenstaatlichen Beziehungen der KSZE-Mitglieder explizit aufgenommen. Dort heißt es:

> Die Teilnehmerstaaten »haben ebenfalls das Recht, internationalen Organisationen anzugehören oder nicht anzugehören, Vertragspartei bilateraler oder multilateraler Verträge zu sein oder nicht zu sein, einschließlich des Rechtes, Vertragspartei eines Bündnisses zu sein oder nicht zu sein; desgleichen haben sie das Recht auf Neutralität«.[208]

Die Nicht-Zugehörigkeit zu einem der Blöcke hatte sowohl eine realistische als auch eine idealistische Dimension.[209] Realistisch

208 Konferenz über Sicherheit und Zusammenarbeit in Europa, Schlussakte, Helsinki 1975.

209 Laurent Goetschel, Why are small states (still) peacebuilders? The (modified) role of ideas in their foreign policy (Paper prepared for *Annual Convention of the International Studies Association – ISA*), San Diego, April 1–4, 2012.

war sie insofern, als sie im bipolaren Umfeld zur Bewahrung der politischen Unabhängigkeit dienen sollte. In Belangen der Außenpolitik bildeten die Schweiz und Österreich gemeinsam oder getrennt einen »neutralen Riegel« zwischen beiden Blöcken. Schweden hielt ferner als Nicht-NATO-Mitglied das nordische Gleichgewicht aufrecht. Wäre Schweden hingegen NATO-Mitglied geworden, hätte die Sowjetunion versucht, ihren Einfluss auf Finnland zu verstärken. Idealistisch handelten die neutralen Staaten, da sie die Spannungen zwischen den beiden Blöcken durch Vermittlertätigkeit und das Angebot von »guten Diensten« zu verringern suchten. Dafür fanden die neutralen und nicht-paktgebundenen Staaten in der KSZE einen institutionellen Rahmen. Alle neutralen Staaten lehnten gewaltsame Konfliktlösungen ab und verpflichteten sich, nicht an solchen teilzunehmen, es sei denn, sie würden selbst Ziel eines gewaltsamen Angriffes werden. Darüber hinaus beteiligten sie sich aktiv an friedenserhaltenden Maßnahmen der Vereinten Nationen.

Sowohl hinsichtlich der realistischen als auch der idealistischen Dimension bewegten sich die neutralen Staaten außerhalb des Sicherheitsdilemmas und versuchten dieses zugleich zu reduzieren. Sie wirkten als Pufferzonen, was allerdings angesichts der hochgerüsteten Militärbündnisse nur beschränkte Wirkung haben konnte. Neutrale Staaten gingen keine Verpflichtungen ein, die als feindselige Haltung gegenüber anderen Staaten wahrgenommen werden konnten, auch wenn diese ihrerseits selbst Bündnissen angehörten.[210] Durch ihre Vermittlertätigkeit versuchten sie, mehr Vertrauen zwischen den Blöcken herzustellen. Ihre Existenz an sich zeigte zudem die Möglichkeit auf, dass eine Ordnung in Europa auch ohne Blöcke vorstellbar war. Gerade diese sichtbare Alternative war für die führenden Staaten der Bündnisse allerdings nicht durchweg positiv besetzt, da sie die Mitgliedschaft im jeweils eigenen Block als beste Option darstellen wollten, ja mussten.

---

210 Vgl. auch Michael Gehler, *Modellfall für Deutschland? Die Österreichlösung mit Staatsvertrag und Neutralität 1945–1955*, (Studien Verlag: Innsbruck), 282–283.

Auch nach Auflösung der Blöcke nach dem Ende des Kalten Krieges setzten neutrale Staaten das Verständnis Eisenhowers fort, dass Neutralität sich auf die Nicht-Teilnahme an einem Militärbündnis bezieht und nicht eine Entscheidung »zwischen richtig und falsch oder anständig oder unanständig« ist. Es gibt natürlich keine Neutralität zwischen Demokratie und Diktatur, zwischen Rechtsstaat und Willkür, sowie zwischen Einhaltung der Menschenrechte und deren Verletzung. Auch während des Ost-West-Konfliktes standen die neutralen Staaten daher immer auf dem Boden der westlichen Wertegemeinschaft. Neutralität bleibt somit negativ definiert durch die Nicht-Mitgliedschaft in einem Militärbündnis, Nicht-Teilnahme an fremden Kriegen und die Nicht-Stationierung von ausländischen Truppen auf dem eigenen Territorium.

Österreich

Seit dem Ende des Zweiten Weltkrieges war Österreich im Westen von den Siegermächten Frankreich, USA und Großbritannien besetzt, im Osten hingegen von der Sowjetunion. In seiner Rede in Fulton 1946 hatte Winston S. Churchill Wien ebenso wie Berlin noch hinter den Eisernen Vorhang zur Machtsphäre der Sowjetunion gezählt. Für Österreich bestand somit in dieser Zeit die Gefahr einer Teilung, wie sie sich später in Deutschland vollziehen sollte. Stalin hatte zudem immer wieder durchblicken lassen, dass er die besetzte Zone Österreichs in die Tschechoslowakei und Ungarn eingliedern wolle. Österreich verzichtete 1955 mit dem Neutralitätsgesetz darauf, einem Militärbündnis beizutreten, und garantierte, keine militärischen Stützpunkte fremder Staaten auf seinem Territorium zuzulassen. Im Gegenzug behielt Österreich durch den Staatsvertrag seine Einheit und erlangte seine Souveränität zurück. Mit Österreichs Neutralität war aber keine ideologische Äquidistanz[211] zwischen

211 Äquidistanz bezeichnet die ideologische Distanz zwischen der sowjetischen und westlichen Weltanschauung. Die Neutralität Österreichs bezog sich somit nicht darauf, dass ein gleicher Abstand zwischen beiden ideologischen Lagern bezogen wurde.

Westen und Osten verbunden. Die junge Republik übernahm hingegen schnell die Werte des Westens – was ihr letztlich nach Ende des Kalten Krieges auch die Möglichkeit der EU-Mitgliedschaft eröffnete. Die Sowjetunion war dennoch ihrerseits damit zufriedengestellt, dass Österreich nicht der NATO beitreten würde. In dem vom Neutralitätsgesetz formal unabhängigen Staatsvertrag (1955) – der auch das Anschlussverbot an Deutschland enthält – wurden u. a. Fragen der Minderheitenrechte und militärische Beschränkungen geregelt. Das im Oktober 1955 im Nationalrat verabschiedete Neutralitätsgesetz sicherte hingegen den Siegermächten zu, keinem militärischen Bündnis des Westens oder des Ostens beizutreten. Die Neutralität stand im Mittelpunkt der österreichischen Außen- und Sicherheitspolitik seit 1955. Für Österreich war diese gleichbedeutend mit der Unabhängigkeit des Landes und dem Abzug der Besatzungstruppen.[212] Der Kern der Neutralität war und blieb dabei militärischer Natur. Im Neutralitätsgesetz heißt es dazu, dass Österreich keinem Militärbündnis beitreten darf und auf österreichischem Territorium keine ausländischen Truppen stationiert werden dürfen.[213] Österreich wird darin auch die Teilnahme an Kriegen im völkerrechtlichen Sinne untersagt. Die Neutralität Österreichs wurde daher seit der Verabschiedung des Gesetzes von Seiten der österreichischen Politiker militärisch und nicht ideologisch definiert, was eine Orientierung auf die westlichen Werte ermöglichte.

Unter den Supermächten blieb die Neutralität Österreichs jedoch umstritten. So wurde im Vorfeld geargwöhnt, dass der jeweils andere Block diese Situation ausnutzen könnte. Dieser Umstand wurde aus Sicht der USA dadurch verstärkt, dass sie die Situation in Österreich als »entscheidend in der Ost-West-

212 Vgl. Die detaillierte historische Analyse von Gerald Stourzh, *Um Einheit und Freiheit. Staatsvertrag, Neutralität und das Ende der Ost-West-Besetzung Österreichs 1945–1955*, (Böhlau: Wien), 2005.

213 Dass neutrale Staaten an keinem Krieg im völkerrechtlichen Sinne (d. h. an keinem Krieg zwischen Staaten) teilnehmen dürfen, wurde zwar nicht direkt im Neutralitätsgesetz geregelt, ergab sich aber aus dem vorherrschenden Neutralitätsverständnis.

Auseinandersetzung« einschätzte.[214] Letztlich waren es aber zwei Gründe, aus denen die USA einer potentiellen Neutralität Österreichs bis Mitte der Fünfzigerjahre skeptisch gegenüberstand: Zum einen befürchtete die Führung in Washington, dass die Sowjetunion die österreichische Neutralität als Instrument der Unterwanderung benutzen könnte, zum anderen argwöhnte sie, dass diese als Vorbild für Deutschland herangezogen werden könnte. Die Sowjetunion wiederum war vor allem an einem Staatsvertrag interessiert, der im Zusammenhang mit der deutschen Wiederaufrüstung den Anschluss Österreichs an Deutschland untersagte. Für Moskau genügte daher die Formel der Neutralität gegenüber dem »deutschen Militarismus« 1954 nicht mehr.[215] Erst als im Februar 1955 feststand, dass der Neutralitätserklärung ein Staatsvertrag mit einem Anschlussverbot (an Deutschland) vorausgehen sollte, stimmte der sowjetische Außenminister schließlich zu. Die Frage, ob und wie lange es eine weitere sowjetische Besetzung Österreichs gegeben hätte, wenn es zu keiner Einigung gekommen wäre, muss offen bleiben. Die USA dagegen bestanden darauf, dass Österreich seine Neutralität »selbst erklärte« und dass sie nicht »auferlegt« wurde, da sie eine Einflussnahme der Sowjetunion auf die Interpretation der Neutralität befürchtete. Die geforderte Voraussetzung wurde dadurch geschaffen, indem der Staatsvertrag und die Neutralitätserklärung rechtlich getrennt voneinander verabschiedet wurden. D. h. die Erlangung der österreichischen Souveränität, verbunden mit dem Abzug aller Besatzungstruppen, ging der Neutralitätserklärung voraus. Für US-Präsident Eisenhower war zudem wichtig, dass Österreichs Neutralität »bewaffnet« war, so dass durch sie kein militärisches Vakuum entstand.[216]

214 CIA-Report, The Current Situation in Austria, 31 August 1949, zitiert in Catherine C. Nielson, Neutrality vs. Neutralism: Austrian Neutrality and the 1956 Hungarian Crisis, Erwin A. Schmidl (Hg.), *Die Ungarnkrise 1956 und Österreich*, (Böhlau Verlag: Wien), 2004.

215 Heinz Gärtner, *Zwischen Moskau und Österreich: Analyse einer sowjetabhängigen KP*, (Braumüller: Wien), 1979, 122–124.

216 Dwight D. Eisenhower, Pressekonferenz, 18. Mai, 1955; zitiert in Konrad Adenauer, *Erinnerungen 1953–1955*, (Deutsche Verlagsanstalt: Stuttgart), 1966, 442.

Zwischen 1955 und 1959 unterstützten die USA den Aufbau der österreichischen Streitkräfte daher mit 80 Millionen Dollar sowie im Anschluss mit verschiedenen Ausbildungsprogrammen.[217] Für die Sowjetunion stellte es offenbar kein Problem dar, wenn Österreichs Neutralität durch eine starke Armee gewährleistet würde. So versicherte der sowjetische Außenminister Wjatscheslaw Michailowitsch Molotow[218] den österreichischen Delegierten im April 1955, dass die Sowjetunion »kein Interesse (habe), aus Österreich oder Finnland Satellitenstaaten zu machen«. »Ich weiß nicht, warum ihr so ängstlich und misstrauisch seid«, sagte er.

Während der Ungarnkrise 1956 änderten sich die Haltungen der Supermächte einmal mehr. Österreich, das den Flüchtlingen aus Ungarn großzügig Hilfe leistete, wurde von der Sowjetunion beschuldigt, Ausbildungslager für die Aufständischen zu unterhalten und Waffen über die ungarische Grenze zu schmuggeln. Moskau, so wurde verkündet, würde diese Art von Neutralität nicht akzeptieren. Die USA wiederum schwangen sich zur Verteidigung der österreichischen Neutralität auf. Das US-Außenministerium der gerade wiedergewählten Administration Eisenhowers drohte, dass »ein Angriff der Sowjetunion auf Österreichs Neutralität den dritten Weltkrieg bedeuten« würde.[219] Dies war ein eindeutiges Bekenntnis, dass zudem vier Jahre später noch einmal untermauert wurde. Ein Dokument des Nationalen Sicherheitsrates von 1960, das am 18. Januar 1961 von Präsident Eisenhower (zwei Tage vor der Amtseinführung John F. Kennedys) gebilligt wurde, formulierte als Ziel, »Österreich unabhängig und stabil zu erhalten und es zu ermuntern, seinen pro-westlichen Kurs fortzusetzen, sowie Druck und Erpressung des Kommunismus zu widerstehen«. Als ein politisches Haupt-

---

217 National Security Council, *Draft statement of US Policy toward Austria*, 332. Paper Prepared by the NSC Planning Board, NSC 6020, Washington, December 9, 1960, approved by the President on January 18, 1961. Übersetzung: HG.

218 Michael Gehler, *Modellfall für Deutschland?: Die Österreichlösung mit Staatsvertrag und Neutralität 1945–1955*, (Studien Verlag: Innsbruck), 636–645.

219 Bild-Telegraph, 7. November 1956.

ziel wurde genannt, »jegliche Verletzung der Integrität von Österreichs Territorium oder seiner Neutralität als schwerwiegende Bedrohung des Friedens zu behandeln«.[220]
Welche Handlungen dieser Drohung folgen würden, blieb offen, wenn man bedenkt, dass Eisenhowers Nachfolger John. F. Kennedy selbst wegen der Berlinkrise keinen Krieg mit der Sowjetunion provozieren wollte.

Die österreichische Neutralität wurde zunehmend durch eine aktive Außenpolitik ergänzt. Sie kann als erster Versuch der Entspannungspolitik im Kalten Krieg bezeichnet werden. Anders als sein schweizerisches Vorbild trat Österreich noch im Jahr der Neutralitätserklärung 1955 den Vereinten Nationen bei, 1956 dem Europarat und 1960 der Europäischen Freihandelsgemeinschaft (EFTA). Österreich bot sich als »Platz der Begegnung« an. So fanden u. a. die Treffen von John F. Kennedy und Nikita Chruschtschow (1961) sowie von Jimmy Carter und Leonid Breschnew (1979) – zur Unterzeichnung des Rüstungskontrollabkommen SALT II – in Wien statt. Die sozialdemokratische Regierung unter Bruno Kreisky (1970–1983) entwickelte schließlich die sog. »aktive Neutralitätspolitik«. Sie beinhaltete aktive Besuchsdiplomatie, Multilateralismus auf globaler Ebene (vor allem in den Vereinten Nationen), Unterstützung des Entspannungsprozesses zwischen Ost und West sowie Engagement im Nord-Südkonflikt – was im Vorschlag eines Marshall-Planes für die Dritte Welt gipfelte. Bundeskanzler Kreisky setzte sich zudem als erster westlicher Regierungschef für die Rechte der Palästinenser ein. Eine internationale Basis fand Kreisky gemeinsam mit den deutschen und schwedischen Sozialdemokraten Willy Brandt und Olof Palme in der Sozialistischen Internationale. Internationale Organisationen siedelten sich während des Kalten Krieges in Österreich an, um den teilweise blockfreien Raum zu nutzen. Sie brachten jedoch auch die Blockkonflikte häufig mit sich, die sich in den Internationalen Organisationen eingenistet hatten. In der KSZE bildete Österreich gemeinsam

---

220 National Security Council, *Draft statement of US Policy toward Austria*, 332. Paper Prepared by the NSC Planning Board, NSC 6020, Washington, December 9, 1960, approved by the President on January 18, 1961. Übersetzung: HG.

mit den anderen neutralen und nicht-paktgebundenen Staaten von 1975 bis zum Ende des Kalten Krieges die »N+N Gruppe«, die Vermittlungsdienste anbot und sich dafür einsetzte, dass die Entspannungspolitik nicht ins Stocken geriet. Nicht zuletzt dank dieser Neutralitätspolitik wurde Wien dritte Hauptstadt der Vereinten Nationen und Sitz der Internationalen Atomenergiebehörde (IAEA), von UN-Spezialorganisationen (z. B. UNIDO), des OPEC-Sekretariats und des OSZE-Sekretariats (früher KSZE). Weiterhin siedelten sich das PrepCom zur Überwachung eines umfassenden nuklearen Teststoppvertrages (CTBT), das Sekretariat des »Wassenaar-Arrangements« (über den Transfer konventioneller Waffen) und das Büro zur Drogenkontrolle und der Verbrechensverhütung der UNO (UNODC) an. Seit 1960 beteiligte sich Österreich zudem mit etwa 100 000 Soldaten und zivilen Helfern an über 50 internationalen friedensunterstützenden und humanitären Missionen. Allerdings brachten häufig jene internationalen Organisationen auch die Blockkonflikte mit sich, die sich in ihnen eingenistet hatten.

Die österreichische Neutralität hat sich als erstaunlich flexibel und anpassungsfähig erwiesen. Sie war in der Zeit des Kalten Krieges stets in der Lage, ein diplomatisches Gleichgewicht zwischen Heraushalten und Einmischen zu finden. Österreichs Status der Neutralität verbietet zwar, dass es einem Militärbündnis beitritt, es nimmt aber dennoch am NATO-Programm »Partnerschaft für den Frieden« teil und übernimmt im Rahmen der europäischen Sicherheits- und Verteidigungspolitik (ESVP) sowie der gemeinsamen Außen- und Sicherheitspolitik (GASP) wichtige Aufgaben.

Österreich engagiert sich zudem an internationalen Friedensmissionen im Rahmen der NATO und der EU, sofern eine Autorisierung des Sicherheitsrates der Vereinten Nationen vorliegt. Damit hat das Land zunehmend ein Neutralitätsverständnis abgelegt, das noch im Kalten Krieg vorherrschte. Das Abseitsstehen von den rivalisierenden Militärblöcken wurde zunehmend abgelöst durch aktive Außenpolitik außerhalb von Militärbündnissen. Es wurde deutlich, dass »Stillsitzen« und Heraushalten im heutigen Europa nicht mehr möglich ist. Das ist das Ergebnis von außenpolitischen Erfordernissen und innenpolitischen

Debatten. Kritiker bedauern einerseits, dass Österreich nicht an den Beistandsverpflichtungen der gemeinsamen Verteidigungspolitik[221] teilnimmt. Andererseits verweisen sie darauf, dass Österreichs Außen- und Sicherheitspolitik nichts mehr mit traditioneller Neutralität zu tun hätte.

FINNLAND

Nach Ende des Zweiten Weltkrieges ähnelten die geopolitische Lage Österreichs und Finnlands einander, da beide Länder direkt an den Eisernen Vorhang grenzten. Ein zentraler Unterschied bestand hingegen darin, dass Finnland eine direkte Grenze mit der Sowjetunion hatte. Beide Staaten erlangten 1955 den Status der Neutralität. Neutralität wurde als die beste Lösung in diesem Kontext gesehen. Bis Mitte der Fünfzigerjahre spielte Neutralität in der finnischen Außenpolitik zwar nur eine untergeordnete Rolle, nahm danach aber eine anerkannte stabilisierende Rolle in Europa an. Sie wurde für Finnland ein Kernstück der Außen- und Sicherheitspolitik während des Kalten Krieges. Neutralität war ein Instrument, um ausgleichend zwischen den beiden Supermächten zu wirken und Finnland aus den Konflikten zwischen ihnen herauszuhalten. Dabei war die finnische Neutralität ohne jegliche rechtliche Verpflichtungen politisch definiert. Ihr unmittelbarer Zweck bestand letztlich darin, die Spannungen an der sowjetisch-finnischen Grenze zu verringern.[222]

Nachdem Finnland im Zweiten Weltkrieg bis zur Unterzeichnung des Waffenstillstandes mit der Sowjetunion im September 1944 ein Verbündeter des Dritten Reichs gewesen war, wurde es in der unmittelbaren Nachkriegszeit von einer Kontrollkommission der Siegermächte verwaltet. Der Friedensvertrag von Paris im Februar 1947 formulierte eine Reihe von militärischen,

---

221 Der Vertrag von Lissabon der Europäischen Union, Artikel 42.7.

222 Teija Tiilikainen, The Finnish Neutrality – its new Forms and Future, Laurent Goetschel (Hg.), *Small States inside and outside the European Union: Interests and Politics,* (Kluwer Academic Publisher: Boston), 2010, 169–179.

wirtschaftlichen und territorialen Verpflichtungen als Vorbedingungen für eine Rückkehr Finnlands zur Souveränität. Sie waren die Basis für Finnlands Neutralität, die das Verbot einschloss, sich einem Bündnis anzuschließen. Zu Beginn des Kalten Krieges mit den sich immer mehr verschärfenden Gegensätzen (Truman-Doktrin, Marshall-Plan, Gründung der Kominform) suchte Finnland nach Auswegen aus der bipolaren Blockbildung.

Diese Möglichkeit bot sich ihm durch direkte Verhandlungen mit Moskau, dessen Resultat 1948 der Freundschafts- und Kooperationsvertrag war. Hintergrund der Verhandlungen war das Bestreben Moskaus, eine Stationierung westlicher Truppen auf finnischem Territorium zu verhindern. Des Weiteren verpflichtete sich Finnland, bei einem Angriff Deutschlands (bzw. eines seiner Verbündeten) auf sein Territorium Widerstand zu leisten.

Die finnische Neutralität und der Freundschaftsvertrag mit der Sowjetunion standen jedoch nicht in einem direkten formalen Zusammenhang. Neutralität wurde von Beginn an von Finnland angestrebt, der Freundschaftsvertrag hingegen von der Sowjetunion gefordert. Die sowjetische Vorstellung eines bilateralen Sicherheitsabkommens geht auf die Zwanziger- und Dreißigerjahre zurück. Finnland hatte sich immer geweigert, einen derartigen Pakt einzugehen, da es die daraus entstehenden Abhängigkeiten fürchtete. Nicht zuletzt deswegen führte Finnland 1939 einen Krieg gegen die Sowjetunion.[223] Die Befürchtungen waren berechtigt, wie man aus den Konsequenzen der bilateralen Verträge der Sowjetunion mit Rumänien, Bulgarien, Ungarn, Jugoslawien, der Tschechoslowakei und Polen ersehen kann. Alle genannten Staaten, ausgenommen Jugoslawien, wurden letztlich in den Sowjetblock integriert.

Finnland bestand darauf, dass in die Präambel des Vertrages eine Klausel aufgenommen wurde, die verhindern sollte, dass

223 Johanna Rainio-Niemi, Cold War Neutrality in Europe: Lessons to be Learned? Heinz Gärtner (Hg.), Engaged, Neutrality: An evolved Approach to the Cold War, (Lexington Books: London), 2017.

Finnland in einen Großmachtkonflikt hineingezogen wurde. Das Wort Neutralität kam darin nicht vor. Damals verwarfen sowohl die Sowjetunion als auch die USA die Neutralität in der entstehenden Blockbildung als ungeeignet. Erst mit der österreichischen Neutralitätserklärung wurde auch für Finnland klarer, was Neutralität bedeuten könnte. Als 1955 der Freundschaftsvertrag um weitere zwanzig Jahre verlängert wurde, anerkannte man in einer separaten Erklärung explizit auch Finnlands Wunsch nach Neutralität. Indem sich Finnland zur Neutralität verpflichtete, sicherte es sich einerseits eine größere politische Unabhängigkeit von der Sowjetunion, andererseits brachte die Verknüpfung zwischen dem bilateralen Vertrag und der Neutralität zugleich auch eine gewisse Verwundbarkeit mit sich. Diese wurde dadurch bedingt, dass die Sowjetunion mit dem Vertrag die Notwendigkeit von bilateralen Konsultationen über einen möglichen sowjetischen militärischen Beistand für Finnland verband. Finnland versuchte dem sowjetischen Druck durch stärkere wirtschaftliche Kooperation mit westeuropäischen Ländern zu entgehen. Es wurde Mitglied der »Internationalen Bank für Wiederaufbau und Entwicklung« und des »Allgemeinen Zoll- und Handelsabkommens«.[224] 1955 folgte die Mitgliedschaft im Nordischen Rat und der Vereinten Nationen, was Finnlands internationale Position stärkte. Trotz der Kritik von Seiten der Hardliner des westlichen Blocks, beschränkten der Vertrag mit der Sowjetunion und die darin festgelegte begrenzte Militärkooperation die Neutralitätspolitik Finnlands somit letztlich nicht.[225] Ungeachtet aller Zweifel beschloss Finnland 1961 seinen Beitritt zur EFTA. Dieser garantierte die Fortsetzung

224 1952 erklärte Ministerpräsident Urho Kekkonen die finnische Neutralität als Grund, sich aus den Interessenskonflikten der Großmächte herauszuhalten. Zitiert in Raimo Väyrynen, The Neutrality of Finland, Karl E. Birnbaum/Hanspeter Neuhold (Hg.), *Neutrality and Non-Alignment in Europe*, (Wilhelm Braumüller: Wien), 1981, 138.

225 Harto Hakovirta, An Interpretation of Finland's Contribution to European Peace and Security, Hanspeter Neuhold/Hans Thalberg (Hg.), *The European Neutrals in International Affairs*, The Laxenburg Papers, (Westview Press: Boulder, Co.), 1984, 25–37.

von Finnlands prosperierendem Handel mit dem Westen und somit einen Ausgleich zur wirtschaftlichen Abhängigkeit von der Sowjetunion. Die Zusammenarbeit mit der EFTA verstärkte zudem Finnlands Ansehen als einen neutralen Staat nach westlichen Neutralitätskriterien. 1972 trat Finnland der Europäischen Wirtschaftsgemeinschaft bei. Der Beitritt war anfänglich als unvereinbar mit der finnischen Neutralität gesehen worden. Im Rahmen des nordischen Gleichgewichtes wurden die sowjetisch-finnischen Beziehungen als Ausgleich zur norwegischen und dänischen NATO-Bindung gesehen, mit dem neutralen Schweden als stabilisierendem Faktor in der Mitte. Grundsätzlich versuchte Finnland, seine Neutralität so zu nutzen, dass es trotz seiner sensiblen geographischen Lage und politischen Position, eine ausgleichende und selbständige Außenpolitik zwischen den USA und der Sowjetunion betreiben konnte.

Die Sowjetunion aber sah in der finnischen Neutralitätspolitik die Gefahr, dass Finnland die Verpflichtungen aus dem Freundschaftsvertrag nicht mehr einhalten würde. Als Konsequenz wurde in der zweiten Hälfte der Sechzigerjahre das Konzept der Neutralität aus allen bilateralen sowjetisch-finnischen Dokumenten entfernt.[226] Insbesondere nach dem Prager Frühling befürchtete die sowjetische Führung, dass die Idee der Neutralität auf die Länder des Ostblocks übergreifen könnte. Somit wurde der Freundschaftsvertrag 1973 und 1983 ohne Erwähnung der Neutralität verlängert. Erst nach dem Besuch des neuen sowjetischen Präsidenten Michail Gorbatschow gegen Ende des Kalten Krieges 1989 wurde die Neutralität wieder als wichtiges Element in die finnisch-sowjetischen Beziehungen aufgenommen.

Finnland verfolgte eine »aktive und friedliche Neutralitätspolitik«, die sich u. a. im Engagement in den Vereinten Nationen und für Abrüstung und Rüstungskontrolle äußerte. Das Land suchte also während des Kalten Krieges nach einer multilateralen Basis für seine Rolle. Dafür boten die Vorbereitungsgesprä-

---

226 Johanna Rainio-Niemi, Cold War Neutrality in Europe: Lessons to be Learned? Heinz Gärtner (Hg.), Engaged Neutrality: An evolved Approach to the Cold War, (Lexington Books: London), 2017.

che für die KSZE seit 1972 eine passende Gelegenheit. Den Höhepunkt dieser Bemühungen bildete dabei die KSZE-Schlussakte in Helsinki 1975, was Finnland als diplomatischen Erfolg für sich verbuchte. 1995 trat Finnland gemeinsam mit Österreich und Schweden schließlich der EU bei.

Schweden

Schweden hatte einige Jahrhunderte lang vermieden, Verpflichtungen mit Großmächten einzugehen, weder mit dem imperialen Deutschland noch mit dem zaristischen Russland. Das gleiche galt später für die NATO und den Warschauer Pakt. 1949 wurde die schwedische Außenpolitik im Kalten Krieg an der Neutralität orientiert und somit Teil der schwedischen Identität. Sie wurde durch den sowjetisch-finnischen Freundschaftsvertrag und die Mitgliedschaft Dänemarks und Norwegens in der NATO möglich. Schwedens Neutralität unterschied sich von jener der Schweiz und Österreichs, da sie nach rein politischen Kriterien ausgerichtet war, und nicht auf Völkerrecht oder Verfassung beruhte. Schweden definierte seine Position als »bündnisfrei zwischen den Blöcken in Frieden, um im Krieg neutral bleiben zu können«. Während der Entspannungspolitik in den Siebzigerjahren wurde die Formulierung »zwischen den Blöcken« fallen gelassen, weil man einerseits hoffte, dass sich diese langsam auflösten, und weil Schweden andererseits versuchte, eine skandinavische Kooperation über die Blöcke hinweg zu bilden. Die neue Formel hieß »bündnisfrei im Frieden, um im Krieg neutral zu bleiben«. Damit glaubte Schweden zu einem neuen Kräfteverhältnis in Europa beizutragen, sich aber gleichzeitig aus einem bewaffneten Konflikt zwischen Ost und West heraushalten zu können. Schweden selbst wollte seine Verlässlichkeit dadurch beweisen, indem es klar machte, dass sein Territorium für keinen der beiden Machtblöcke offen stand. Die Ambition des Landes bestand darin, die Gemeinschaft der Staaten davon zu überzeugen, dass sich diese Prämisse nicht einmal unter Druck verändern würde. Damit verbunden waren einige deutliche Bedingungen:

1. Die schwedischen Streitkräfte sollten jeglichen Eindruck vermeiden, mit einer der Großmächte in Verbindung zu stehen.
2. Im Kriegsfall musste Schweden in der Lage sein das Prinzip der Unparteilichkeit entsprechend die Haager Konvention einzuhalten.
3. Schweden sollte keine außenpolitischen Bindungen eingehen, die seine Fähigkeit, in einem bewaffneten Konflikt neutral zu bleiben, direkt oder indirekt gefährden würde.[227]

Schweden vermied es daher, internationale Verpflichtungen mit direkten oder indirekten sicherheits-und verteidigungspolitischen Verpflichtungen einzugehen. Das hinderte das Land jedoch letztlich nicht daran, Rüstungslieferverträge, vor allem mit den USA und Großbritannien, abzuschließen. Die KSZE und die Vereinten Nationen boten zudem Möglichkeiten, sich auch sicherheitspolitisch zu engagieren.

Schweden versuchte, eine Balance zwischen politischer Realität und bestehenden Idealen zu halten.[228] Im Bereich der »Idealpolitik« sah der skandinavische Staat in der Neutralität nicht nur Einschränkungen sondern auch Chancen. Insbesondere war Schweden im Abrüstungs- und Rüstungskontrollbereich vor allem im Rahmen der Vereinten Nationen engagiert. In den Sechzigerjahren entwickelte das Land ferner eine sehr aktive Außenpolitik, die sich vor allem auf die Entwicklungsländer und Konflikte in Südostasien[229] sowie dem südlichen Afrika konzentrierte. Schwe-

227 Wilhelm Agrell, Swedish Neutrality: Stumbling into the Unknown Past, Laurent Goetschel (Hg.), *Small States inside and outside the European Union: Interests and Politics*, (Kluwer Academic Publisher: Boston), 2010, 181–192.

228 Nils Andrén, The Neutrality of Sweden, Karl E. Birnbaum/Hanspeter Neuhold (Hg.), *Neutrality and Non-Alignment in Europe*, (Wilhelm Braumüller: Wien), 1981, 111–131. Nils Andrén, Sweden: Neutrality, Defense and Disarmament, Hanspeter Neuhold/Hans Thalberg (Hg.), *The European Neutrals in International Affairs*, The Laxenburg Papers, (Westview Press: Boulder, Co.), 1984, 39–58.

229 Schwedens Kritik an der Vietnampolitik der USA verschlechterte die schwedisch-US Beziehungen in den späten Sechziger- und frühen Siebzigerjahren. Das beeinträchtigte jedoch nicht die Rüstungskooperation mit den USA, insbesondere mit der Luftwaffenindustrie.

dens »Idealpolitik«[230] stellte sich auf der internationalen Bühne somit auf die Seite der Armen und Unterdrückten.

Wurde der Beitritt zur Europäischen Gemeinschaft in den Sechzigerjahren noch als problematisch angesehen, trat Schweden gemeinsam mit Österreich und Finnland 1995 der EU bei und beteiligt sich an der gemeinsamen Außen- und Sicherheitspolitik (GASP). Die Ausnahme bildet Artikel 42.7 des Lissabonner Vertrages, der Beistandsverpflichtungen vorsieht. Schweden selbst bezeichnet seinen Status seit 2002 nicht mehr als neutral, sondern als »nicht einem Militärbündnis zugehörig«.

Schweiz

Die Schweiz in Form der Alten Eidgenossenschaft[231] betrieb bis zur Schlacht von Marignano 1515 eine intensive Expansionspolitik. Nach dieser Niederlage im Krieg gegen den französischen König Ludwig XII. in Norditalien zogen sich die Schweizer Truppen zurück und stoppten ihre kriegerische Außenpolitik. Deswegen wurde die Schlacht von frühen Historikern der Nachkriegszeit entsprechend der Interpretationen im 19. Jahrhundert als Ursprung der schweizerischen Neutralität bezeichnet. Diese Reminiszenzen traten in der schweizerischen Neutralitätsdebatte zunehmend in den Hintergrund. Die Folgen der napoleonischen Kriege begründeten schließlich die Grundlage für eine »permanente« und »bewaffnete« Neutralität seit 1815, die vor allem gegenüber Frankreich gelten sollte. Acht Mächte bestätigten den Status der Schweiz, wie er sich über Jahrhunderte entwickelt hatte. Sie garantierten ihr die permanente Neutralität und territoriale Unverletzbarkeit. Während des Ersten Weltkrieges sicherte die Neutralität die Unabhängigkeit nach außen und die Kohäsion nach innen. Die Neutralität der Schweiz

230 Wilhelm Agrell, Swedish Neutrality: Stumbling into the Unknown Past, Laurent Goetschel (Hg.), *Small States inside and outside the European Union: Interests and Politics*, 184.

231 Als »Alte Eidgenossenschaft« wird das sich entwickelnde eher lockere föderale Geflecht von Kantonen zwischen dem 13./14. Jh. bis zum Einmarsch der Franzosen 1792 bezeichnet.

überlebte im Gegensatz zu der Belgiens auch den Zweiten Weltkrieg.

Nach 1945 konzentrierte sich die Neutralitätsdebatte in der Schweiz vor allem darauf, von einem »Schweizer Standpunkt« aus die Neutralität gegenüber dem Ausland zu erklären, ja zu rechtfertigen. Kritik an der »nejtralitet« kam vor allem aus der Sowjetunion. Schon während des Krieges forderten auch die Westmächte, allem voran die USA, die Schweiz und die anderen Neutralen eindringlich dazu auf, ihre Position der Unparteilichkeit gegenüber dem Feind aufzugeben.[232] Nach 1945 dominierte der Wehrgedanke zur Verteidigung der Unabhängigkeit die interne Neutralitätsdebatte in der Schweiz. Außenpolitisch begann eine Diskussion um die Mitgliedschaft der Schweiz in den Vereinten Nationen, die 1945 in San Francisco gegründet wurden. In der Schweiz setzte sich die Ansicht durch, dass dieses neu geschaffene System kollektiver Sicherheit die Mitgliedsstaaten zu Zwangsmaßnahmen verpflichten könnte. Eine neutrale Position zwischen den großen Mächten sowie bei bewaffneten Konflikten einzunehmen, wäre damit nicht mehr möglich. Aber auch Stimmen von großen Mitgliedsstaaten und aus den Vereinten Nationen selbst betonten die Unvereinbarkeit zwischen Neutralität und der Mitgliedschaft bei den Vereinten Nationen. Frankreich forderte bei der Gründungsversammlung sogar die ausdrückliche »Ächtung« der Neutralität, und der erste Generalsekretär der UNO Trygve Lie sagte 1946, dass er das Wort Neutralität nicht in der UNO-Charta finden könne. Die Schweiz bestätigte daraufhin den im Rahmen des Völkerbundes entwickelten Status der »integralen Neutralität«, der militärische, politische und auch wirtschaftliche (z. B. Nichtteilnahme an Sanktionen) Aspekte einschließen sollte.[233] Die Schweiz nahm 1948 dennoch einen Beobachterstatus bei den Vereinten Nationen

232 Georg Kreis, *Kleine Neutralitätsgeschichte der Gegenwart: ein Inventar zum neutralitätspolitischen Diskurs in der Schweiz seit 1943*, (Haupt Verlag: Bern), 2004, 29–39.

233 Georg Kreis, *Kleine Neutralitätsgeschichte der Gegenwart: ein Inventar zum neutralitätspolitischen Diskurs in der Schweiz seit 1943*, (Haupt Verlag: Bern), 2004, 39–47, 64–73.

ein. Der Beitritt Österreichs zu den Vereinten Nationen 1955 löste eine neuerliche Debatte über einen UNO-Beitritt in der Schweiz aus. Die Schweiz näherte sich von da an schrittweise an die Vereinten Nationen an. Entsprechend wirkte sie schon seit 1951 an einer Grenzüberwachungs- und später Repatriierungskommission in Korea mit und beteiligte sich 1956 im zweiten Nahostkrieg mit der Swissair an einer friedenserhaltenden Mission der UNO. Danach wurde das UNO-Engagement der Schweiz kontinuierlich ausgebaut. Der endgültige Beitritt der Schweiz zu den Vereinten Nationen folgte allerdings erst 2002.

Während des Kalten Krieges engagierte die Schweiz sich trotz ihrer nicht bestehenden Mitgliedschaft in den Vereinten Nationen trotzdem sehr stark im KSZE-Prozess nach 1975 und betonte internationale Solidarität und Kooperation. Sie interpretierte ihre Politik der »guten Dienste« zunehmend als aktive Neutralität, ja als Verpflichtung.[234] Die Schweiz beabsichtigte damit nicht zuletzt auch von ihrem Image der Isolation und Unbeteiligtheit abzurücken. Sie setzte sich für eine europaweite Vereinbarung ein, grenzte die KSZE aber zugleich von Bündnissen ab.[235] Das war leicht möglich, weil die KSZE keinen Rechtsstatus hatte.

Nachdem die USA in der Folge der kubanischen Revolution 1959 die Beziehungen zu Kuba abgebrochen hatten, übernahm die neutrale Schweiz ihre Vertretungsfunktion. Entscheidend war diese Rolle während der Kuba-Krise 1962, als die Schweiz die Kommunikationskanäle zwischen den USA und Fidel Castros Kuba aufrechterhalten konnte. Außerhalb des Ost-West-Kontextes übernahm die Schweiz auch die diplomatische und

234 Pierre du Bois, Neutrality and Political Good Offices: The Case of Switzerland, Hanspeter Neuhold/Hans Thalberg (Hg.), *The European Neutrals in International Affairs*, The Laxenburg Papers, (Westview Press: Boulder, Co.), 1984. Georg Kreis, *Kleine Neutralitätsgeschichte der Gegenwart: ein Inventar zum neutralitätspolitischen Diskurs in der Schweiz seit 1943*, (Haupt Verlag: Bern), 2004.

235 Statement of the Swiss Foreign Minister Pierre Graber on the CSCE-Final Act of 1975, zitiert in Claudio Caratsch, The Permanent Neutrality of Switzerland, *Neutrality and Non-Alignment in Europe*, (Wilhelm Braumüller: Wien), 1981, 22.

konsularische Vertretung der USA im Iran, nachdem die USA die Beziehungen mit dem Iran nach der Revolution und der Geiselnahme amerikanischer Diplomaten durch iranische Studenten 1980 abgebrochen hatten.

Nach 1962 wurde die »Genfer Abrüstungskonferenz« eingerichtet. Sie beschäftigte sich mit globaler Abrüstung, nuklearer Rüstungskontrolle, dem Verbot von Nuklearwaffentests, von chemischen und radiologischen Waffen sowie mit der Aufrüstung im Weltraum. Sie blieb allerdings während des Kalten Krieges relativ erfolglos. Erst mit dessen Ende kam es 1992 zum Übereinkommen über das Verbot der Entwicklung, Herstellung, Lagerung und des Einsatzes sowie der Vernichtung chemischer Waffen.

Die Schweiz schwankte immer wieder zwischen »Gesinnungsneutralität«, was das Heraushalten nicht nur aus internationalen bewaffneten Konflikten, sondern auch das Abseitsstehen von internationalen Organisationen bedeutete, und dem aktiven Engagement der Vermittlung. Dieses oft abwechselnde außenpolitische Verhalten resultierte aus der unterschiedlichen inneren Interpretation der Neutralität als entweder passives oder aktives Instrument.

Jugoslawien und die blockfreien Staaten

Jugoslawiens Blockfreiheit entstand aus der Blockaufteilung Europas und der beginnenden Spaltung des Weltkommunismus. Jugoslawien war keiner Einflusssphäre zugeordnet und weigerte sich, sich dem sowjetisch-kommunistischen Block unterzuordnen. Die Kommunistische Partei Jugoslawiens wurde von dem 1947 neu gegründeten Kommunistischen Informationsbüro »Kominform« ausgeschlossen. Da Jugoslawien nun weiterhin kommunistisch war, aber weder dem östlichen noch dem westlichen Block angehörte, war die Teilnahme an der Blockfreien-Bewegung die naheliegendste Gelegenheit, eine politische Anbindung zu finden. Keine der Versionen der jugoslawischen Verfassungen von 1961 und 1974 kannten den Begriff der »Bündnisfreiheit«. Genauso wenig wurde er im Programm und im »Statut des Bundes der Kommunisten Jugoslawiens« von 1958 erwähnt.[236] Das bedeutet, dass »Bündnisfreiheit« kein Produkt kommunistischer Ideologie war, sondern eine grundsätzliche außenpolitische Orientierung. Jugoslawien überlebte das Ende des Kalten Krieges nicht. Die Blöcke und Präsident Josip Broz Tito, der 1980 verstarb, verhinderten als Klammer das Auseinanderfallen des Vielvölkerstaates, der dann in den Neunzigerjahren mit den Balkankriegen zerbrach.

Die blockfreien Staaten insgesamt versuchten, ihre territoriale Integrität und politische Souveränität während des Kalten Krieges zu wahren. Die meisten von ihnen hatten gerade die Bevormundung durch eine Kolonialmacht hinter sich gelassen.[237] Sie trafen einander auf der Konferenz in Bandung in Indonesien 1955 mit der Absicht, eine Blockfreien-Bewegung zu bilden. 1961 wurde diese in Belgrad offiziell gegründet. An dieser Konferenz nahmen 25 Staaten teil.[238] Die Anzahl der Mitglieder in Afrika und Asien wuchs aber schnell. Ihr Ziel war es, zu verhindern, dass die Blockbildung des Kalten Krieges auf die Länder des Südens übergriff. Damit unterschieden sie sich von den neutralen Staaten Europas. Diese bildeten die Ausnahme einer weitgehend abgeschlossenen Blockbildung. In der Dritten Welt versuchten die Großmächte, ihren Einfluss auszuweiten und dabei verbündete Staaten zu gewinnen. Es gab aber keinen Eisernen Vorhang wie in Europa. Die Entspannungspolitik der Siebzigerjahre hatte dennoch einen positiven Effekt auf die Bewegung der blockfreien Staaten, da die bipolaren Strukturen

---

236 Vladimir Bilandzic/Stanko Nick, The Policy of Non-Alignment of Yogoslawia, Karl E. Birnbaum/Hanspeter Neuhold (Hg.), *Neutrality and Non-Alignment in Europe,* (Wilhelm Braumüller: Wien), 1981, 168–195.

237 Vgl. Paul Luif, *Die Bewegung der blockfreien Staaten und Österreich,* (Österreichisches Institut für Internationale Politik: Laxenburg bei Wien), 1981.

238 Äthiopien, Afghanistan, Algerische Exilregierung, Burma, Ceylon, Ghana, Guinea, Indien, Indonesien, Irak, Jemen, Jugoslawien, Kambodscha, Kongo, Kuba, Libanon, Mali, Marokko, Nepal, Saudi-Arabien, Somalia, Sudan, Tunesien, Vereinigte Arabische Republik, Zypern.

gelockert wurden. So gelang es jenen Staaten trotz ihrer Heterogenität, einen eigenen Block zu formen. Den neutralen Staaten in Europa war das nicht nur per definitionem nicht erlaubt, es war zudem politisch auch nicht mehr sinnvoll, da in Europa die Blockbildung abgeschlossen war, in der Dritten Welt hingegen nicht. Um ihre Beziehungen zur Blockfreien-Bewegung zu erweitern, wurde für die neutralen Staaten Europas bei der Organisation der blockfreien Staaten der »Status« des Gastes geschaffen. Damit konnten sie auch an den Konferenzen der Blockfreien-Bewegung teilnehmen.[239]

1961 formulierte die Blockfreien-Bewegung einige Bedingungen für die Mitglieder, die ihre innere Heterogenität und wechselhafte Politik zwischen Unabhängigkeit und Großmachteinfluss widerspiegelte. Danach sollte ein bündnisfreies Land eine unabhängige Außenpolitik auf der Grundlage der Koexistenz von Staaten mit unterschiedlichen politischen und sozialen Systemen betreiben. Ein Mitglied durfte keinem multilateralen Bündnis angehören, wenn dieses in Zusammenhang mit einem Großmachtkonflikt stand. Wenn es ein bilaterales militärisches Bündnis mit einer Großmacht abschloss oder ein Teilnehmer eines regionalen Verteidigungspaktes war, so dürften diese nicht im Zusammenhang mit einem Großmachtkonflikt stehen. Das galt auch für eine eventuelle Militärbasis einer Großmacht auf dem Territorium eines Blockfreien-Mitglieds.

Angesichts all dieser Ausnahmen und Bedingungen war es oft schwierig, zwischen blockfreien und mit Großmächten verbündeten Staaten zu unterscheiden. Kaum ein Staat der Dritten Welt konnte während des Kalten Krieges von sich sagen, keine Unterstützung und Hilfe von einer oder beiden Supermächten zu bekommen. Umgekehrt kann man aber auch nicht behaupten, dass diese Staaten Marionetten der Supermächte waren. Die Frage war nur, in welchem Ausmaß es ihnen gelang, ihre Souveränität und ihre Interessen zu verteidigen und durchzusetzen. Nach Ende des Kalten Krieges blieb die Bewegung der

---

239 Interview mit Peter Jankowitsch, Österreich und die Blockfreien, *International, Die Zeitschrift für Internationale Politik*, II/2015, 24–25.

blockfreien Staaten (»Non-Aligned Movement« – NAM) bestehen, die sich auch weiterhin für eine allgemeine Abrüstung und die Nichtverbreitung nuklearer Waffen engagierte. Ansonsten verfolgten die Mitgliedsstaaten individuelle Strategien. Indien etwa vertrat eine Politik der multiplen Bündnisse, was verschiedene politische, ökonomische und militärische Assoziationsformen mit Großmächten einschloss.

Neutralität war ein Konzept, das es ermöglichte, die Blöcke des Kalten Krieges auf Distanz zu halten. Sie garantierte in einem gewissen Umfang die politische Unabhängigkeit der neutralen Staaten. Diese traten keinem Militärbündnis bei, ihr Werte- und Wirtschaftssystem orientierte sich aber am Westen. Die Mitglieder der Blockfreien-Bewegung versuchten ihrerseits, den Einfluss der Großmächte auf ihre Staaten beschränkt zu halten und eine Blockbildung zu verhindern. Diese Funktion der Bewegung verschwand weitgehend nach Ende des Kalten Krieges. Mit dem Zusammenbruch des Ostblocks veränderte sich auch der Charakter der neutralen Staaten in Europa nachhaltig. So traten Schweden, Finnland und Österreich 1995 der EU bei. Obwohl sich jene Staaten formal bis in die Gegenwart keinem militärischen Bündnis angeschlossen haben, engagieren sie sich auf vielen Ebenen im Rahmen von NATO-Programmen und der gemeinsamen Außen- und Sicherheitspolitik der EU. Insbesondere in Schweden und Finnland, weniger in Österreich und in der Schweiz, ist die Interpretation oder die Beibehaltung der Neutralität immer wieder Gegenstand politischer und öffentlicher Diskussionen. Die Neutralität ist aber auch Teil der Identität dieser Länder und wird von einer Mehrheit der Bevölkerung unterstützt.

Exkurs: Neutralität als Modell für Deutschland?

Noch vor der Konferenz von Jalta tauchte im Januar 1945 aus dem sowjetischen Außenministerium das Litwinow-Memorandum auf. Es sah nicht zwei, sondern drei Einflusszonen in Europa vor. Eine sowjetisch dominierte sollte im Norden und Osten entstehen, die Finnland, Schweden, Polen, Ungarn, die Tschechoslowakei, Rumänien, Jugoslawien, Bulgarien und die Türkei umfasste. Eine zweite mit den Niederlanden, Belgien, Frankreich, Spanien, Portugal und Griechenland sollte unter den Einfluss Großbritanniens fallen. Am interessantesten aber ist, dass das Dokument eine dritte neutrale Zone vorsah, die Deutschland, Dänemark, Norwegen, Österreich und Italien beinhaltet hätte.[240] Die Noten Stalins von 1952 sahen schließlich die Schaffung eines verkleinerten Gesamtdeutschlands mit der polnisch-deutschen Grenze an Oder und Neiße vor. Der so entstandene deutsche Staat sollte aus den Machtblöcken herausgelöst und »koalitionsfrei«[241], die Besatzungstruppen durch »eigene nationale Streitkräfte« ersetzt werden. In einer zweiten Note akzeptierte Stalin auch »freie gesamtdeutsche Wahlen«.[242] Die Westalliierten und der Kanzler der Bundesrepublik Deutschland, Konrad Adenauer, lehnten das Angebot kurzerhand ab. Adenauer und ebenso die Mehrheit der westlichen Politiker sahen darin den Versuch, den westlichen Block zu schwächen und die Westintegration der BRD zu verzögern. Ob Stalin sein Angebot tatsächlich ernst meinte und welche Intentionen er damit verband, sind bis heute vieldiskutierte Themen. Einige Historiker gehen davon aus, dass es Stalin in erster Linie um die Absicherung seiner eigenen Einflusssphäre in Europa ging und nicht so sehr um eine Schwächung des Westblocks.[243]

---

240 Norman Naimark, The Sovietization of Eastern Europe, 1944–1953, Melvyn P. Leffler and Odd Arne Westad (Hg.), *The Cambridge History of The Cold War, Vol. I, Origins*, (Cambridge University Press: Cambridge), 2010, 175–176.

241 Gehler bemerkt, dass in der Note aus sowjetischer Sicht nicht von »Neutralität« oder »Neutralisierung« sondern von »Koalitionsfreiheit« die Rede. Michael Gehler, *Modellfall für Deutschland?: Die Österreichlösung mit Staatsvertrag und Neutralität 1945–1955*, (Studien Verlag: Innsbruck), 2015, 1126.

242 Andreas Hillgruber, *Europa in der Weltpolitik der Nachkriegszeit 1945–1963*, (Oldenbourg Verlag: München/Wien), 1979, 60–61.

243 Peter Ruggenthaler, *The Concept of Neutrality in Stalin's Foreign Policy, 1946–1953*, (Lexington Books: London), 2015.

Adenauer seinerseits lehnte prinzipiell jegliche Lockerung des westlichen Lagers durch die Entstehung neutraler Staaten als eine sowjetische Verschwörung ab. Schon vor den Stalin-Noten kommentierte er einen Brief des Ministerpräsidenten der Deutschen Demokratischen Republik Otto Grotewohl von 1950, in dem dieser die Wiederherstellung der Einheit Deutschlands und gesamtdeutsche Wahlen unter der Aufsicht eines »Gesamtdeutschen Konstituierenden Rates« vorschlug, in seinen Erinnerungen[244] folgendermaßen:

> »Das Nahziel der sowjetischen Politik war die Neutralisierung und die Verhinderung der Integration Europas. Das Fernziel war die Einverleibung Deutschlands und schließlich ganz Europas in die kommunistische Machtsphäre.«

Die Entscheidung, einen westdeutschen Teilstaat zu erhalten, war schon in den Jahren 1952 bis 1955 getroffen worden. Adenauer verband seine Befürchtungen, dass Deutschland aus dem Westblock herausgelöst und damit geschwächt würde, mit einer grundsätzlichen Ablehnung des Konzeptes der Neutralität. Er warnte mehrfach und immer wieder vor der »Gefährlichkeit« der Schaffung eines »neutralen Gürtels in Europa«.[245] »Ein derartiger Gürtel,« schrieb er später, »würde nach meiner Meinung das Ende Deutschlands und auch Europas bedeuten.«[246] Hinter dieser kategorischen Ablehnung der »Neutralisierung« stand der Wunsch Adenauers, Westdeutschland fest in das transatlantische Verhältnis zu integrieren. Zugleich diente die argumentatorische Verknüpfung zwischen der »Neutralisierung« und einer kommunistischen Machtergreifung in ganz Europa dieser Absicht. Sie stellte aber keineswegs eine notwendige kausale Beziehung dar. Man kann durchaus annehmen, dass Neutralität ohne kommunistische Machtergreifung möglich gewesen wäre. Österreich und Finnland sind Beispiele dafür.

---

244 Konrad Adenauer, *Erinnerungen 1953–1955*, (Deutsche Verlagsanstalt: Stuttgart), 1966, 34, 37.

245 U. a. Konrad Adenauer, *Erinnerungen 1955–1959*, (Deutsche Verlagsanstalt: Stuttgart), 1967, 284–292.

246 Konrad Adenauer, *Erinnerungen 1953–1955*, (Deutsche Verlagsanstalt: Stuttgart), 1966, 442.

In Mitteleuropa blieb eine neutrale Lösung nur Österreich nach 1955 vorbehalten. Diese wurde von Adenauer aber weiterhin mit Argwohn betrachtet. Er vermutete dahinter eine verschwörerische Taktik:

> »Das Einschwenken in der Frage Österreichs war ein von Moskau klug berechneter Schritt. Es war wohl kein Zweifel möglich, dass von Seiten Sowjetrusslands die Neutralität Österreichs unter anderem in der Absicht erstrebt wurde, bei uns in Deutschland ähnliche Gedanken und Ideen, die ja sowieso schon herumspukten, zu fördern und ihre Verbreitung auch in anderen Teilen Europas und der Welt zu stärken. Das Verhalten der Sowjetunion beruhte auf einer sehr geschickten Taktik.«[247]

Adenauer sah in der »bewaffneten Neutralität« Österreichs somit eine Einschläferungstaktik des Kremls zu einer Zeit, als diese von US-Präsident Eisenhower unterstützt wurde. Eisenhower selbst äußerte sich im Mai 1955 zur Frage der Neutralisierung Österreichs auf folgende Weise:

> »Und ich möchte folgendes sagen: Es scheint sich der Gedanke zu entwickeln, dass man eine Reihe von neutralisierten Staaten von Norden nach Süden durch Europa aufbauen könnte. Nun, erinnern Sie sich: In dem Vertrag über die Neutralisierung Österreichs heißt es nicht, dass Österreich entwaffnet werde. Es nicht eine Leere, keine militärische Leere, es ist nach dem Muster der Schweiz. Die Schweiz ist verpflichtet, ihre eigene Neutralität aufrechtzuerhalten, und ich glaube, sie würde bis zum Tode für sie kämpfen. Diese Art von Neutralität ist eine ganz andere als bloß ein militärisches Vakuum.«[248]

Adenauer stellt sich in dieser Frage explizit gegen den US-Präsidenten. Er beauftragte nach diesen Äußerungen Eisenhowers den deutschen Botschafter Krekeler unverzüglich beim US-Außenminister John Foster Dulles vorstellig zu werden und Adenauers Bedenken anzumelden. Dulles stellte klar, dass der Prä-

---

247 Konrad Adenauer, *Erinnerungen 1953–1955*, (Deutsche Verlagsanstalt: Stuttgart), 1966, 441–442.

248 Dwight D. Eisenhower, Pressekonferenz, 18. Mai, 1955, zitiert in Konrad Adenauer, *Erinnerungen 1953–1955*, (Deutsche Verlagsanstalt: Stuttgart), 1966, 442.

sident nicht über die Neutralität Deutschlands sondern die existierenden neutralen Staaten gesprochen hätte. Eisenhower wollte aber mit der Betonung der »bewaffneten Neutralität« auch darauf hinweisen, dass er nicht eine entmilitarisierte Zone in Mitteleuropa befürwortete, wie sie von der Sowjetregierung angeregt worden war.

Tatsächlich war Deutschland für den Westen zu wichtig, als dass man ihm einen neutralen Status zugestehen wollte oder zugetraut hätte. Im Rahmen der beginnenden Blockkonfrontation war zudem nur wenig Spielraum für Neutralität. Auch dürften die Westmächte Bedenken gehabt haben, dass ein vereinigtes Deutschland wieder zu mächtig werden konnte.

Das derartige Bedenken wirklich existierten, belegt ein Treffen des Nationalen Sicherheitsrates (NSR) vom 6. Februar 1958. Darin sprach US-Außenminister Dulles über die tatsächlichen Gründe seiner Bedenken, die er bezüglich eines vereinigten Deutschlands hatte. Die USA und die Sowjetunion würden sich beide einig sein, dass es nicht sicher sei, ein vereinigtes Deutschland in der Mitte Europas zu haben, außer es gäbe eine externe Kontrolle, die verhindern kann, dass Deutschland ein drittes Mal anrichtet, was es schon 1914 und 1939 getan hatte. Dulles betonte, dass die Sowjetunion niemals ein unabhängiges neutralisiertes Deutschland im Herzen Europas akzeptieren würde. Es könne nicht permanent neutral gehalten werden. Entweder müsste es vom Westen oder von der Sowjetunion unter Kontrolle gehalten werden. In dieser Frage gab es letztlich eine stillschweigende Einigkeit bei den politischen Eliten in West und Ost.

> »Deshalb sollten wir ein für alle Mal die Idee aufgeben, dass die Wiedervereinigung Deutschlands ein Ziel der Politik der USA an sich ist. [...] Wir sollten unser Bestes tun, Deutschland bei Laune zu halten, bis eine passende Lösung für Deutschlands Wiedervereinigung gefunden wird.«[249]

249 National Security Council, 242. Memorandum, Discussion at the *354th Meeting of the National Security Council*, February 6, 1958. Übersetzung: HG.

Diese Begründung unterscheidet sich wesentlich von der Adenauers, der argumentierte, dass die Sowjetunion ein neutralisiertes Deutschland anstrebe, um es kontrollieren zu können. Dem entgegen hegten sowohl die USA als auch die Sowjetunion starke Bedenken wegen der Gefahr, die von einem vereinigten Deutschland ausgehen konnte.

Angesichts dieser Auffassung sah der Nationale Sicherheitsrat der USA Ende der Fünfzigerjahre für Deutschland drei »Politik-Linien«: eine Annäherung an die Sowjetunion, wenn es von den USA enttäuscht wird; eine unabhängige, neutrale Außenpolitik; oder eine feste Verankerung im westlichen Bündnis. Um Deutschland in diesem Bündnis zu halten, müsste der Westen »überzeugen«, dass es »langfristig« die Vereinigung erreichen könne.[250] Dabei blieb jedoch offen, was »langfristig« tatsächlich bedeuten würde.

Für Adenauer wiederum war die deutsche Wiedervereinigung abhängig von der Eindämmung des sowjetischen Kommunismus. Am 30. Januar 1959 sandte er seine Grundgedanken nach Washington:

> »Das Ziel der SU ist und bleibt: Beherrschung der Welt durch den Kommunismus unter Führung der SU. [...] Wenn man die Teilung Deutschlands als die größte Gefahr unserer Zeit bezeichnet, so lenkt man die öffentliche Aufmerksamkeit von der wirklichen Gefahr, dem Ausdehnungsdrang der SU ab. Die Verhinderung der Ausdehnung des Kommunismus in der Welt, insbesondere der Ausdehnung der wirtschaftlichen und politischen Macht der SU muss aber in allererster Linie die Arbeit aller freier Völker gelten.«[251]

Für Adenauer hatte die Berlin-Krise auch eine innenpolitische Dimension. Er befürchtete, dass ein Wahlgewinn der Sozialdemokraten bei den Bundestagswahlen 1961 den Weg für die Sowjetunion ebnen würde. Wie sich der französische Präsident Charles de Gaulle in seinen Memoiren erinnert, sagte er im Dezember 1959 bei einem westlichen Gipfeltreffen:

---

250 National Security Council, *US Policy Toward Germany*, NSC 5803, February 7, 1958.

251 Konrad Adenauer, *Erinnerungen 1955–1959*, (Deutsche Verlagsanstalt: Stuttgart), 1967, 463–468.

»Wenn wir Berlin verlieren würden, würde meine politische Position unhaltbar werden. Die Sozialisten würden die Macht in Bonn übernehmen. Sie würden sich direkt mit Moskau arrangieren, und das würde das Ende von Europa sein.«[252]

Die Frage, ob ein gesamtdeutsches neutrales Deutschland möglich gewesen wäre und weniger Leid für die ostdeutsche Bevölkerung bedeutet hätte, muss unbeantwortet bleiben. Sie kann historisch nicht geklärt werden. Es gibt viele nachträgliche Erklärungen für Adenauers kompromisslose und konsequente Integrationspolitik Westdeutschlands in das atlantische Lager.[253] Sie mögen zutreffen, sind aber nicht zwingend.

Trotz der ablehnenden Haltung des Westens gegenüber den Stalin-Noten gab es in der Folge weitere Vorschläge hinsichtlich der Neutralität in Mitteleuropa. George F. Kennan, der nach 1947 als US-Botschafter in Moskau das Konzept der Eindämmungspolitik entwickelte, schlug 1956 und 1957 eine Neutralität Zentraleuropas und eines vereinigten Deutschlands vor, weil er insgesamt nicht an die Haltbarkeit der Teilung Europas und Berlins glaubte.[254] Er machte folgende Ausführungen:

»Es war schon immer meine Ansicht, dass die Entlassung Osteuropas aus der unnatürlichen Fesselung, in der es in diesen letzten Jahren festgehalten wurde, erleichtert würde, wenn die den amerikanischen und den russischen Militärblock trennende Linie nicht zu stark betont würde, und wenn die dazwischenliegende neutrale Zone eher erweitert als verkleinert werden könnte.«[255]

---

252 Charles de Gaulle, Memoirs of Hope: Renewal and Endeavor, zitiert in Henry Kissinger, *Diplomacy*, (Simon & Schuster: New York/ London), 1994, 572. Übersetzung: HG.

253 Hans-Peter Schwarz, The division of Germany, 1945–1949, Melvyn P. Leffler/Odd Arne Westad (Hg.), *The Cambridge History of The Cold War*, Vol. I, Origins, (Cambridge University Press: Cambridge), 2010, 152–153.

254 George F. Kennan, *Im Schatten der Atombombe: Eine Analyse der amerikanisch-sowjetischen Beziehungen von 1947 bis heute*, (Kiepenheuer & Witsch: Köln), 1982, 21.

255 George F. Kennan, zitiert in Konrad Adenauer, *Erinnerungen 1955–1959*, (Deutsche Verlagsanstalt: Stuttgart), 1967, 146–148.

Kennan begrüßte, dass Schweden nicht dem Atlantikpakt NATO beigetreten ist, dass die Schweiz ihre traditionelle Neutralität gewahrt hatte, Österreich neutral wurde, und dass sich Jugoslawien weder an den Westen noch an den Osten gebunden hatte. Von neutralen Staaten sollte man sich nicht wünschen,

> »dass sie Versprechungen abgeben, uns im Kriegsfall zu verteidigen, sondern dass sie sich einen klaren Blick für ihre eigenen Interessen bewahren und jedem unbilligen Druck, von welcher Seite er auch erfolgt, im Krieg oder Frieden energischen Widerstand entgegensetzen«.

Deshalb hat Kennan auch daran gezweifelt, ob es klug war, Westdeutschland allein wieder zu bewaffnen und in den Atlantikpakt aufzunehmen. Deutschland hätte ein neutraler Faktor werden können, »der die scharfe Schneide der beiden militärischen Pole in Europa abstumpfen und schließlich hätte helfen können, die Heftigkeit des Konfliktes zwischen Ost und West zu verringern«. Gegenüber US-Außenminister John Forster Dulles sagte Adenauer 1959, dass Kennans Vorschläge Deutschland und ganz Westeuropa »in die Hände der Sowjets treiben« würden und »für Amerika reiner Selbstmord« wären.[256]

Die US-Senatoren Hubert H. Humphrey und William F. Knowland arbeiteten ebenfalls Vorschläge über eine neutrale Zone in Mitteleuropa aus. Senator Humphrey, der auch Vorsitzender des Unterausschusses für Abrüstung des Auswärtigen Ausschusses des amerikanischen Senats war, erklärte 1956 und 1957 mehrmals, dass sich die zehnjährigen Verhandlungen über die Vereinigung Deutschlands als fruchtlos erwiesen hätten, und dass andere Mittel in Erwägung gezogen werden müssten, die vielleicht eher zum Ziel führen würden. Er regte die Schaffung einer Pufferzone bei gleichzeitigem Rückzug amerikanischer und sowjetischer Truppen aus West- beziehungsweise Ostdeutschland an. Senator Knowland, der Vorsitzende der republikanischen Fraktion im US-Senat, wollte ein vereinigtes Deutschland in die Reihe der anderen neutralen Staaten Österreich, Finn-

256 Konrad Adenauer, *Erinnerungen 1955–1959*, (Deutsche Verlagsanstalt: Stuttgart), 1967, 474.

land, Schweden und die Schweiz eingliedern. Die sowjetischen Satellitenstaaten sollten aus dem Warschauer Pakt austreten und ebenfalls neutral werden. Die Grenzen dieser Länder müssten von den Großmächten garantiert und allgemeine freie Wahlen abgehalten werden. Auch der Vorsitzende der britischen Labour-Party Hugh Gaitskell entwickelte ähnliche Ideen.[257] Kanzler Adenauer erklärte dazu:

> »Was mir aber große Sorge machte, waren gewisse Meldungen aus Großbritannien, das waren Pläne, die immer wieder von einigen britischen Zeitungen als sehr erwägenswert bezeichnet wurden, Pläne des Auseinanderrückens der Blöcke, eines ›Disengagements‹. [...] Aber das Ausscheiden der Bundesrepublik aus der NATO – und das wäre die Folge derartiger ›Disengagement‹-Pläne – würde die NATO als Bollwerk gegen eine russische Aggression unterhöhlen, es würde die NATO zwecklos, sinnlos machen.«[258]

Adenauer wollte somit nicht die Wiedervereinigung für den Preis der Herauslösung Deutschlands aus dem westlichen Block. Er befürchtete offenbar ein schutzloses, ungebundenes Deutschland in der Mitte Europas als Spielball zwischen Ost und West.[259] Umgekehrt war er hingegen der Auffassung, dass eine feste Verankerung Westdeutschlands im Westblock einen Rückzug der Sowjetunion aus Mitteleuropa und ein vereinigtes Deutschland zur Folge haben werde. Die unmittelbare und mittelbare Folge bestand allerdings tatsächlich in einer steigenden Verfestigung der Blöcke.

In der zweiten Hälfte der Fünfzigerjahre war neben der Neutralitätsdebatte eine Debatte über »Disengagement« im Rahmen mehrerer Vorschläge über kollektive Sicherheit in Gang gekommen. Die Idee war, eine Region gemeinsamer Sicherheit zu schaffen und die Blockkonfrontation zu verringern. Diese Vor-

257 Andreas Hillgruber, *Europa in der Weltpolitik der Nachkriegszeit 1945–1963*, (Oldenbourg Verlag: München/Wien), 1979, 60–61.

258 Konrad Adenauer, *Erinnerungen 1955–1959*, (Deutsche Verlagsanstalt: Stuttgart), 1967, 480.

259 Konrad Adenauer, *Erinnerungen 1955–1959*, (Deutsche Verlagsanstalt: Stuttgart), 1967, 473–474. Vgl. auch Henry Kissinger, *Diplomacy*, (Simon & Schuster: New York/London), 1994, 572.

stellungen kollektiver Sicherheit wurden mit dem Vorschlag von einer »atomwaffenfreien Zone« verbunden, auch um eine atomare Aufrüstung der Bundesrepublik zu verhindern. Der polnische Außenminister Adam Rapacki machte bei der Vollversammlung der Vereinten Nationen 1957 einen Vorschlag über »atomwaffenfreie Zonen« in Mitteleuropa, der als »Rapacki-Plan« bekannt und von der polnischen Regierung verbreitet wurde. Die vorgeschlagene Zone sollte Polen, die Tschechoslowakei, die Deutsche Demokratische Republik und die Bundesrepublik Deutschland umfassen. Auf diesem Territorium sollten Nuklearwaffen weder produziert noch gelagert werden. Zugleich wären auch die Stationierung von Einrichtungen, die für ihre Bedienung bestimmt waren sowie der tatsächliche Einsatz von Nuklearwaffen in dieser Zone untersagt gewesen.

Der Plan wurde jedoch schließlich von der deutschen Regierung abgelehnt, weil sie zu einem Sonderstatus der Bundesrepublik in der westlichen Allianz geführt hätte. Sie wäre das einzige westliche Land in der Zone gewesen. Zugleich, so die Begründung, liefe der Rapacki-Plan dem bestehenden Ziel der festen politischen und militärischen Westintegration und der Stärkung der Position der Bundesrepublik in der Allianz zuwider. Für Adenauer war es dabei gleichgültig, ob man das »Disengagement« oder »Rapacki-Plan« nannte. Er hielt eine solche Zone für »sinnlos«.[260] Ein anderer Grund für die Ablehnung einer nuklearwaffenfreien Zone durch die Bundesrepublik dürfte gewesen sein, dass die Bundesrepublik in den Fünfzigerjahren ein eigenes Nuklearwaffenprogramm verfolgte, um an der nuklearen Abschreckung des Westens so gut wie möglich teilhaben zu können.[261]

---

260 Konrad Adenauer, *Erinnerungen 1955–1959*, (Deutsche Verlagsanstalt: Stuttgart), 1967, 364, 480.

261 Harald Müller, Germany and WMD Proliferation, *The Nonproliferation Review*, Summer 2003.

Entspannungspolitik

Als Entspannung kann die Periode bezeichnet werden, die dem Höhepunkt des Kalten Krieges folgte und die Spannungen zwischen Ost und West durch eine Reihe von Maßnahmen abbauen sollte. Für den Beginn der Entspannungsperiode gibt es keinen genauen Zeitpunkt. Die Anfangsphase reicht vom Besuch von Nixons Sicherheitsberater Henry Kissinger in Moskau 1972 bis zum Besuch des sowjetischen Präsidenten Leonid Breschnew in Washington 1973. Dazwischen gab es eine Unzahl von Treffen und Verhandlungen. Marksteine Anfang der Siebzigerjahre waren die Rüstungskontrollverhandlungen zu SALT I und II, die Reise US-Präsident Nixons nach Moskau 1972, das Viermächteabkommen über Berlin und die deutsche Ostpolitik zu Beginn der Siebzigerjahre. Andere wichtige Ereignisse, welche die Phase der Entspannungspolitik andeuteten bzw. vorwegnahmen, waren beispielsweise das Ende der Kubakrise 1962 und die Einrichtung des »Roten Telefons« zwischen Moskau und Washington. Als Rückschlag für die Entspannungspolitik während des Kalten Krieges wird dem gegenüber zumeist der Einmarsch der Sowjetunion in Afghanistan 1979 angegeben.

Der Entspannungspolitik lag das Bemühen zu Grunde die Beziehungen zwischen zwei Blöcken, die einander feindlich gesinnt waren, in geregelte Bahnen zu lenken. Sie führte letztlich zu einer Mischung aus Abschreckung und Kooperation. Nach der Ansicht Nixons und Kissingers war die Entspannungspolitik der Siebzigerjahre allerdings nur deshalb möglich, weil sich die USA und China annäherten und sie dadurch die Macht der Sowjetunion schwächten.[262] Die USA selbst hatten ihre absolute Vormachtstellung eingebüßt. Europa und Japan hingegen war

262 Über die Entspannungspolitik hinaus hatten Nixon und Kissinger ein neues Großmachtsystem vor Augen. Die USA, die Sowjetunion, China, Europa sowie Japan sollten eine Art Konzert der Mächte bilden, die im Interesse der globalen Stabilität ein Gleichgewicht gebildet hätten. Robert D. Schulzinger, Détente in the Nixon-Ford, 1969–1976, Melvyn P. Leffler and Odd Arne Westad

es gelungen sich von den Zerstörungen des Zweiten Weltkrieges zu erholen und ihren Anteil am Weltbruttosozialprodukt zu sichern.[263] Die USA versuchten daher nun vermehrt, mithilfe der Gleichgewichtspolitik ihre Großmachtstellung abzusichern.

Die Entspannungspolitik zwischen Ost und West seit Ende der Sechzigerjahre brachte keine Lösung des Konfliktes zwischen den Supermächten, verringerte aber die wechselseitige Bedrohung. Für Nixon stellte sie keine »Liebesbeziehung«[264], sondern ein Verstehen des Gegners dar, mit dem man einige gemeinsame Interessen, wie die Vermeidung eines Nuklearkrieges, teilte. Ein solches Verstehen konnte helfen, das Risiko eines nuklearen Schlagabtauschs zu reduzieren und einen Krieg zu verhindern, sobald beide Seiten anerkannten, dass weder Aggression noch Krieg von Vorteil für sie sind. Nixon betonte, dass die Entspannungspolitik keine Bündnispolitik mit der Sowjetunion sei. Die Konkurrenz der verschiedenen Interessen würde durch einige wichtige Elemente der Kooperation erweitert. Entspannung war für ihn nicht eine Alternative zur Eindämmung, sondern eine Ergänzung. Henry Kissinger war seinerseits der Meinung, dass alle westlichen Regierungen demonstrieren sollten, dass sie sich bemühten, Spannungen zu reduzieren und über offene Differenzen zu verhandeln. Für ihn bedeutete »Entspannung« keine Politik des »guten Willens« oder eine »psychotherapeutische Übung«, sondern ein Konzept, das er mit Argumenten der realistischen Schule erklärte: Nationale Interessen ausgleichen und auf der Basis strategischer Realitäten verhandeln.[265]

Die Entspannungspolitik hatte als primäres Ziel, das Risiko eines Nuklearkrieges zu reduzieren. In ihrem Verlauf entwickelte sie aber eine Eigendynamik, die weit darüber hinausging und

---

(Hg.), *The Cambridge History of The Cold War, Vol. II, Crises and Détente,* (Cambridge University Press: Cambridge), 2010, 373–394.

263 Joseph Nye, *Bound to Lead: The Changing Nature of American Power,* (Basic Books: New York), 1990.

264 Richard Nixon, *The Real War,* (Warner Books: New York), 1980, 284–306.

265 Henry Kissinger, *NATO – The next thirty years,* speech at the Palais d'Egmont, Brussels, Belgium, September 1, 1979.

schließlich zu einer wechselseitigen Anerkennung der jeweiligen Sicherheitsbedürfnisse führte. Die von Seiten der Bundesrepublik Deutschland betriebene Entspannungspolitik ging diesbezüglich sogar noch weiter. So brachte der in Moskau 1970 unterzeichnete Vertrag zwischen der Sowjetunion und der Bundesrepublik Deutschland nicht nur eine Anerkennung der jeweiligen Sicherheitsinteressen, sondern leitete ein neues Verhältnis zwischen Moskau und Bonn ein.[266] 1972 wurden die Ostverträge im deutschen Bundestag ratifiziert. Die deutsche Ostpolitik von Bundeskanzler Willy Brandt hatte allerdings einen anderen Hintergrund als die Entspannung zwischen den USA und der UdSSR, da es hierbei auch zugleich um die Frage der deutschen Einheit ging.[267] Kissinger stand der deutschen Variante der Entspannungspolitik aus eben diesem Grund eher skeptisch gegenüber. Schließlich warnte er Nixon sogar vor den »besorgniserregenden« langfristigen Gefahren der Ostpolitik, die Westdeutschland von seinen NATO-Verbündeten entfremden würde.[268] In den USA befürchtete man,[269] dass Willy Brandt und sein engster Berater – in diesen Fragen besonders Egon Bahr – die Auflösung des Warschauer Paktes und der NATO anstrebten, um die deutsche Einheit zu erreichen. Tatsächlich nahmen Brandt und Bahr zum damaligen Zeitpunkt an, dass die deutsche Einheit nur erlangte werden konnte, wenn das bipolare Blocksystem des Kalten Krieges aufgelöst würde. Diese Annahme sollte sich 1989–1990 zumindest teilweise bestätigen.

Im Rahmen der Entspannungspolitik wurden die Vorschläge einer gesamteuropäischen Sicherheitskonferenz wiederbelebt. Nach dem Einmarsch der Truppen des Warschauer Paktes in

266 Rolf Steininger, *Der Kalte Krieg*, (Fischer Compact: Frankfurt am Main), 2006, 37.

267 Vgl. Jussi M. Hanhimeki, Détente in Europe, 1962–1975, Melvyn P. Leffler and Odd Arne Westad (Hg.), *The Cambridge History of The Cold War, Vol. II, Crises and Détente*, (Cambridge University Press: Cambridge), 2010, 198–218.

268 Henry Kissinger, *White House Years*, (Little, Brown), 1979, 530.

269 Marc Trachtenberg, The structure of great power politics, 1963–1975, Melvyn P. Leffler and Odd Arne Westad (Hg.), *The Cambridge History of The Cold War, Vol. II, Crises and Détente*, (Cambridge University Press: Cambridge), 2010, 494–495.

der Tschechoslowakei 1968 gab es 1969 vom Politischen Beratenden Ausschuss der Warschauer Pakt-Staaten und den NATO-Außenministern derartige Initiativen. Daraufhin bot die finnische Regierung an, ein Vorbereitungstreffen in Helsinki zu organisieren. Eine Vorbereitungskonferenz fand 1972, die erste Konferenz 1973 statt. Daraus entwickelte sich der KSZE-Prozess, der ohne die gleichzeitige Entspannungspolitik nicht denkbar gewesen wäre.

Die KSZE-Schlussakte von Helsinki 1975 hatte die territoriale Nachkriegsordnung und das Prinzip der Nichteinmischung in innere Angelegenheiten anerkannt, formulierte gleichzeitig aber einen Wertekatalog über Menschenrechte und Grundfreiheiten, der große Sprengkraft besaß. Die Schlussakte musste in allen Unterzeichnerstaaten, so auch in der Moskauer Prawda, veröffentlicht werden. Die US-Regierung von Gerald Ford betonte nach der Unterzeichnung der Schlussakte zwar weiterhin die unüberbrückbaren ideologischen Differenzen und die Konkurrenz zwischen den USA und der Sowjetunion. Henry Kissinger hob aber gegenüber Kritikern die Vorteile der KSZE-Schlussakte hervor, wobei er nunmehr auch idealistisch-konstruktivistische Argumente verwendete:

> »Die Vereinigten Staaten verfolgen diesen Prozess der Spannungsverringerung aus der Position von Selbstvertrauen und Stärke. In Helsinki waren es nicht wir, die in der Defensive waren und nicht unsere Prinzipien wurden in Frage gestellt. Zum ersten Mal in der Nachkriegsperiode wurden in Helsinki Menschenrechte und Grundfreiheiten anerkannte Themen des Diskurses und der Verhandlungen zwischen Ost und West. Die Konferenz hat unsere Standards des menschlichen Verhaltens hervorgehoben, die immer ein Strahl der Hoffnung für Millionen waren und noch immer sind.«[270]

Dennoch verstummten die Gegner des Helsinki-Abkommens in den USA nicht. Sie verwiesen auf die Anerkennung der existierenden Grenzen in Europa, obwohl die Schlussakte eine friedli-

270 Henry Kissinger, America and the National Interest, address before the Southern Commodity Producers Conference in Birmingham, Alabama, August August 14, 1975, zitiert in Henry Kissinger, *Diplomacy*, (Simon & Schuster: New York/London), 1994, 760. Übersetzung: HG.

che Grenzänderung nicht ausschloss. Vor allem Dissidenten aus den osteuropäischen Ländern machten Stimmung gegen das Abkommen und verwiesen darauf, dass die Grenzen durch Besetzungen zustande gekommen seien. Paradoxerweise war eine der Konsequenzen der sowjetischen Intervention in der Tschechoslowakei 1968, dass die deutsche Ostpolitik und der KSZE-Prozess begonnen wurden. Die deutsche Bundesregierung wollte auf jeden Fall verhindern, dass sich eine derartige Intervention insbesondere in der DDR wiederholen könnte. Eine militärische Intervention des Westens im Ostblock war allerdings ausgeschlossen. Es blieben also nur diplomatische Mittel, wie die bilateralen deutsch-sowjetischen Beziehungen und der multilaterale KSZE-Prozess, an dessen Gründung Deutschland wesentlich beteiligt war.

Im Rahmen der KSZE wurden »vertrauens- und sicherheitsbildende Maßnahmen« (VSBMs) entwickelt. Sie waren so konstruiert, dass sie einen Teil der Ost-West-Spannungen, die vom Sicherheitsdilemma verursacht waren, abbauen sollten. Die Nachfolgekonferenz der KSZE in Madrid 1980–1983 war durch den sowjetischen Einmarsch in Afghanistan schwer beeinträchtigt. Sie hatte aber ein Mandat für eine »Konferenz über Sicherheits- und Vertrauensbildende Maßnahmen und Abrüstung in Europa« (KVAE) zur Folge. Diese begann 1984 in Stockholm. Auf ihr wurden »Vertrauens- und Sicherheitsbildende Maßnahmen« (VSBMs) vereinbart, die »militärisch bedeutsam, politisch verbindlich und angemessen verifizierbar waren« und geographisch ganz Europa vom Atlantik bis zum Ural umfasste. Im Abschlussdokument[271] wurde beispielsweise festgelegt, dass Manöver über einer bestimmten Truppenstärke (25 000 Soldaten) angekündigt und Militärbeobachter eingeladen werden müssen. Diese Verpflichtungen sollten die Befürchtungen vor einem Überraschungsangriff verringern.

---

271 Document of The Stockholm Conference on Confidence- and Security-Building Measures and Disarmament in Europe Convened in Accordance With the Relevant Provisions of the Concluding Document of the Madrid Meeting of the Conference on Security and Cooperation in Europe (CSBMs), *Bureau of International Security and Nonproliferation,* Signed at Stockholm September 19, 1986.

Bis zum Höhepunkt der Entspannungspolitik war die Opposition innerhalb der USA gegen diese zunächst zurückhaltend, da Nixon und Kissinger bei den Hardlinern in Regierungskreisen großes Ansehen genossen. Außerdem stellte Henry Kissinger, der 1973 das Amt des Außenministers übernahm, die Entspannungspolitik als ein Instrument dar, das langfristig die Legitimität und Macht der sowjetischen Führung untergraben würde.[272] Nachdem Nixon aber, bedingt durch die Watergate-Affäre, seine Autorität und Macht zwischen 1973 und 1975 eingebüßt hatte, formierten sich die Gegner des bisherigen außenpolitischen Kurses der USA. Der innenpolitische Widerstand gegen Präsident Fords und Außenminister Kissingers Entspannungspolitik setzte sich dabei aus konservativen sowie liberalen Gruppen beider Parteien zusammen. Sie warfen den Regierenden vor, den Anspruch der Sowjetunion auf die Kontrolle Osteuropas anerkannt und die Sache der Menschenrechte preisgegeben zu haben. U. a. hatte Helmut Sonnenfeldt, Berater von Henry Kissinger und des Außenministeriums, 1975 das Verhältnis der Sowjetunion zu den osteuropäischen Staaten als »unnatürlich« bezeichnet, damit aber im Umkehrschluss den sowjetischen Einfluss in diesen Staaten anerkannt. Seine Bemerkungen wurden als »Sonnenfeldt-Doktrin« bekannt. Er verwies darauf, dass die Sowjetunion die Loyalität der osteuropäischen Staaten nur durch die Anwesenheit der sowjetischen Truppen sichern könne, was für ihr geopolitisches »natürliches Interesse« schädlich sei. Gemäß Sonnenfeldt sei es auch im Interesse des Westens, dass das Verhältnis zwischen Osteuropa und der Sowjetunion organischer werde, um einen Dritten Weltkrieg zu verhindern. Die »Sonnenfeldt-Doktrin« formulierte jedoch nur, was längst gültige Politik des Westens war. Die Entspannungspolitik sah kein militärisches Eingreifen in Osteuropa vor, sondern wollte eine Lockerung des Zwangsverhältnisses innerhalb des sowjetischen Blocks erreichen.

Traditionelle Konservative hielten jedoch an der Eindämmungspolitik ohne Kooperation fest. Die liberalen Kritiker wie-

272 Henry Kissinger, *Years of Renewal: The Concluding Vol. of His Memoirs,* (Simon & Schuster: New York), 1999, 92–119.

derum durchliefen eine Metamorphose. Für sie ging die Entspannungspolitik vorerst nicht weit genug. Sie wollten Rüstungskontrollen, die über das SALT I-Abkommen hinaus gingen, vertieften Handel und verstärkten kulturellen Austausch. Als sie merkten, dass die Regierung Nixon diese Forderungen nicht erfüllen konnte, wandten sie sich der sowjetischen Innenpolitik zu und forderten, die Fortsetzung der Entspannungspolitik von moralischen Werten, wie der Einhaltung von Menschenrechten im Sinne der Tradition des Präsidenten Woodrow Wilson, abhängig zu machen. Aber auch innerhalb der Konservativen entstand eine neue Gruppe, die ihre liberalen Positionen zu einem neuen Konservatismus wandelte. Sie forderte anfänglich eine versöhnlichere Politik gegenüber der Sowjetunion, änderte aber zunehmend ihre Haltung, sodass sie schließlich den Regierungen Nixon und Ford, aber auch der Demokratischen Opposition »appeasement« vorwarfen. Ihre Argumente waren, dass es keine Entspannung nach der Intervention der Sowjetunion in der Tschechoslowakei 1968 geben könne, und dass die Nominierung des Vietnamkriegskritikers George McGovern zum demokratischen Präsidentschaftskandidaten 1972 der Sowjetunion in die Hände spielen würde. Zudem forderten sie ein Eingreifen in den aus ihrer Sicht »sowjetisch-arabischen« Krieg gegen Israel von 1973. Nixon seinerseits wollte jedoch ein neuerliches »Abenteuer«, wie Vietnam, in jedem Fall vermeiden. Die Gruppe der Neo-Konservativen (»Neocons«) leitete ihre Forderungen dabei nicht nur von einem traditionell konservativen außen- und geopolitischen Standpunkt ab, sondern ebenso von der Position eines radikal-militanten Wilsonismus[273], der die moralischen Werte der USA betonte.

---

273 Der Begriff »Wilsonismus« steht für die Verbreitung amerikanischer Werte im Ausland auch mit Anwendung von Gewalt. Er wurde von Walter Russel Mead geprägt. – Walter Russel Mead, *Special Providence: American Foreign Policy and How It Changed the World*, (New York: Routledge), 2002. – US-Präsident Woodrow Wilson wollte damit die Amerikaner für die Teilnahme am Ersten Weltkrieg vorbereiten (»Make the world safe for democracy!«) Was die Neo-Konservativen oder Neo-Wilsonisten nicht erwähnen, ist, dass Wilson auch ein Begründer des modernen Multilateralismus

Präsident Ford gab der Kritik schließlich nach und verbot 1976 den Regierungsbeamten das Wort »Entspannung« in Bezug auf die Beziehungen zwischen den USA und der Sowjetunion zu verwenden.[274] Die Entspannungspolitik Nixons, Fords und Kissingers entwickelte sich in der Folge auch zu einem kontroversen Thema des Präsidentschaftswahlkampfes 1976. So attackierte der demokratische Präsidentschaftskandidat Jimmy Carter die drei Politiker, dass sie die Misshandlung der eigenen Bürger durch die sowjetische Regierung akzeptieren würden. Ford warf er zudem vor, dass er den Dissidenten Alexander Solschenizyn 1975 nicht empfangen hätte. Er stellte die Sowjetunion als Gewinner und die USA als Verlierer des Entspannungsprozesses dar. U. a. war es diese Kritik der Administration Fords, durch die Carter im November 1976 die Wahlen gewann. Sein Nachfolger im Amt des US-Präsidenten Ronald Reagan griff in den Achtzigerjahren die Kritik an der Entspannungspolitik auf, die er als »Einbahnstraße« für die Ziele der Sowjetunion bezeichnete. Das hinderte ihn jedoch nicht daran, seinerseits Rüstungskontrollabkommen mit Moskau zu verhandeln. In der Tradition dieser Kritiker der Entspannungspolitik standen auch die Neo-Konservativen, die nach 2003 durch ihre leidenschaftliche und eifrige Befürwortung der Intervention der Regierung von George W. Bush im Irak weltweit bekannt wurden.

Auf der Ebene des Kongresses nutzten der demokratische Senator Henry M. Jackson und der Abgeordnete Charles Vanik die Situation, um 1973 in einer Resolution die Zuerkennung der Meistbegünstigungsklausel[275] an die Sowjetunion an die Zu-

ist, da die Idee der Schaffung des Völkerbundes nach dem Krieg auf ihn zurückgeht.

274 Robert D. Schulzinger, Détente in the Nixon-Ford, 1969–1976, Melvyn P. Leffler and Odd Arne Westad (Hg.), *The Cambridge History of The Cold War, Vol. II, Crises and Détente*, (Cambridge University Press: Cambridge), 2010, 391.

275 Die Meistbegünstigungsklausel besagt, dass Vorteile die einem Vertragsparter gewährt werden, im Zuge der Gleichberechtigung, allen anderen Vertragspartnern ebenfalls zugestanden werden müssen.

rücknahme einer Auswanderungssteuer für sowjetische Juden zu knüpfen. Die Regierung Nixon, so die Argumentation, hätte stille Diplomatie bevorzugt und sich von einer Handelsreform Zugeständnisse bei den Rüstungskontrollverhandlungen von der Sowjetunion erhofft. Die Resolution bekam Unterstützung von Liberalen und Neo-Konservativen und wurde in beiden Häusern des Kongresses verabschiedet.[276]

Die Entspannungspolitik bewegte sich trotz aller Kritik durchaus im Rahmen der bestehenden Großmachtpolitik und hatte nicht die Auflösung der Blöcke zum Ziel. Vielmehr gingen beide Seiten davon aus, dass diese wechselseitig anerkannt werden. Insofern kann die Entspannungspolitik auch mit der realistischen Schule, die bestehende Machtverhältnisse als zentral ansieht, erklärt werden. Allerdings verlieh sie dem bestehenden Vernichtungspotential beider Supermächte einen wesentlich defensiveren Charakter als in den Perioden der Blockbildung und deren Sicherung mit all den damit verbundenen Krisen. Etwas, was der Realismus allerdings nicht erklären kann, ist das liberale Element, das mit dem KSZE-Prozess eingeführt wurde. Mit ihm wurden nicht nur die bestehenden Grenzen in Europa anerkannt, sondern auch liberale Werte und Freiheiten in den Prozess eingespeist, die, wie die Geschichte später zeigte, weit über die bestehenden Machtverhältnisse hinauswiesen. Die Theorie des Realismus kann die Macht von Prinzipien, Werten und Normen des KSZE-Prozesses und auch den Kooperationswillen der Staaten nicht vollständig erfassen. Der Wertekatalog hatte gewaltigen und unerwarteten Einfluss auf Opposition und Zivilgesellschaft, was letztlich zur radikalen Änderung des osteuropäischen Staats- und Blocksystems beitrug. Die Anerkennung territorialer Souveränität in der Schlussakte von Helsinki 1975 hat zwar einen realistischen Kern; für diesen Änderungsprozess bietet der Realismus aber keine Erklärung. Dafür hat der Konstruktivismus, der den Einfluss von Werten und Normen betont, eine bessere Antwort. Auch die Kooperation

276 Vorbild für diese Resolution war die Kündigung eines Handelsabkommens mit Russland durch den republikanischen US-Präsidenten Willam Taft aufgrund der Behandlung von Juden vor der russischen Revolution 1911.

der Staaten in der KSZE und seinen Regimen – Sicherheit, Werte, und Wirtschaft – basierte nicht auf reiner Machtkonkurrenz zwischen den Staaten und Blöcken. Der Prozess der Kooperation formte auch gleichzeitig das Verhalten der Staaten, wie es die Theorie des Institutionalismus betont. Das Konzept der KSZE entspricht im Wesentlichen den idealistischen Prinzipien von Immanuel Kant, wonach Sicherheit, Handel und menschliche Kontakte die Vertrauensbildung zwischen den Staaten erhöht.[277]

In den USA kam die Entspannungspolitik, wie dargelegt wurde, letztlich zunehmend unter Druck der Neokonservativen. Bereits unter der Regierung Carter hoben sie den totalitären Charakter der Sowjetunion hervor, und wiesen auf deren Menschenrechtsverletzungen und ihre Aufrüstung hin. Die Invasion der Sowjetunion in Afghanistan war dann ein willkommener Anlass, um das Ende die Kooperation mit der Sowjetunion zu fordern.[278]

277 P. Terrence Hopmann, Democratization, Great Power Cooperation, and International Organizations: The OSCE and the Democratic Peace, Heinz Gärtner and Jan Willem Honig and Hakan Akbulut (Hg.), *Democracy, Peace and Security*, (Lexington: Lanham, MD), 2015.

278 Vgl. Olav Njolstad, The collapse of superpower détente, 1975–1980, Melvyn P. Leffler and Odd Arne Westad (Hg.), *The Cambridge History of The Cold War, Vol. III, Endings*, (Cambridge University Press: Cambridge), 2010, 135–155.

Die neue Chinapolitik

Das Schisma im Weltkommunismus begann mit dem Ausschluss der KP Jugoslawiens aus der Kominform 1948. Die KP Chinas war dieser nie beigetreten und wurde letztlich 1964 aus der kommunistischen Weltbewegung unter der Führung der KPdSU ausgeschlossen. 1969 kam es schließlich sogar zum bewaffneten Grenzkonflikt zwischen der Sowjetunion und der Volksrepublik. Den monolithischen Weltkommunismus, wie ihn die Hardliner in den USA und Europa beschworen, gab es zu diesem Zeitpunkt längst nicht mehr, wenn es ihn denn überhaupt jemals gegeben hat. Die Außenpolitik der USA unter Henry Kissinger hatte bis zu diesem Konflikt zwischen zwei Nuklearmächten der Spaltung des kommunistischen Blocks keine besondere Beachtung geschenkt. Für Nixon war China hingegen bereits vor seiner Wahl zum Präsidenten aus anderen Gründen wichtig. In einem Artikel in der Zeitschrift »Foreign Affairs«[279] hatte er zwar vor der kurzfristigen Bedrohung Asiens durch die Volksrepublik gewarnt, aber auch darauf hingewiesen, dass sie langfristig nicht von der Weltgemeinschaft ausgeschlossen bleiben könne. »Eindämmung ohne Isolierung« war daher Nixons Formel gewesen. Nixon war zu jenem Zeitpunkt von dem Wunsch getrieben, die amerikanischen Truppen aus Vietnam zurückzuziehen, ein Gegengewicht gegen die Sowjetunion zu schaffen und der Anti-Vietnamkriegsbewegung im eigenen Land den Wind aus den Segeln zu nehmen. Als Kissinger in einer streng geheim gehaltenen Reise 1971 nach China flog, verfolgte er das Ziel eines antisowjetischen sino-amerikanischen Bündnisses, ebenso wie sein chinesischer Amtskollege Zhou Enlai. Während dieses Treffens der beiden Außenminister versicherten sich beide gegenseitig, dass weder die USA noch China sich zusammen mit der Sowjetunion gegen das jeweils andere Land verbünden würden. Diese Vereinbarungen

279 Richard M. Nixon, Asia After Vietnam, *Foreign Affairs*, October 1967.

nehmen sich umso erstaunlicher aus, da das kommunistische Regime in China zum damaligen Zeitpunkt einen stark antiamerikanisch Kurs verfolgte. Zudem unterstützte es Guerillaaufstände in Asien und Afrika und lieferte Waffen an Nordvietnam, mit dem die USA einen blutigen Krieg führte. Darüber hinaus wurde die Volksrepublik im Inneren durch die Folgen der Kulturrevolution heimgesucht, die verbunden war mit radikalen Säuberungsprozessen.

Bei diesem Treffen von Kissinger und Zhou Enlai wurde auch der Grundstein für den ein Jahr später folgenden Staatsbesuch von Präsident Nixon gelegt. Während dieses Besuchs 1972 unterzeichneten Präsident Richard Nixon und Staatschef Mao-Tse-Dung schließlich das Shanghai-Kommuniqué. Beide Seiten verpflichteten sich darin, auf eine Hegemonie in Asien zu verzichten, was ein Jahr später auf die ganze Welt ausgedehnt wurde. Das implizierte, ohne dass es direkt ausgesprochen wurde, die Akzeptanz eines Mächtegleichgewichtes, das verhindern sollte, dass eine Nation mit ihren Ressourcen und Machtmitteln die Welt dominierte. Damit schufen die USA und China zugleich ein Gegengewicht gegen die Sowjetunion[280], die das bipolare Muster des Kalten Krieges transformierte. Nixon verband mit diesem Abkommen aber auch die Vorstellung eines globalen Konzerts der Mächte:

> »Wir müssen uns daran erinnern, dass es in der Weltgeschichte nur in der Zeit, in der ein Mächtegleichgewicht vorhanden war, längere Perioden des Friedens gab. Wenn eine Nation in den Beziehungen zu ihren potentiellen Herausforderern ständig mächtiger ist, wächst die Gefahr von Krieg. Deshalb glaube ich, dass eine Welt, in der die Vereinigten Staaten mächtig sind, sicherer und besser wäre, wenn die Vereinigten Staaten, Europa, die Sowjetunion, China und Japan stark, gesund und im Gleichgewicht sind, und sich nicht gegeneinander ausspielen.«[281]

280 Richard Nixon, *Memoiren*, (Ullstein Verlag: Frankfurt/M), 1981 (Originalausgabe 1978), 594.

281 Richard M. Nixon, *Time-Magazine*, January, 1972, zitiert in Henry Kissinger, *Diplomacy*, (Simon & Schuster: New York/London), 1994, 705. Übersetzung: HG.

Das angestrebte Mächtegleichgewicht wurde auch ein Katalysator für die Entspannungspolitik der USA mit der Sowjetunion, da diese nicht gleichzeitig zwei feindlichen Fronten unversöhnlich gegenüberstehen wollte. Allerdings warnte Moskau die USA nachdrücklich vor einer Annäherung an China auf Kosten der Sowjetunion. Erst während dieses Prozesses der Annäherung wurde für Nixon und Kissinger die große kulturelle Kluft zwischen China und der Sowjetunion offenbar. Kissinger[282] begriff, dass China langfristige Ziele verfolgte und daher bereit war Zugeständnisse bei kleineren Differenzen zu machen. Die Sowjetunion hingegen verwickle sich auf diplomatischer Ebene immer wieder in Grabenkriege über jede Kleinlichkeit.

Nixon war sich durchaus im Klaren, dass diese Entscheidung weitreichende weltpolitische Konsequenzen haben würde:

> »Der Hauptgrund für die Gespräche mit den führenden chinesischen Personen war damals nicht, zu konkreten Übereinkommen zu kommen, sondern grundsätzliche Ansichten über die Welt zu teilen. Zu allererst mussten wir eine gemeinsame Auffassung über unsere künftigen Beziehungen und deren Platz in der internationalen Ordnung entwickeln.«[283]

Die Annäherung der USA an China war eine weitsichtige Entscheidung, sowohl was die Stabilität der internationalen politischen und wirtschaftlichen Beziehungen als auch die Entwicklung in China betraf. Sie hatte liberale wie auch machtpolitische Dimensionen; sie förderte Kooperation auf der Basis gemeinsamer Prinzipien und Regeln, ließ aber das globale Mächtegleichgewicht nicht außer Acht. Zugleich stimulierte sie die wirtschaftliche Öffnung und Modernisierung Chinas.

Nixon und Kissinger setzten sich über Warnungen von Experten, Geheimdiensten und Bürokraten hinweg, die argumentierten, dass eine kommunistische Diktatur niemals zur friedlichen Kooperation fähig wäre. Andere schlugen langfristige, mühe-

---

282 Henry Kissinger, *Years of Renewal: The Concluding Vol. of His Memoirs*, (Simon & Schuster: New York), 1999, 138–142.

283 Richard Nixon, US Foreign Policy for the 1970's: Shaping a Durable Peace, *A report by President Richard Nixon to the Congress*, Washington, 1973, 18–19. Übersetzung: HG.

volle, bilaterale, kleine Schritte vor, die wohl mehr zu gegenseitigen Irritationen geführt hätten. Die Vorwürfe der Hardliner, Nixon und Kissinger hätten vor dem Kommunismus kapituliert, erwiesen sich langfristig als falsch. Tatsächlich reduzierte China die Unterstützung für kommunistische Aufstandsbewegungen in Indonesien, Thailand und Malaysia. Auch die Beziehungen zu Vietnam verschlechterten sich nicht zuletzt aufgrund des besseren Verhältnisses zu den USA.

Nixon hat mit dieser Entscheidung widerlegt, dass er ein Rückzugspräsident sei, wie ihn einige Beobachter später bezeichneten.[284] Rückblickend interpretierte er die Annäherungspolitik an China nicht mehr nur im Sinne des Mächtegleichgewichtes, sondern als tiefergehende prinzipielle Haltungsänderung der USA:

> »Die feindseligen Beziehungen, die zwischen China und den Vereinigten Staaten in der Periode von 1949 bis 1972 bestanden, waren das Resultat von Politik, nicht von Persönlichkeit; ihr Grund war der Zusammenprall von nationalen Interessen und nicht von nationalen Kulturen. Als sich daher die Politik und die Interessen veränderten, konnten die Feindseligkeiten eher durch Respekt, Herzlichkeit und sogar Freundschaft ersetzt werden.«[285]

Nur weil China seine außenpolitische Risikopolitik zugunsten innerer Entwicklung aufgab und seine Verteidigung gegenüber der wahrgenommenen sowjetischen Bedrohung ausbaute, wurde die Entspannungspolitik zwischen den USA und der Sowjetunion möglich. Aus rein machtpolitischer Perspektive sah sich die Sowjetunion nun gleich zwei Herausforderern gegenüber, der NATO im Westen und China im Osten. Mit der Öffnung der USA gegenüber China war für die Sowjetunion die Reduzierung der Spannungen mit dem Westen die beste Option. Ein Krieg war keine Alternative. Vielmehr noch suchte die Sowjetunion in den Jahren 1973 und 1974 in den USA einen Bündnis-

284 Stephen Sestanovich, *Maximalist: America in the World from Truman to Obama,* (Alfred A. Knopf: New York), 2014. Vgl. dazu auch Heinz Gärtner, *Die USA und die neue Welt,* (Lit.-Verlag: Münster), 2014.

285 Richard Nixon, *The Real War,* (Warner Books: New York), 1980, 139. Übersetzung: HG.

partner gegenüber China.[286] Nach klassischer Politik des Mächtegleichgewichts unterstützten die USA allerdings den militärisch Schwächeren gegenüber dem Stärkeren. Die dominante militärische Macht waren allerdings die USA selbst. Der Schritt Nixons zur Normalisierung des Verhältnisses zwischen den USA und China verringerte das Sicherheitsdilemma zwischen der Volksrepublik und den USA. Die Hegemoniekonkurrenz wurde nicht offensiv ausgetragen. Aus der Politik des Mächtegleichgewichtes entwickelte sich sogar so etwas wie ein gegenseitiges Verstehen. Indirekt trug das neue Verhältnis zwischen den USA und China auch zur Entspannung zwischen den USA und der Sowjetunion bei. Dadurch wurde der KSZE-Prozess möglich, der das Sicherheitsdilemma zwischen diesen beiden Staaten durch vertrauens- und sicherheitsbildende Maßnahmen lockerte.

Die Beziehungen der USA mit China normalisierten sich zunehmend. Es fanden sieben Treffen von US-Präsidenten und chinesischen Führungspersönlichkeiten zwischen 1972 und 1989 statt. 1989 wurde dieser Prozess allerdings jäh unterbrochen, als das chinesische Militär die Demonstrationen von Studenten und Arbeitern für Freiheit und Demokratie gewaltsam niederschlug. Der US-Kongress verurteilte die chinesische Aktion und verhängte Wirtschaftssanktionen gegen China. Die diplomatischen Beziehungen zwischen den USA und China wurden dennoch aufrecht erhalten, das Tian'anmen-Massaker verzögerte den Normalisierungsprozess jedoch nur kurzzeitig, obwohl das Waffenembargo von USA und EU bis heute in Kraft ist.

286 Henry Kissinger, *Diplomacy*, (Simon & Schuster: New York/London), 1994, 730.

Nukleare Abschreckung

Im Juli 1945 testeten die USA im Bundesstaat New Mexico die erste Atombombe. Am 6. und am 9. August folgten die Abwürfe auf die japanischen Städte Hiroshima und Nagasaki. Der Zweite Weltkrieg wurde damit in Asien beendet. Die bedingungslose Kapitulation Japans folgte am 14. August. Die USA hatte somit eine geplante Invasion der japanischen Hauptinseln, die für den 1. November 1945 unter dem Codenamen »Operation Downfall« geplant war, vermieden. Das Unternehmen hätte nach Annahmen der US-Army zwischen 25 000 und einer Viertelmillion amerikanischer Soldaten das Leben gekostet. Zudem wären nach Schätzungen bis zu 300 000 weitere Tote auf amerikanischer Seite zu erwarten gewesen. Dennoch ist der tatsächliche militärische Wert der Atombombenabwürfe zur Beendigung des Zweiten Weltkrieges in Asien bis heute umstritten.[287] Ward Wilson nimmt vielmehr an, dass Japan kapitulierte, weil die Sowjetunion den mit Japan 1941 geschlossenen Neutralitätspakt aufkündigte und am 8. August 1945 – zwischen den beiden Abwürfen am 6. und am 9. August – in den Krieg gegen Japan eintrat. Truman hatte ursprünglich angenommen, dass die Sowjetunion Mitte August einmarschieren würde. In sein Tagebuch schrieb er am 17. Juli: Stalin und die Sowjetunion »werden am 17. August im Jap-Krieg sein. Das ist das Ende der Japs, wenn das passiert«.[288] Truman dürfte angenommen haben, dass der Krieg lange vor einer US-Invasion beendet werden könnte. Es ist nicht eindeutig, ob er dabei ausschließlich an die sowjetische Invasion oder auch schon an die Atombombe dachte. Am 24. Juli wurde dem Luftwaffengeneral Spaatz der Befehl gegeben, den Abwurf der Bombe für »bald nach dem 3. August« vorzubereiten. Truman nahm die Entscheidung auf sich:

---

287 Eine Kritik an dieser offiziellen Version findet sich in Ward Wilson, *Five Myths About Nuclear Weapons*, (Mariner Books: Houghton Mifflin Harcourt), 2013.

288 Harry Truman's Diary and Papers, 1 Hiroshima, 1979, zitiert in *The New York Times*, 11. Oktober, 1994. Übersetzung: HG.

> »Ich betrachtete die Bombe als eine militärische Waffe und ich hatte niemals irgendwelche Zweifel, dass sie verwendet werden sollte. Die militärischen Spitzenberater des Präsidenten empfahlen ihre Verwendung, und als ich mit (dem britischen Premierminister) Churchill darüber sprach, sagte er ohne Zögern, dass er die Verwendung der Atombombe befürwortete, wenn sie den Krieg beenden würde.«[289]

Die Atombomben waren damit auch der Beginn des Konfliktes der USA mit der Sowjetunion. Auf Anregung des japanischen Kaisers im Mai 1945 hatte Stalin vorgeschlagen, dass Japan von den USA und der Sowjetunion gemeinsam verwaltet werden sollte. Ein enges Vorgehen der USA mit der Sowjetunion hatte auch der US-Botschafter in Moskau, Harry Hopkins, angeregt, was allerdings in Washington ignoriert wurde. Die Atombombenabwürfe verhinderten die Umsetzung des Planes. Die USA hatten Befürchtungen, dass die Sowjetunion Gebietsansprüche geltend machen könnte. Das hätte zu einer Teilung wie in Deutschland und dann Korea führen können. Man darf nicht vergessen, dass sich die USA und die Sowjetunion zu diesem Zeitpunkt an der Schwelle zum beginnenden Kalten Krieg befanden. Die Entscheidung über den Abwurf war offenbar schon Mitte Juli gefallen, sodass die Ereignisse Anfang August darauf keinen Einfluss mehr hatten. Am 26. Juli forderte Truman im Rahmen der Potsdamer Erklärung Japan zur sofortigen und bedingungslosen Kapitulation auf, was die Sowjetunion überraschte, bereitete sie doch gerade erst den Kriegseintritt für den 8. August vor, den sie noch US-Präsident Roosevelt auf der Konferenz von Jalta im Februar 1945 zugesagt hatte. Stalin wollte aber auf seinen territorialen Anteil Japans nicht ganz verzichten. Er verlangte am 16. August von Truman die Übergabe der Kurilen-Inseln und den nördlichen Teil der Insel Hokkaido an die sowjetischen Truppen. Truman antwortete, dass alle zu Japan gehörenden Inseln Hokkaido, Honshu, Shikoku und Kyushu General MacArthur zu übergeben seien. Die Kurilen-Inseln

---

289 Harry S. Truman, *Memoirs: Year of Decisions, 1945*, (Doubleday & Company: New York), 1955, 419. Übersetzung: HG.

hingegen könnten dem Kommando der sowjetischen Streitkräfte unterstellt werden.[290]

Die Abwürfe der Atombomben auf japanische Städte dienten nicht nur der Beendigung des Zweiten Weltkrieges in Asien sondern markierten auch den Beginn des Kalten Krieges zwischen den USA und der Sowjetunion. Sie sollten nicht nur auf das Kaiserreich, sondern auch auf die Sowjetunion psychologischen Eindruck machen. Man erhoffte sich einen anhaltenden, einschüchternden Effekt.[291] Die Sowjetunion betrachtete die Abwürfe in der Tat auch als gegen sich gerichtete Aktion und begann selbst an der Entwicklung nuklearer Waffen zu arbeiten. Nach intensiven Bemühungen führte die Sowjetunion bereits vier Jahre später im August 1949 ihren ersten erfolgreichen Atomtest durch. Die atomare Aufholjagd der Russen führte auf amerikanischer Seite schließlich zur Entscheidung, eine Wasserstoffbombe (Fusionsbombe) zu entwickeln, die eine vielfach höhere Sprengkraft aufweisen kann als Bomben, die auf dem Prinzip der Kernspaltung beruhen (Fissionsbombe). 1952 zündeten die USA die erste derartige Bombe (Operation Ivy) mit einer Sprengkraft von mehreren hundert Hiroshima-Bomben. Stalin dürfte allerdings die politische Bedeutung der Nuklearbombe nicht hoch eingeschätzt haben. Er betrachtete sie offenbar eher als »etwas, womit man Leute mit schwachen Nerven in Schrecken versetzen kann«. Dennoch zog die Sowjetunion bereits ein Jahr nach Operation Ivy mit einem Test einer eigenen Wasserstoffbombe (RMS-6) mit den USA gleich.

Präsident Eisenhowers Initiative »Atoms for Peace« von 1953, mit der er in einer Rede vor der Generalversammlung der Vereinten Nationen die friedliche Nutzung der Atomenergie hervorhob und die Gründung einer internationalen Atomenergiebehörde vorschlug, stand in gewissem Widerspruch zu seinem Bestreben, die USA militärisch unverwundbar zu machen.[292]

---

290 Harry S. Truman, *Memoirs: Year of Decisions, 1945*, (Doubleday & Company: New York), 1955, 440–441. Übersetzung: HG.

291 Barton J., Bernstein, The Atomic Bombings Reconsidered, *Foreign Affairs*, Vol. 74, No. 1, January/February 1995, 135–152.

292 Piers Brendon, *Ike: His Life & Times*, (Harper & Row Publishers: New York), 1986, 260.

Dasselbe gilt ebenso für seine Warnung vor einem »militärisch-industriellen Komplex«, der unglücklichen Verflechtung von Militär und Rüstungsindustrie. Ganz ähnlich verhielt es sich mit Eisenhowers Auffassung, dass die USA nicht jedes Mal auf Chruschtschows provokative Aktionen überreagieren sollte. Dennoch baute er gleichzeitig die Abschreckungskapazität der USA wesentlich aus und entdeckte 1954 eine »Bomberlücke«, die es, wie sich später herausstellte, nie gab.

Der bipolaren Struktur des Kalten Krieges entsprach im militärischen Bereich die Abschreckungspolitik der beiden Weltmächte. Sie beruhte auf dem Prinzip der Gegendrohung. Die andere Seite sollte davon abgehalten werden, der eigenen Existenz einen als unannehmbar erachteten Schaden zuzufügen, indem man ihr ebenfalls einen derartigen Schaden androhte. Man ging davon aus, dass dieses Abschreckungssystem den Frieden erhalten würde. Die Kausalität zwischen nuklearer Abschreckung und der Erhaltung des Friedens bleibt allerdings eine Annahme, da man empirisch nicht beweisen kann, warum sich Kriege nicht ereignet haben. Der Status quo war in Europa ohnehin festgeschrieben.[293] Man nannte die Strategie der »gegenseitigen vollständigen Vernichtung« auch »Mutual Assured Destruction« (MAD) oder auch »Gleichgewicht des Schreckens«.[294] Sie sollte den potentiellen Feind überzeugen, bestimmte Aktionen in seinem eigenen Interesse zu vermeiden.[295] Da das Konzept die Vernichtung des Feindes durch einen einzigen Angriff impliziert, führte die Abschreckungsstrategie während des Ost-West-Konfliktes zu einem nuklearen Aufrüstungsprozess, dessen Umfang letztlich eine 40-fache Zerstörung der Welt ermöglicht hätte.

Die Bipolarität des Ost-West-Konfliktes unterstellte dem Gegner irrationales Droh- oder gar Angriffsverhalten. Das Abschreckungssystem beruht hingegen auf der Annahme, dass alle be-

293 Vgl. Heinz, Gärtner, *Hegemoniestrukturen und Kriegsursachen,* (Braumüller: Wien), 1983.

294 Vgl. zu diesem Abschnitt: Heinz Gärtner, *Die USA und die neue Welt,* (Lit.-Verlag: Münster), 2014.

295 Schelling Thomas C., *The Strategy of Conflict,* (Harvard University Press: Cambridge, Mass.) 1960, 9.

teiligten Akteure rational handeln. Denn irrationale Akteure würden auch aus der Position der Unterlegenheit, ja auf die Gefahr der Selbstvernichtung hin, einen Angriff starten. Die Strategie der Abschreckung verlangte das Streben nach höchster Perfektion und erforderte daher ständiges »Nachrüsten«. Die US-Präsidenten während des Kalten Krieges waren immer wieder bemüht, entsprechende Lücken in der Rüstung zu schließen. Eisenhower entdeckte eine »Bomberlücke«, Kennedy eine »Raketenlücke«, Nixon eine »Anti-Raketen-System-(ABM)-Lücke« und Carter eine Lücke bei den Mittelstreckenraketen (es war allerdings der deutsche Kanzler Helmut Schmidt, der als erster darauf hinwies). Auch Reagan beabsichtigte die in den Siebzigerjahren festgestellte Lücke bei den landgestützten Interkontinentalraketen mit der Aufstellung von MX-Systemen (Peacekeeper)[296] zu schließen und sprach von einem »Fenster der Verwundbarkeit«.

In der Sowjetunion wurden Lücken unabhängig von der politischen Führung gefunden und geschlossen. Vor der Stationierung ihrer Raketen auf Kuba 1962 entdeckte man gleich eine Doppellücke. Die erste Generation der Interkontinentalraketen erwies sich als Fehlschlag; außerdem glaubte man, dass die US-Luftwaffe damals die Kapazität erreicht hätte, ihr gesamtes Vergeltungspotential zu vernichten.[297] Als Chruschtschow sich gezwungen sah, die auf Kuba stationierten Mittelstreckenraketen abzuziehen, wurde offenkundig, dass Interkontinentalraketen in einem begrenzten Konflikt nicht einsetzbar waren und daher kein Drohpotential darstellten. Dennoch verachtfachte die Sowjetunion zwischen 1964 und 1969 ihr Arsenal an Interkontinen-

---

296 Die Abkürzung MX steht für *Missile eXperimental*. Dahinter verbirgt sich die Entwicklung neuer Interkontinentalraketen mit höherer Zielgenauigkeit und mehreren Sprengköpfen. Dadurch sollte gewährleistet werden, dass selbst beim Ausfall vieler Raketen der Gegner mit gravierenden Verlusten zu rechnen hatte. Resultat des Programms war die LGM-118 Peacekeeper, die mit bis zu 10 nuklearen Sprengköpfen bestückt werden konnte.

297 Robert S. McNamara, Interview in *The Washington Post*, August 1, 1982. Es war dies eine realistische Annahme, die von der US-Luftwaffe selbst angestellt wurde, tatsächlich aber nicht zutraf.

talraketen und rüstete zugleich bei den konventionellen Waffensystemen massiv auf.

Das Ziel der rasch voranschreitenden nuklearen Aufrüstung der USA und der Sowjetunion war allerdings immer weniger eine gänzliche Vernichtung des Feindes. Gegenseitige Abschreckung wurde im Laufe der Zeit nicht mehr schlichtweg als Fähigkeit zur gegenseitigen Auslöschung verstanden. Vielmehr wurde sie als potentielle Zerstörung in raffinierter Weise begriffen, was an der Nuklearpolitik der Supermächte klar erkennbar war. Um glaubwürdig zu sein, mussten Nuklearwaffen auch einsetzbar werden. Das bedeutete, dass sie nicht nur der Abschreckung dienten, sondern auch Mittel zur tatsächlichen Kriegsführung sein sollten. Das Konzept der »massiven Vergeltung« (»massive retaliation«) wurde ersetzt durch das des maßgeschneiderten Einsatzes von Nuklearwaffen. Durch die Einführung neuer Trägersysteme (U-Boot- und landgestützte Interkontinentalraketen sowie boden-, see- und luftgestützte Marschflugkörper), wurden die Vorwarnzeiten verringert und die Treffgenauigkeit erhöht. Zudem trieb man die Entwicklung kleinerer taktischer Nuklearwaffen mit einem einzigen Sprengkopf geringer Kapazität voran, deren Einsatz eine beschränkte Zerstörung von zumeist militärischen Zielen verursacht hätte. Hinter diesem Entwicklungstrend verbarg sich die Annahme, dass der potenzielle Gegner nach einem ersten beschränkten nuklearen Schlagabtausch nicht zurückschlagen, sondern sich zurückziehen würde. Gewissheit bezüglich dieser taktischen Annahmen gab es indes natürlich nicht. Aus diesem Grund wurden unterschiedliche Ansätze entwickelt, mit deren Hilfe eine eventuelle Eskalation kontrolliert bzw. eingedämmt werden sollte. Die NATO verfolgte während des Kalten Krieges die Strategie der »flexiblen Antwort« (»flexible response«), die den Einsatz von kleinen taktischen Atomwaffen und solchen mittlerer Reichweite als Antwort auf einen konventionellen Angriff des Warschauer Paktes miteinschloss.[298] Die Strategie basierte

298 Diese Strategie tauchte 25 Jahre nach Ende des Kalten Krieges in der Debatte über eine neue »Nuclear Posture Review« der USA in Form der »kontrollierten Eskalation« (»controlled escalation«) oder der »angemessenen Antwort« (»tailored response«) mit Nu-

auf einem Stufenplan und ließ offen, in welchem Ausmaß der Vergeltungsschlag erfolgen würde. Mit diesem Konzept war das Ziel der »Eskalationsdominanz«, also der Überlegenheit in sämtlichen Kriegsstadien, verbunden, das durch den Einsatz von U-Boot- und silogestützten Interkontinentalraketen mit nuklearen Mehrfachsprengköpfen (»Multiple Independently Targetable Reentry Vehicle« – MIRV), erreicht werden sollte.

Unterschieden wurde auch zwischen Abschreckung durch Bestrafung (»by punishment«) und Abschreckung durch Unwirksammachen einer Aktion (»by denial«).[299] Im ersten Fall wurden bei einer bestimmten Aktivität hohe Kosten angedroht (z. B. Vernichtung einer Stadt), im zweiten Fall sollte der Gewinn einer derartigen Aktivität zu gering gehalten werden, um sie durchzuführen z. B. durch ein Raketenabwehrsystem. Bei der Raketenabwehr bestand aber die Gefahr, sie könnte das Prinzip der Abschreckung durch die Verhinderung eines Vergeltungsschlages unwirksam machen. Die Aufstellung von Raketenabwehrsystemen wurde deswegen im 1972 unterzeichneten ABM-Vertrag über Anti-Ballistische-Raketen verboten.[300] Ursprünglich wollte Sicherheitsberater Henry Kissinger ein derartiges Raketenabwehrsystem durchsetzen, da er die Sicherheit der USA durch Unverwundbarkeit höher und moralisch für verantwortbarer einschätzte als Sicherheit durch die Verwundbarkeit mittels eines Zweitschlages. Er glaubte es, mit dem Argument, dass es nicht gegen die Sowjetunion sondern gegen China gerichtet sei, besser »verkaufen« zu können.[301] Allerdings

---

klearwaffen wieder auf. Dieser Mechanismus soll in Kraft treten, wenn ein Gegner in einem militärischen Konflikt mit konventionellen Waffen die Oberhand behält. Elbridge Colby, A Nuclear Strategy and Posture for 2030, *Center for New American Security*, October 2015.

299 Snyder, Glenn H., *Deterrence and Defense: Toward a Theory of National Security* (Princeton University Press: Princeton), 1961.

300 Dieser Vertrag wurde durch die Bush-Administration im Jahr 2002 außer Kraft gesetzt.

301 Henry Kissinger, *NATO – The next thirty years*, speech at the Palais d'Egmont, Brussels, Belgium, September 1, 1979. Das Argument erinnert an die Begründung der USA und der NATO nach der Kündigung des ABM-Vertrages 2002, ein neues Raketenabwehr-

hatte sich die Abschreckungslogik »Sicherheit durch Verwundbarkeit« zu diesem Zeitpunkt der Entwicklung bereits durchgesetzt.

Das nukleare Wettrüsten während des Kalten Krieges hatte eine stark psychologische Dimension[302], welche auf die unterschiedlichen Interessenslagen, die bestehenden Fehlinformationen bzw. Informationslücken und auf die fehlerhaften Einschätzungen der beteiligten Akteure zurückzuführen war. So existierte auf der einen Seite ein nukleares Establishment von Kriegs- und Nuklearplanern, Labors und der Nuklearindustrie, die ein stetiges Interesse an der weiteren Existenz von Nuklearwaffen besaßen.[303] Die Rüstungsplanung beruhte zuweilen hingegen mehr auf geschätzten Erwartungen darüber, wie sich der Gegner verhalten würde, als auf dessen tatsächlich vorhandenem Waffenarsenal. Somit bestand das »Wettrüsten« nicht nur in einem Aktions-Reaktions-Verhalten, also in einem »Nachrüsten«, sondern auch in einem »Vorrüsten«, das mögliche Verwundbarkeiten antizipieren sollte.[304] Lücken im eigenen System mussten gefüllt werden, bevor Vergleiche mit der anderen Seite angestellt werden konnten. Das Argument des Nachziehens diente somit meist der Rechtfertigung für die eigene Aufrüstung. Schon die langen Forschungs-, Entwicklungs- und Produktionszeiten der Waffensysteme von zehn bis zwanzig Jahren machen deutlich, dass ein Reagieren auf eingeführte Waffen der Gegenseite viel zu lange gedauert hätte, um ein Gleichgewicht herzustellen. So wurde etwa die amerikanische Langstreckenrakete LGM-118 Peacekeeper Anfang der Siebzigerjahre geplant und ihr Bau 1974 beschlossen. Das sowjetische Pendant, die SS-19, wurde erst 1977 getestet, aber vor 1974 geplant und entwickelt. Das Resultat dieser Logik war der Aufrüstungsprozess

system sei nicht gegen Russland sondern gegen den Iran gerichtet.

302 Dieter Senghaas, *Abschreckung und Frieden*, 3. Ausgabe, (Europäische Verlagsanstalt: Frankfurt am Main), 1981.

303 Philip Taubman, *The Partnership: Five Cold Warriors and Their Quest to Ban the Bomb*, (Harper: New York), 2012.

304 Vgl. Heinz Gärtner, *Hegemoniestrukturen und Kriegsursachen*, (Braumüller: Wien), 1983.

während des Kalten Krieges. Als die Sowjetunion etwa begann, ältere gegen Westeuropa gerichtete Mittelstreckenraketen durch modernere SS-20 zu ersetzen, antwortete die NATO 1979 mit dem Doppelbeschluss. Dieser Beschluss besagte zum einen, dass die NATO mit eigenen modernen Mittelstreckenraketen (Pershing II und Marschflugkörper (»Cruise Missiles«)) nachgerüstet werden müsse. Zum anderen sollten eigene bilaterale Verhandlungen der USA mit der Sowjetunion über die Begrenzung dieser Waffenkategorie aufgenommen werden. Tatsächlich handelte es sich bei der Aufstellung der Mittelstreckenraketen nicht um ein Aktions-Reaktions-Verhalten. Die USA begannen bereits 1974, die Pershing II zu entwickeln. Allerdings wurde erst 1976 bekannt, dass die Sowjetunion die SS-20 testete. Die Stationierung von Pershing II-Raketen und Marschflugkörpern war somit vielmehr dazu gedacht, ein fehlendes Glied in der Doktrin der »flexible response« zwischen taktischen und strategischen Nuklearwaffen einzufügen.

Während des Kalten Krieges wurde der Begriff der »extended deterrence« entwickelt, der besagt, dass das Konzept der Abschreckung auch auf Verbündete ausgedehnt werden kann. Dennoch gab es stets Zweifel, ob dies im Ernstfall auch funktionieren würde. Hätten die USA Washington für Paris geopfert? Dieses Dilemma wäre entstanden, wenn die USA als Reaktion auf einen Angriff der Sowjetunion auf Europa einen Vergeltungsschlag ausgeführt und damit einen Gegenschlag auf das eigene Territorium riskiert hätten. »Extended deterrence« konnte auch bedeuten, dass ein nuklearer Schlagabtausch auf das Gebiet von Verbündeten beschränkt bleiben konnte, ohne dass die Nuklearmächte selbst betroffen sein mussten. Die sowjetischen Führer hatten 1972 den USA sogar unverhüllt vorgeschlagen, dass die Sowjetunion und die Vereinigten Staaten im Falle eines Nuklearkrieges Kernwaffen nicht gegeneinander, sondern nur auf dem Gebiet der Verbündeten einsetzen sollten.[305]

Die Nuklearmächte gingen dennoch in ihrer Rüstungsplanung von einem Worst-Case-Szenario aus. Das bedeutete, dass

305 Henry Kissinger, *Memoiren 1968–1973*, (Bertelsmann: München), 1982, 327–335.

Rüstung und Strategie nicht dem bestehenden Waffenarsenal der anderen Seite angepasst wurden, sondern dass man den für die eigene Seite schlimmsten Fall antizipierte. Man versuchte, entsprechend der Abschreckungslogik alle nur erdenklichen Lücken im eigenen System nach dem Prinzip »Le pire est toujours sur!« (»Das Schlimmste ist immer sicher!«)[306] zu schließen. Der Aufrüstungsprozess war somit nicht nur ein Aktions-Reaktions-Schema, sondern vielmehr das weitertreibende Schwungrad. Das Abschreckungssystem analysierte nicht primär, welche Bedrohung tatsächlich besteht und auch nicht, welche wahrscheinlich ist, sondern welche im schlimmsten denkbaren Fall möglich wäre. Um glaubwürdig zu sein, musste das nukleare Potential einsetzbar sein und jede mögliche Verwundbarkeit ausschließen. Daraus entstand eine innere Antriebskraft und Eigendynamik. Die dahinterstehende Logik kann mit Kafkas Erzählung »Der Bau«[307] veranschaulicht werden, in der ein Tier einen kunstvollen unterirdischen Bau errichtet, um Sicherheit vor einem unbekannten Feind zu bekommen. Durch den Versuch, diesen Bau zu verbessern, Lücken zu schließen, Labyrinthe und geheime Ausgänge zu bauen, wurden immer neue Unsicherheiten produziert, die dann wiederum geschlossen werden mussten.

Die nukleare Aufrüstung während des Kalten Krieges wurde besonders gefährlich durch das Prinzip des »launch on warning«, wonach eine militärische Reaktion nicht erst nach erfolgter Zerstörung, sondern bereits bei ernsthaften Warnhinweisen auf einen Angriff ausgelöst werden sollte, und zwar innerhalb von Minuten (»hair trigger alert«). Das führte zu einer Anzahl von äußerst gefährlichen Situationen, bei denen es zu falschen Interpretationen und Überreaktionen kam. So nahm die sowjetische Führung in Moskau an, dass die NATO-Übung »Able Archer« (»fähiger Bogenschütze«) im November 1983, die auf einer territorialen Fläche von der Türkei bis Großbritannien stattfand, tatsächlich eine Angriffsvorbereitung auf die Sowjetunion wäre. Sowjetische Streitkräfte bereiteten sich daher ihrerseits auf

306 Jean Paul Satre, *Krieg im Frieden*, (Rohwolt: Reinbek bei Hamburg), 1982.

307 Franz Kafka, Der Bau, P. Raabe (Hg.), *Sämtliche Erzählungen*, (Fischer Taschenbuchverlag: Frankfurt/Main), 1982.

einen Präventivschlag vor.[308] Diese Situation trat zu einem Zeitpunkt auf, als US-Präsident Ronald Reagan (im März 1983) von der Sowjetunion als dem »bösen Imperium« (»evil empire«) sprach, sowjetische Abfangjäger versehentlich ein koreanisches Zivilflugzeug abschossen und die NATO die Stationierung von Pershing II-Raketen sowie Marschflugkörpern in Europa vorbereitete. Reagan schrieb damals in sein Tagebuch:

> »Ich glaube, dass die Sowjets so besessen auf ihre Verteidigung und so paranoid waren, dass sie angegriffen werden würden, sodass wir ihnen klar machen sollten, dass niemand hier so etwas beabsichtigt. Was zum Teufel haben sie, was irgendjemand haben wollte.«[309]

Reagan erinnerte sich später:

> »Drei Jahre hatten mich etwas Überraschendes über die Russen gelehrt: Viele Leute an der Spitze der sowjetischen Hierarchie hatten eine panische Angst vor Amerika und den Amerikanern. Vielleicht hätte mich das nicht überraschen sollen; es war aber so. Tatsächlich hatte ich Probleme, diese Schlussfolgerungen zu akzeptieren.«[310]

Eine präzise Identifizierung von Zielen wurde für die Effektivität aller Waffen als unabdingbar betrachtet. Die Zielerfassung im Rahmen der nuklearen Planung war somit ein wesentlicher Motor für die kontinuierliche Modernisierung von Nuklearwaffen. Eine Liste der USA für Ziele von Nuklearwaffen aus dem Jahre 1959[311] identifizierte viele Ziele in Großstädten, wie Mos-

---

308 President's Foreign Intelligence Advisory Board, »War Scare« report »Top Secret Umbra Gamma Wnintel Noforn Nocontract Orcon«, February 15, 1990; classified until its release on October 24, 2015. Also: National Security Archive Electronic Briefing Book No. 533, Nate Jones, Tom Blanton, and Lauren Harper (ed.), *The 1983 War Scare Declassified and For Real*, Posted – October 24, 2015.

309 Ronald Reagan, *The Reagan Diaries*, (Harper Perennial: New York), 2009. Übersetzung: HG

310 Ronald Reagan, zitiert in David E. Hoffman, In 1983 ›war scare‹, Soviet leadership feared nuclear surprise attack by US, *The Washington Post*, October 24, 2015. Übersetzung: HG.

311 William Burr (Hg.), Major Cities in Soviet Bloc, Including East Berlin, Were High Priorities in »Systematic Destruction« for Atomic Bombings, Plans to Target People (»Population«) Violated International Legal Norms, SAC Wanted a 60 Megaton Bomb, Equivalent

kau (179), Leningrad (145) und Ostberlin (91). Die Ziele wurden einfach als »Bevölkerung« (»Population«) bezeichnet. Obwohl die Liste Industrie- und Wirtschaftszentren, Regierungsgebäude, Militäranlagen sowie ähnliche wichtige Infrastruktureinrichtungen enthielt, wurden Bevölkerungszentren miteingeschlossen, »wenn militärisch notwendig«.

Wegen der wachsenden Zahl der Ziele (»targets«) wurden mehr Angriffsoptionen und damit eine größere Anzahl von Nuklearwaffen notwendig. Infrastruktur, politische und militärische Führungsstäbe sowie Streitkräfte wurden auf die Zielliste gesetzt. Während der Siebzigerjahre wurde die »countervalue«-Strategie (Zerstörung von Städten und Bevölkerungszentren) nach und nach durch die »counter-force« (Streitkräfte und Führungszentren) ergänzt, womit die Liste potentieller Ziele weiter ausgedehnt wurde. Als Folge kam es zu einer Verbreiterung der Einsatzplanung im Land des Gegners und zu einer Ausdehnung auf Territorien von Verbündeten, für den Fall, dass diese besetzt werden würden.

Vertreter der realistischen Schule sind davon überzeugt, dass die Absenz eines Nuklearkrieges zwischen den USA und der Sowjetunion während des Kalten Krieges vor allem in der gegenseitigen Abschreckung begründet lag. In Wahrheit lässt sich jedoch nicht mit absoluter Sicherheit sagen, ob das Konzept der Abschreckung tatsächlich gewirkt hat. Schließlich lässt sich nicht sicher belegen, welche Faktoren das Ausbleiben eines nuklearen Schlagabtauschs letztlich bedingten. Die bloße Tatsache, dass ein Nuklearkrieg nicht stattgefunden hat, ist auf eine Vielzahl unterschiedlicher politischer und militärischer Faktoren zurückzuführen, zu denen Rüstungskontrollverhandlungen, vertrauensbildende Maßnahmen sowie Kooperation innerhalb der KSZE und andere Rüstungskontrollregime und Institutionen zählten.

Vorschläge zur Rüstungskontrolle waren dementsprechend eine allgegenwärtige politische Erscheinung im Ost-West-Kon-

---

to over 4,000 Hiroshima Atomic Weapons, *National Security Archive Electronic Briefing Book No. 538*, 22. Dezember, 2015. Siehe auch Scott Shane, 1950s US Nuclear Target List Offers Chilling Insight, *The New York Times*, Dezember 22, 2015.

flikt, der gemeinhin von einer kontinuierlichen Aufrüstung in allen Waffenkategorien geprägt wurde. Die unterbreiteten Vorschläge waren jedoch oft bewusst so gehalten, dass sie für die jeweils andere Seite von vornherein unannehmbar waren. Das begann damit, dass die USA schon 1946 vorschlugen, die Atomwaffen unter internationale Kontrolle zu stellen, um Einsicht über den Stand des sowjetischen Atomwaffenprogramms zu bekommen. Die Sowjetunion schlug im Gegenzug vor, alle Atomwaffen zu vernichten. Ähnlich verhielt es sich mit den Vorschlägen der Sowjetunion, alle ausländischen Basen abzuschaffen (1953), die Nuklearwaffen aus Europa zu entfernen (1957) und seegestützte Atomwaffen zu verbieten (Mitte der Sechzigerjahre). In all diesen Bereichen hatten die USA zu jenem Zeitpunkt einen signifikanten Vorsprung. Die USA wiederum forderten, die Mittelstreckenbomber abzubauen, als sie selbst auf Langstreckenbomber umgestellt hatten (Mitte der Sechzigerjahre), und die landgestützten Raketensysteme, von denen die UdSSR eine Mehrzahl besaß, zu reduzieren (1983–1985).[312]

Seit Ende der Sechzigerjahre setzte sich sowohl bei den USA als auch bei der Sowjetunion die Einsicht durch, dass ein unkontrollierter Aufrüstungsprozess destabilisierende Auswirkungen auf sie selbst haben könnte. In der Entspannungsphase seit dem Beginn der Siebzigerjahre wurden daher zahlreiche ernsthafte Versuche unternommen, den globalen Aufrüstungsprozess zu kontrollieren. Nichtsdestoweniger hatten die Verhandlungen im Bereich der Rüstungskontrolle keine eigentliche Abrüstung zum Ziel. Deshalb mied man den Begriff Abrüstung und sprach neben Rüstungskontrolle auch von »Rüstungssteuerung«, »Gewaltenkontrolle« oder »kontrollierter Aufrüstung«. Rüstungskontrollverhandlungen sollten somit lediglich ein Steuerungselement einführen. Vereinbarungen im Rahmen der Verhandlungen über SALT- und START-Verträge waren somit in Wahrheit Teil eines kontrollierten Rüstungswettlaufes ohne eine Waffenbegrenzung. Eine Reihe von Verträgen zur Rüstungs-

312 Vgl. Heinz Gärtner, *Handbuch zur Rüstungskontrolle: Positionen ausgewählter Länder*, (Braumüller: Wien), 1987.

beschränkung war die Folge. Bei den strategischen Nuklearwaffen waren es die Gespräche über die strategische Rüstungsbegrenzung SALT, der Vertrag über Anti-Ballistische Raketen ABM sowie der Vertrag über strategische Rüstungsreduktion START. Ähnliches gilt für Verhandlungen über konventionelle Waffen im Rahmen der MBFR, also über die gegenseitige Verminderung von Streitkräften und Rüstungen, die letztlich 1992 durch den KSE-Vertrag über konventionelle Streitkräfte in Europa ersetzt wurden. Auch die Verhandlungen um den Vertrag über das Verbot der Herstellung von spaltbarem Material (»Fissile Material Cut-off Treaty« – FMCT) zielten nie auf eine Reduktion des Wettrüstens, sondern allenfalls auf eine verringerte Produktion ab. Lediglich der INF-Vertrag über nukleare Mittelstreckensysteme aus dem Jahr 1987, in dem die Vernichtung von Raketen mit mittlerer und kürzerer Reichweite festgelegt wurde, signalisierte einen Fortschritt im Bereich der Abrüstung. Dieser Vertrag war allerdings auch nur deshalb möglich, da die betroffenen Waffensysteme durch technologisch fortgeschrittene seegestützte Raketen ersetzt werden konnten. Die Mittelstreckenraketen vom Typ Pershing II und die Cruise-Missiles auf amerikanischer sowie die SS-20 auf sowjetischer Seite stießen außerdem bei den europäischen NATO-Mitgliedern auf Widerstand, da unter diesen Voraussetzungen eine potentielle nukleare Auseinandersetzung möglicherweise unter Verschonung der Supermächte auf den europäischen Kontinent beschränkt geblieben wäre.

Während das Stopfen von Lücken den Aufrüstungsprozess beschleunigte, ließen Rüstungskontrollabkommen ihrerseits immer wieder Lücken für die Aufrüstung. Trotz dieser Umstände gab es auch Teilerfolge im Rahmen der Rüstungskontrolle. Das Teststopp-Abkommen von 1963 war ein solcher großer Fortschritt. Es verbot Nukleartests in der Atmosphäre, im Weltraum und unter Wasser. Es erlaubte aber weiterhin unterirdische Tests. Die reine Anzahl der Nukleartests nahm (allerdings mit geringerer Sprengkraft) von Anfang der Sechziger- bis Ende der Siebzigerjahre sogar weiter zu. Hingegen verringerte sich jedoch die Menge radioaktiver Partikel in der Atmosphäre seit diesem Zeitpunkt kontinuierlich. Ein weiteres Abkommen von

1974 beschränkt schließlich die Sprengkraft von unterirdischen Tests auf 150 Kilotonnen. 1971 folgt das Verbot der Aufstellung von Nuklear- und anderen Massenvernichtungswaffen am Meeresboden außerhalb der 12-Meilenzone (eine Stationierung innerhalb dieser Grenze blieb allerdings möglich). Der 1972 unterzeichnete SALT I-Vertrag fror die Zahl der Interkontinentalraketen ein, erlaubte aber, sie mit Mehrfachsprengköpfen zu bestücken und zu modernisieren. 1979 folgte schließlich der SALT II-Vertrag, der zwar vom US-Senat nie ratifiziert, aber von der Sowjetunion und der amerikanischen Regierung weitgehend eingehalten wurde. Er beschränkte die Zahl der Trägersysteme und führte einige qualitative Beschränkungen ein. Hinsichtlich der Anzahl der Sprengköpfe bestand jedoch weiterhin ein großer Spielraum. Abschließend ist noch der Atomwaffensperrvertrag von 1969 zu erwähnen. Dieser verbietet den Nichtnuklearwaffenstaaten den Erwerb von Nuklearwaffen, erlaubt ihnen aber die friedliche Nutzung von Kernenergie.[313] Die Abrüstungsverpflichtung im Vertrag, wonach alle Vertragsparteien »in redlicher Absicht« Verhandlungen über »allgemeine und vollständige Abrüstung« führen sollten, wurde von den Nuklearmächten während des Kalten Krieges allerdings nie wirklich ernst genommen. Obwohl tief verfeindet, einigten sich die Nuklearwaffenstaaten darauf, keine zusätzlichen Staaten mit Nuklearwaffen zu akzeptieren. In diesem Falle hatten sie ein gemeinsames übergeordnetes Interesse. So entstand ein Zweiklassensystem, das von vielen Nichtnuklearwaffenstaaten bis heute beklagt wird.

Das Spiel mit Waffen und deren Kontrolle konnte im Kalten Krieg immer wieder gespielt werden. Dabei wurde je nach Über- oder Unterlegenheit gegenseitig aufgerechnet: Panzer gegen Raketen, land- gegen seegestützte Trägersysteme, stationierte gegen nicht-stationierte Systeme, Interkontinentalraketen gegen Langstrecken-Bomber und U-Boote, Zielgenauigkeit ge-

313 Diese Lücke zwischen militärischer und friedlicher Nutzung der Nuklearenergie versuchte erst das Wiener Abkommen zur Begrenzung des iranischen Nuklearabkommens vom 14. Juli 2015 zu schließen.

gen Wurflast, Anzahl der Trägersysteme gegen die der Gefechtsköpfe, Erstschlagkapazität gegen Verzicht auf Ersteinsatz, usw.

Warum war es aber zu jener massiven Aufrüstung während des Ost-West-Konfliktes überhaupt gekommen? Eine mögliche Antwort auf diese Frage gibt die Form der als notwendig erachteten Abschreckung. So begnügten sich beide Seiten nicht mit einer Minimalabschreckung, die einen nuklearen Zweitschlag im Falle eines nuklearen Angriffes der anderen Seite garantieren sollte. Vielmehr wollte jede Seite einerseits eine Eskalationsdominanz erreichen und andererseits zugleich die Fähigkeit erlangen, dem anderen begrenzte nukleare Schläge zu versetzen, ohne dass dieser es wagen würde zurückzuschlagen. Die Eskalationsdominanz, bei der man anstrebt, den sicheren, allerletzten nuklearen Schlag auszuführen, konnte nie erreicht werden, führte aber zu immer neueren Systemen, die die Bedingungen dafür schaffen sollten. Dazu zählte die Erhöhung der Anzahl der Sprengköpfe und Trägersysteme, Silos, Mehrfachsprengköpfe, beweglicher Raketensysteme und Erstschlagszenarien. Ebenso konnte der Versuch, die Raketen immer treffsicherer und kleiner zu machen, nicht garantieren, dass die andere Seite davor zurückschrecken würde, auf solche nuklearen »Nadelstiche« mit einer Eskalation auf der nächste Ebene zu reagieren. Das Resultat war schließlich der massive und auf langfristige und globale Sicht bezogen auch »irrationale« Aufrüstungsprozess.

Trotz dieser Entwicklung verhinderte die nukleare Abschreckung nicht den Ausbruch konventioneller Kriege. Insbesondere bei Interventionen zeigte die nukleare Abschreckung keinerlei Wirkung. Das zeigte sich beim Angriff Nordkoreas auf den Süden oder beim kommunistisch-nationalen Aufstand in Vietnam. In gleicher Weise kümmerte sich die Sowjetunion nicht um die Nuklearmacht USA bei der Niederschlagung der Aufstände in Ungarn 1956 und in der Tschechoslowakei 1968. Andererseits zogen die USA deren Einsatz umgekehrt in diesen Situationen auch nicht in Betracht. Beim bewaffneten Grenzkonflikt zwischen der Sowjetunion und der Volksrepublik China 1969 am Ussuri-Fluss waren ebenfalls zwei Mächte involviert, die sich trotz des Besitzes von Nuklearwaffen nicht von einer Auseinandersetzung mit konventionellen Waffen abhalten ließen.

Es gab verschiedene Ansätze, die mit nuklearer Abschreckung verbundenen negativen Trends umzukehren. Einer dieser Ansätze bestand und besteht in dem verbindlichen Verzicht auf den Ersteinsatz von Nuklearwaffen (»no first use«). Durch einen solchen Verzicht würde die Begründung, Nuklearwaffen seien zur Abschreckung des Einsatzes von konventionellen, chemischen und biologischen Waffen erforderlich, wegfallen.[314] Ein anderer Ansatz zielte und zielt auf das bedingungslose Zugeständnis seitens der Nuklearwaffenstaaten, gegen Staaten, die keine Atomwaffen besitzen, keine Nuklearwaffen einzusetzen. Dadurch, so die Annahme, würde die Sicherheit von Nichtnuklearwaffenstaaten erhöht und zugleich die Gefahr nuklearer Proliferation verringert. Solche »Negativen Sicherheitsgarantien« sind in den Protokollen der existierenden Verträge über nuklearwaffenfreie Zonen verankert und rechtlich bindend. Ein Manko dieser Ansätze bleibt indes, dass sowohl der selbsterklärte Verzicht, wie auch Negative Sicherheitsgarantien, eben keine bindenden Verpflichtungen darstellen, die völkerrechtliche oder andere Sanktionen zur Folge hätten. Dennoch können solche Maßnahmen als wirksames Mittel zur Vertrauensbildung, Rüstungskontrolle und auch Abrüstung betrachtet werden. Durch die hier genannten Maßnahmen wäre, bei entsprechender Implementierung, das Konzept Abschreckung im Kalten Krieg nicht prinzipiell in Frage gestellt worden. Sie hätten aber wahrscheinlich die Anzahl der Nuklearwaffen auf ein Minimum reduzieren können, sodass sie tatsächlich nur mehr dazu geeignet gewesen wären, einen potentiellen Nuklearangriff als unakzeptable Option erscheinen zu lassen.

Die Abschreckungspolitik während des Kalten Krieges sollte nach dem römischen Prinzip »si vis para bellum« (»wenn du Frieden willst, bereite den Krieg vor«) einen heißen Krieg verhindern. Da Abschreckung glaubwürdig sein musste, mussten Nuklearwaffen einsetzbar konstruiert werden und alle verwundbaren Lücken geschlossen werden. Trotz der daraus resul-

314 »Ersteinsatz«, der gegen nicht-nukleare Waffen (konventionell, chemisch, biologisch) gerichtet ist, darf nicht verwechselt werden mit einem nuklearen »Erstschlag«, der die Ausschaltung des Nukleararsenals zum Ziel hat.

tierenden beispiellosen Aufrüstung lässt sich weder beweisen noch widerlegen, dass nukleare Abschreckung und das daraus resultierende Gleichgewicht des Schreckens, eine direkte militärische Auseinandersetzung beider Supermächte während des Kalten Krieges verhindert hat. Denkbar wäre auch, dass es schlicht und ergreifend die stillschweigende gegenseitige Anerkennung der Einflusssphären gewesen ist, die den großen Krieg zwischen den Blöcken verhinderte.

Ende des Kalten Krieges

Wenn das Hauptcharakteristikum des Kalten Krieges die Blockbildung war, dann bedeutete die Blockauflösung dessen Ende. Auf Basis der Konferenzen von Teheran (1943), Jalta und Potsdam (1945) waren im Europa der Nachkriegszeit zwei Einflusssphären geschaffen worden. In den Gebieten Osteuropas, die unter Kontrolle der Roten Armee standen, wurden unter der Führung Moskaus kommunistische Regime installiert. Es folgte die Ausschaltung der meisten oppositionellen Bewegungen zwischen 1945 und 1948 in diesen Gebieten und die Gründung der Warschauer-Vertragsorganisation 1955. Die USA sicherten sich ihren Einfluss in Westeuropa ihrerseits u. a. mit der Eindämmungspolitik, dem Marshall-Plan und der Truman-Doktrin 1947 sowie der Gründung der NATO 1949. Anders als die Zwangseinbindung im Ostblock erfolgte die Westintegration aufgrund der wahrgenommenen Bedrohung durch die Sowjetunion weitgehend freiwillig. Anders als in Europa verlief die Blockbildung in Asien, Afrika und Südamerika zumeist ungeordnet, in krisenhafter Form und kumulierte nicht selten in heißen Kriegen.

Während der gesamten Periode des Kalten Krieges hat es zugleich immer wieder Versuche gegeben, die Blocklogik zu überwinden. So gab es Aufstände gegen die sowjetische Vorherrschaft in der DDR 1953, in Ungarn 1956, in der Tschechoslowakei 1968 und in Polen 1981. Inspiriert und befördert wurden diese Auflösungstendenzen im kommunistischen Block durch die Eurokommunisten im Westen, insbesondere durch die Kommunistische Partei Italiens, die einen dritten Weg zwischen den Blöcken suchten.[315] Die neutralen und bündnisfreien Staaten waren zudem ein Modell, das sich der Blocklogik entzog. Auch die Konferenz für Sicherheit und Zusammenarbeit in Eu-

315 Heinz Gärtner/Günter Trautmann, *Ein dritter Weg zwischen den Blöcken? Die Weltmächte, Europa und der Eurokommunismus*, (Verlag für Gesellschaftskritik: Wien), 1985.

ropa (KSZE) hatte einen wichtigen Einfluss auf die Reformkommunisten im Ostblock – bspw. die Charta 77.[316]

Dennoch wäre das Ende des Kalten Krieges und damit die Auflösung des Ostblockes nicht möglich gewesen, wenn es keine Reformen in der Sowjetunion gegeben hätte. Diese Entwicklung begann 1985 mit der Wahl von Michail Gorbatschow zum Generalsekretär der UdSSR. Dieser leitete ein umfangreiches Reformprogramm ein. Er verkündete eine neue Offenheit mit bis dahin unbekannten Freiheiten, was unter dem Begriff »Glasnost« bekannt wurde. Zugleich forderte er ein »neues Denken« und eine Umstrukturierung von Partei, Industrie und Landwirtschaft, was den Namen »Perestroika« trug. Gorbatschow gab die zentrale Wirtschaftsplanung und die kollektive Landwirtschaftspolitik auf und beendete das politische Monopol der Kommunistischen Partei. Er ermunterte Emigranten zur Rückkehr und gestattete westliche Publikationen. Schließlich folgte eine Neuausrichtung der Außenpolitik der Sowjetunion gegenüber den USA, China und der Dritten Welt. Daneben zog Gorbatschow die sowjetischen Truppen aus Afghanistan ab und nahm 1990 diplomatische Beziehungen mit Südkorea auf.

Eigenen Reformbemühungen der osteuropäischen Länder wurden zukünftig keine Hindernisse mehr in den Weg gestellt. Die Breschnew-Doktrin, die die Souveränität der sozialistischen Länder beschränkte, war damit Vergangenheit. Der Sprecher des Außenministeriums Gennadi Gerasimow bezeichnete die neue »Doktrin« als »My Way«, in ironischer Anspielung auf das Sinatra-Lied. Ab 1989 gingen die ehemaligen Ostblockländer dann tatsächlich ihren eigenen Weg. Dies ermöglichte letztlich auch den Fall der Berliner Mauer und die deutsche Vereinigung. Der Kalte Krieg war zu Ende. Der Ostblock, entstanden durch die Besetzung der Roten Armee, von Stalin abgeriegelt, und von den Sowjetführern Chruschtschow und Breschnew sowie de-

316 Oppositionsgruppen und -bewegungen, wie der Charta-77 in der Tschechoslowakei, wurde damit ein wichtiges Instrument in die Hand gegeben, das auch von den kommunistischen Regierungen unterzeichnet worden war. Kooperation auf der staatlichen Ebene ermöglichte auch der Opposition Handlungsspielräume.

ren Nachfolgern, Andropov und Tschernenko, zusammengehalten, war Vergangenheit.

Oft wird wiederholt, dass niemand den Zusammenbruch des Ostblocks und damit das Ende des Kalten Krieges vorhergesagt hätte. Dennoch hat es großartige Analytiker gegeben, die die Bedingungen exakt formuliert haben, unter denen es zu einer Unabhängigkeit der osteuropäischen Staaten von der Sowjetunion kommen kann.

Zdeněk Mlynář war Sekretär des Zentralkomitees der Kommunistischen Partei der Tschechoslowakei während des Prager Frühlings 1968. Nach der Besetzung durch die Truppen des Warschauer Paktes wurde er aus der Partei ausgeschlossen. Er war Gründer der tschechoslowakischen Bürgerrechtsbewegung »Charta 77«, woraufhin er das Land verlassen musste. Im österreichischen Exil betätigte sich Mlynář u. a. als Politologe. Mit Gorbatschow war er seit seiner Studienzeit in Moskau eng befreundet.[317] Über die Möglichkeit eines Endes des Kalten Krieges schrieb er 1984, noch bevor Gorbatschow Generalsekretär der KPdSU wurde:

> »In den europäischen Ländern des Sowjetblockes (sind) folgende zwei Faktoren miteinander verbunden: die Zugehörigkeit zum sowjetischen Block und die Beibehaltung des sowjetischen Modells als sozialpolitisches System. Bisher löste jeder Versuch, dieses Modell zu ändern, einen gewaltsamen Eingriff aus, der vom Machtzentrum des Blockes inspiriert wurde: in Ungarn 1956, in der CSSR 1968. In Polen 1981. Außer in Ungarn 1956 wurde dabei kein Bestreben, aus dem Warschauer Pakt auszutreten, geäußert. Das beweist, dass das Machtzentrum des Blockes bereits in der autonomen innenpolitischen Entwicklung einzelner Blockländer eine grundsätzliche Gefährdung des Blockes sieht. [...] Anfang der Achtzigerjahre liegt die Hauptursache der Krisen- und Konfliktentwicklung [...] darin, dass das sowjetische System bestrebt ist, mehr Einfluss auf der ganzen restlichen Welt beizubehalten, als es seinem ökonomischen und politischen Potential entspricht. Das führt einerseits dazu, dass zum entscheidenden Faktor des ›Wettbewerbes‹ mit den Konkurrenzsystemen auch von sowjetischer Seite die Rüstung und militärische

317 Michail Gorbatschow, *Alles zu seiner Zeit: Mein Leben*, (Deutscher Taschenbuchverlag, dtv: München), 2014, 72–73.

> Stärke wird, andererseits führt es dazu, dass die Supermachtinteressen ein Hindernis für die innere ökonomische soziale und politische Entwicklung des sowjetischen Systems darstellen.«[318]

Mlynář formulierte hier Anfang der Achtzigerjahre klar die Bedingungen, die vorhanden sein müssen, damit es zu einer Auflösung des Sowjetblockes kommt: Eine Änderung des sozialpolitischen Systems innerhalb der osteuropäischen Länder und – weil sie zum Sowjetblock gehörten – eine Aufgabe der Supermachtsposition der Sowjetunion, damit es zu inneren sozialen und politischen Reformen kommen konnte. 1956, 1968 und 1981 war zwar jeweils die erste Bedingung erfüllt, aber die zweite nicht. Erst als Gorbatschow an die Spitze der Sowjetunion gewählt wurde, wurde auch die zweite Bedingung erfüllt, was beinahe unmittelbar zum Zusammenbruch des Ost-Blocks führte. Es war also ein Punkt in der Geschichte, an dem die innenpolitischen Bedingungen mit dem Außenverhalten und inneren Reformen der Sowjetunion zusammentrafen.

Auf den Fall der Berliner Mauer 1989 und das Ende des Ostblocks folgte 1991 der Zusammenbruch der Sowjetunion selbst. Damit verbunden war auch das politische Ende von Gorbatschow. Diesen Ereignissen vorausgegangen war im Juni 1991 die Wahl Boris Jelzins zum Präsidenten der russischen Republik (RSFSR). Als Gorbatschow im August auf der Krim weilte, kam es zu einem Putschversuch von konservativen, sowjetischen militärischen und paramilitärischen Einheiten. Gorbatschow selbst wurde auf der Krim festgesetzt und isoliert. Dennoch verweigerte er die Zustimmung zu dem von den Putschisten erlassenen Notstand und lehnte jede Übertragung seiner Vollmachten auf den, zum Interimspräsidenten ernannten Gennadi Iwanowitsch Janajew (zuvor Vizepräsident der UdSSR) ab.

318 Zdeněk Mlynář, Die Verselbständigungstendenzen im Sowjetblock, die Blockspaltung Europas und der Eurokommunismus, Heinz Gärtner und Günter Trautmann, *Ein dritter Weg zwischen den Blöcken? Die Weltmächte, Europa und der Eurokommunismus*, (Verlag für Gesellschaftskritik: Wien), 1984, 65–71. Kopien dieses Artikels wurden 1985 von Österreich in die Tschechoslowakei geschmuggelt und dort im Untergrund verteilt.

Jelzin nutzte die Gelegenheit und leistete den Putschisten erfolgreichen Widerstand. Nach dem Zusammenbruch des Putsches, entmachtete er zunehmend den bereits angeschlagenen Gorbatschow, was letztlich im Dezember 1991 zu dessen Rücktritt führte. Noch vor Ende des gleichen Jahres erfolgte die offizielle Auflösung der Sowjetunion, deren Rechtsnachfolge die Russische Föderation antrat. Gorbatschow beklagte in seinen Memoiren, dass hochgestellte Mitarbeiter des CIA und US-Verteidigungsminister Dick Cheney Jelzin bei seiner Machtübernahme unterstützten. Die Auflösung und Aufteilung der Sowjetunion sei schließlich eher in ihrem Interesse gewesen als eine Erneuerung. Ein geschwächtes Russland hätte dem Bild des Sieges des Westens über den Osten und der Sowjetunion besser entsprochen als eine reformierte Sowjetunion.[319]

Bereits vor, aber erst recht nach dem Zusammenbruch der Sowjetunion forderten die sowjetischen Republiken von Georgien bis zu den Baltischen Staaten ihre Unabhängigkeit. Die Auflösung des sowjetischen Blockes entfachte zentrifugale Tendenzen, die nicht mehr aufzuhalten waren und weit über das hinausgingen, was Gorbatschow ursprünglich beabsichtigt hatte. Sein Ziel war es den Sowjetblock auflösen, die Sowjetunion und den Sozialismus zu reformieren und keine Gewalt anzuwenden. Wie sich jedoch zeigte, hatte er beabsichtigt etwas zu vereinbaren, was letztlich nicht zu vereinbaren war. Die osteuropäischen Länder (bis auf Weißrussland und die Ukraine), einschließlich dem vereinigten Deutschland, wurden in den Neunzigerjahren Mitglieder der NATO. Vor allem der letzte US-Präsident während des Kalten Krieges, George H. W. Bush bestand darauf, dass das vereinte Deutschland der NATO beitrat – wohl auch deswegen, um es besser kontrollieren zu können.[320]

Einer der Begründungen des Westens für die Aufnahme der osteuropäischen Länder in die NATO Ende der Neunzigerjahre war, dass ihnen damit geholfen würde, den Kommunismus zu

319 Michail Gorbatschow, *Alles zu seiner Zeit: Mein Leben*, (Deutscher Taschenbuchverlag, dtv: München), 2014, 508–509.

320 Stephen Stestanovich, Could It Have Been Otherwise? *The American Interest*, Vol. 10, No. 5, April 14, 2015.

überwinden und Demokratie einzuführen.[321] An diesen Transformationsabsichten bestand in jenen Ländern aber auch ohne NATO-Mitgliedschaft kein Zweifel. In Moskau und wohl auch in Washington wurde die NATO-Erweiterung als »Sieg« und Machtzuwachs des Westens gesehen. Gorbatschow selbst hoffte auf ein System bündnisfreier Staaten im ehemaligen Ostblock. Im Gespräch mit Zdenek Mlynář betonte Gorbatschow in Bezug auf die sozialistischen Staaten nochmals, dass »die Quintessenz des Neuen Denkens die Anerkennung von Wahlfreiheit und der Ausgleich gegenseitiger Interessen« sei.[322] Seine Visionen konnten nach Ende des Kalten Krieges, das er selbst herbeigeführt hatte, aus verschiedenen Gründen nicht verwirklicht werden.

Eine Teilung zwischen »Gewinnern« und »Verlierern« hätte vielleicht durch eine gesamteuropäische »Sicherheitsarchitektur« verhindert werden können. Die Nachfolgeorganisation der KSZE, die OSZE, bot diesbezüglich eine geeignete institutionelle Struktur. Sie konnte diese Rolle aber aus mehreren Gründen nicht erfüllen: Der Westen zog die NATO vor, Moskau lehnte die OSZE ab –, weil darin Russland zu einer Minderheit unter den westlichen Demokratien geworden wäre – und die OSZE selbst war zu schwach, um diese Differenzen überwinden zu können.

---

321 Der tatsächliche Grund war aber, dass diese Staaten glaubten, dass sie innerhalb der NATO gegen einen potentiellen russischen Angriff besser geschützt wären.

322 Mikhail Gorbachev/Zdenek Mlynář, *Conversations with Gorbachev: On Perestroika, the Prague Spring, and the Crossroads of Socialism*, (Columbia University Press: New York), 2003.

Schluss

Die Beziehung zwischen dem »Westen« und dem »Osten« in den Jahrzehnten nach Ende des Zweiten Weltkrieges können weder als »heißer« Krieg noch als stabiler Frieden bezeichnet werden. Die beiden Supermächte (USA und Sowjetunion) und die beiden Militärbündnisse (NATO und Warschauer Pakt) befanden sich in einem permanenten Spannungszustand. Ursache der Blockbildung waren Großmachtrivalität und ideologische Polarität. Während des Kalten Krieges, der in Europa mit einem Status quo verbunden war, gab es in anderen Teilen der Welt Konflikte mit massenhaften tödlichen Kampfhandlungen, die zum Teil jährlich mehrere hunderttausend Opfer forderten. Was zeichnete den Kalten Krieg aus? In Europa respektierten beide Supermächte die gegenseitigen Einflussbereiche, ohne jedoch zuzugeben, dass diese existierten. Dabei zögerten sie nicht, die jeweilige Einflussnahme der anderen Seite öffentlich zu verurteilen. Eine direkte oder gar militärische Einflussnahme in der Machtsphäre des jeweiligen Gegners wurde allerdings von beiden Seiten gemieden. Die USA versuchten nicht, die sowjetische Kontrolle in Osteuropa gewaltsam zurückzudrängen und die Sowjetunion akzeptierte ihrerseits die Anwesenheit der NATO in Westeuropa sowie im Mittelmeer. Hier war der Kalte Krieg ein Zusammenspiel von Mächtegleichgewicht, Eindämmungspolitik, Absicherung der eigenen Einflusssphäre, Sicherheitsdilemma und offensiven Drohgebärden. Außerhalb Europas versuchte man den jeweiligen Einfluss auszuweiten, vorrangig mit Hilfe von lokalen und regionalen Verbündeten. Indes schreckten beide Supermächte auch hier vor einer direkten Konfrontation mit der anderen Seite zurück. So haben sich die US- und die Rote Armee während des Kalten Krieges keine einzige Schlacht geliefert. Zumeist beschränkte man die eigene Einflussnahme auf Waffenlieferungen und andere Formen der indirekten Unterstützung, ohne eigene Truppen zu entsenden. Direkte Interventionen wie in Korea, Vietnam oder Afghanistan bildeten hingegen die Ausnahme. Diese gewaltsamen Auseinandersetzungen wurden oft als »Stellvertreterkriege« bezeichnet. Der Begriff gibt vor, dass die lokalen Verbündeten für die Interessen, Werte und Ideologien der Großmächte Kriege führen würden. Dies entsprach zwar den Intentionen der Großmächte, was jedoch aus Sicht der direkt betroffenen Konfliktparteien selbst zumeist nur nebensächlich war. Vielmehr ging es den lokalen Konfliktparteien schlicht um die Sicherung der Unterstützung von Seiten der Großmächte. Die Einflussnahme der Großmächte beruhte somit oft auf falschen Vorstellungen über ihre Verbündeten. Sowohl rationale Realpolitik als auch Perzeptionen spielten in diesen Kriegen eine Rolle. Die Großmächte nahmen, was sie bekommen konnten, ohne dass sie die jeweiligen Regierungen der Dritten Welt vollständig unter Kontrolle bringen konnten.

Dort wo die Aufteilung in Einflusszonen nicht abgeschlossen oder unklar war, konnte es zudem zu Krisen kommen, die das Potential zum Krieg zwischen den Supermächten in sich trugen. Diese Gefahr bestand insbesondere bei der Berlinblockade 1948, dem Bau der Berliner Mauer 1961 und der Kuba-Krise 1962. Bei einer direkten Beteiligung beider Supermächte, wie in den genannten Krisen, in denen eine globale Auseinandersetzung drohte, die auch den Einsatz von Nuklearwaffen miteinschloss, waren beide Seiten stets darauf Bedacht, das Risiko von Zwischenfällen, die zu einer militärischen Konfrontation hätten führen können, möglichst niedrig zu halten. Auch Krisen, die zu Kriegen führten, aber entweder ausschließlich von regionalen Akteuren (Angola, Äthiopien usw.) oder unter Beteiligung lediglich einer Supermacht (Korea, Vietnam, Afghanistan) ausgefochten wurden, blieben begrenzt.

Die Abhängigkeit der Großmächte von regionalen und lokalen Regimen und Diktatoren in der Dritten Welt, brachten diese immer wieder in Schwierigkeiten und verwickelten sie nicht selten selbst in lokale Auseinandersetzungen. Dies war nicht zuletzt einer mangelnden Kontrolle und den eigenen Interessen dieser Akteure geschuldet. Die Beispiele dafür sind mannigfaltig. Auf Seiten der USA wäre hier Korea unter Rhee Syng-man, Vietnam unter Ngô Đình Diệm, China unter Chiang Kai-Shek, Kuba unter Fulgenico Batista, Nicaragua unter Anastasio Somoza und der Iran unter Schah Reza Pahlavi zu nennen. In Afghanistan erlebte die Sowjetunion mit den von ihr unterstützten korrupten und brutalen Diktatoren Taraki und Amin ein ähnliches Schicksal.

Charakteristisch für den Kalten Krieg war die Blockbildung, die nach Zerfall der Kriegskoalition 1946–47 einsetzte. Stalin steckte seine Einflusssphären dort ab, wo die Rote Armee präsent war. Er installierte sowjetfreundliche kommunistische Regime und half gegebenenfalls dort mit einem Putsch nach, wo seine Macht nicht gesichert schien – wie 1948 in der Tschechoslowakei. Der Westen unter der Führung der USA festigte seine Einflusssphäre 1947 mit der Truman-Doktrin und dem Marshall-Plan, die zum Ziel hatten, den sowjetischen Block einzudämmen und die kommunistischen Parteien im Westen zu schwächen. In militärischer Hinsicht wurden zwei Bündnisse gegründet, 1949 die NATO und 1955 der Warschauer Pakt. Seit den Fünfzigerjahren setzte zudem ein nukleares Wettrüsten ein, das mit der Drohung der »gegenseitigen gesicherten Vernichtung« einen Angriff der jeweils anderen Seite abschrecken sollte.

Das daraus resultierende Sicherheitsdilemma sowie die Furcht vor der eigenen Verwundbarkeit spielten im Kalten Krieg eine herausragende Rolle, obwohl defensive und offensive Elemente permanent miteinander vermischt waren. Fest steht, dass jede Seite die eigenen Maßnahmen als defensiv verstand, die von der anderen jedoch als extrem offensiv wahrgenommen wurden. In welchem Verhältnis offensive und defensive Elemente standen, ist auch im Rückblick nur schwer zu klären. Allerdings stellte sich in den meisten Fällen das Nullsummendenken als unrichtig heraus. Die Schwäche des einen war häufig somit nicht mit der Stärke des anderen zu erklären. Zudem waren vielfach Informationsdefizite, psychologische Effekte und verfälschte Wahrnehmungen im Spiel, die zu Überreaktionen führten. Das betrifft den (nuklearen) Aufrüstungsprozess ebenso wie Interventionen in der Dritten Welt.

Die Strategie der Abschreckung entwickelte während des Ost-West-Konfliktes höchste Perfektion und war einer der zentralen Ursachen des Rüstungswettlaufs. Insbesondere aufgrund immer wieder vermuteter Lücken (Bomber, Raketen, usw.) im eigenen Waffenarsenal, musste beständig »nachgerüstet« werden. Das Ziel beider Seiten lag dabei im Erreichen der absoluten Eskalationsdominanz, d. h. der Fähigkeit zum letzten Schlag. Ob und welchen Beitrag Nuklearwaffen zum »langen Frieden« während des Kalten Krieges tatsächlich geleistet haben, lässt sich nicht sagen. Man kann nicht abschließend beweisen, warum etwas, in diesem Fall ein großer Krieg, nicht stattgefunden hat. In diesem und anderen komplexen Zusammenhängen gibt es stets eine Vielzahl von (miteinander wechselwirkenden) Ursachen, die das Auftreten oder Ausbleiben eines Ereignisses bzw. Prozesses bedingen. Mit Sicherheit kann nur gesagt werden, dass nukleare Abschreckung offenbar keinerlei Einfluss auf das Ausbrechen konventioneller Kriege wie in Korea, Vietnam oder Afghanistan besaß.

Die Ursachen für das Ende des Kalten Krieges sind vielfältig. Die Reformen von Michail Gorbatschow (»Glasnost«, »Perestroika«), der KSZE-Prozess, wirtschaftliche Schwäche der Sowjetunion, die Globalisierung und die amerikanische Aufrüstung werden diesbezüglich häufig genannt. Entscheidend war jedoch, dass es einen Moment in der Geschichte gegeben hat, in dem Reformen in der Sowjetunion mit einer Änderung der sowjetischen Außenpolitik und Reformbemühungen in den von der Sowjetunion abhängigen Ländern zusammentrafen.

Einzelne Staatsmänner hingegen konnten den Kurs des Kalten Krieges zwar verändern, ihn aber nicht überwinden. Der Übergang von Josef Stalin zu Nikita Chruschtschow brachte eine Öffnung des kommunistischen Lagers und ein besseres Gesprächsklima mit dem Westen, jedoch keine Änderung der Blockstruktur, wie die Intervention des Warschauer Paktes in Ungarn 1956 zeigte. Die Entspannungspolitik Richard Nixons ermöglichte eine Verbesserung der Ost-West-Beziehungen, anerkannte aber die jeweiligen Einflusssphären. Willy Brandts Ostpolitik war der Kern des KSZE-Prozesses, der die Existenz der Sowjetunion und die der übrigen kommunistischen Regime in Osteuropa zwar nicht in Frage stellt, aber zugleich westliche Werte anerkannte und friedliche Grenzveränderungen zuließ.

Erst als eine sich verändernde Struktur innerhalb des kommunistischen Blockes auf die Reformbereitschaft der neuen politischen Persönlichkeit von Michail Gorbatschow traf, war eine Transformation der Struktur des Kalten Krieges möglich.

Die Bipolarität des Ost-West-Konfliktes verschwand mit dem Ende des Kalten Krieges. Es begann eine Debatte darüber, welche neue Ordnung entstehen würde. Modelle der Multipolarität, Unipolarität oder auch der Nicht-Polarität mit vielen Akteuren wurden diskutiert. Es mag neue Pole geben, es gibt aber auch Interdependenz, Globalisierung und Multilateralismus, die darüber gelagert sind. Es ist auch offen, ob liberale Werte von Demokratie und Marktwirtschaft an eine hegemoniale Stellung der USA gebunden sind oder nicht.

Das Festhalten der USA, der NATO und Russlands an der nuklearen Abschreckung sowie die geopolitische Konfrontation zwischen Russland und dem Westen, die im Kontext der Ukraine-Krise nach 2014 entstanden ist, zeigen, dass das Vermächtnis des Kalten Krieges weiterhin wirksam ist. Es kann aber keine Wiederholung des Kalten Krieges geben, da wesentliche Elemente fehlen oder sich gewandelt haben. So gibt es eine globalisierte Welt mit einer Vielzahl von formellen und informellen internationalen Institutionen, die politisch und ökonomisch vernetzt ist, in der die Herausforderungen und Gefahren nicht selten Auswirkungen weit über nationale und regionale Grenzen haben. Das betrifft nicht nur die Klimaveränderung, sondern auch regionale Krisen. Es gibt nicht nur zwei, sondern viele Akteure und Zentren – staatliche und nichtstaatliche. Russland und selbst die USA sind nicht in der Lage, geschlossene Einflusssphären aufzubauen. Sowohl die Anwendung von Gewalt als auch ideologische Instrumente sind an ihre Grenzen gestoßen, wenn man bspw. an die innenpolitischen Entwicklungen in der Ukraine, im Mittleren Osten und Nordafrika denkt. In all diesen Fällen gibt es Kräfte, die von außen nicht oder nur mangelhaft kontrolliert werden können. Weder sicherheitspolitisch, ideologisch noch ökonomisch werden die neuen Mächte, wie etwa China, Indien, Brasilien, oder auch Europa eine bipolare Welt zulassen, in der die USA und Russland dominieren.

Epilog: Nach Ende des Kalten Krieges

Entwürfe[323]

Die Phase nach dem Ost-West-Konflikt zwischen 1990 und 2001 war gekennzeichnet durch eine politische, wirtschaftliche und kommunikations-technische Globalisierung. Einerseits stärkte sie die USA in ihrer Führungsrolle als liberale Demokratie in der globalen Marktwirtschaft, was Francis Fukuyama dazu verleitete, vom »Ende der Geschichte« und die Außenministerin der Administration Clinton Madeleine Albright von der »unentbehrlichen Nation« (»indispensable nation«) zu sprechen. Andererseits wurden die USA durch neue globale, staatliche und nichtstaatliche Akteure geschwächt. Auch ihre Freunde und Verbündeten waren nicht mehr ausschließlich darauf angewiesen, dass ihnen die USA die Sicherheit vor einer globalen Bedrohung zur Verfügung stellten. Die US-Administration von George W. Bush (2001–2008) versuchte in dieser Situation, eine unipolare Welt zu schaffen, in der die Führungsrolle der USA unanfechtbar gemacht werden sollte. Die Anschläge des 11. September lieferten einen willkommenen Anlass, die Welt in solche Staaten einzuteilen, die entweder auf Seiten der USA, oder auf Seiten der »Terroristen« standen. Auch internationale Institutionen und Multilateralismus sollten die Handlungsfähigkeit der USA nicht einschränken. Der »globale Krieg gegen den Terror« war das Instrument dazu. Mit dem Ende der Ära Bush verschwand auch dieses »unipolare Moment«[324].

Für eine Welt nach Ende des Kalten Krieges wurden verschiedene Vorstellungen entwickelt. Manche Beobachter sprachen von einer neuen Phase der Multipolarität mit wenigen, etwa gleich starken, globalen Akteuren, was Polarisierung, Mäch-

323 Vgl. Heinz Gärtner, *Die USA und die neue Welt,* (Lit.-Verlag: Münster), 2014.

324 Charles Krauthammer, »The Unipolar Moment«, America and the World, *Foreign Affairs,* Vol. 70, No. 1, 1990/91.

tegleichgewicht, ja potentiell Krieg bedeuten würde. Der Vertreter der offensiven realistischen Schule, John Mearsheimer,[325] sieht eine solche globale multipolare Welt mit China als wichtigster Herausforderer der USA entstehen. Dieses Modell vernachlässigt aber die neuen globalen Gemeinsamkeiten, Klimaschutz, Energieeffizienz, Kampf gegen Proliferation, Terrorismus und Piraterie sowie Zugang zum Cyberspace, die bewältigt werden müssen. China ist an globalem Handel interessiert, das durch einen militärischen Konflikt empfindlich gestört werden kann.

Gegenüber den Polaritätsmodellen hat Richard Haass[326] mit einer nicht-polaren Welt ein anderes Konzept entworfen, das nicht wenige, sondern viele globale Akteure berücksichtigt. Die G-20 und die neuen Mächte (wie die BRICS-Staaten[327]) kommen diesem Modell in der realen Welt am nächsten. Um die gemeinsamen globalen Herausforderungen zu bewältigen, sprach die Außenministerin der Regierung Barack Obama, Hillary Clinton, anstelle von einer multipolaren von einer multipartnerschaftlichen Welt. Für John Ikenberry[328] hinterlässt die von den USA dominierte Welt seit 1945 eine internationale liberale Ordnung, an die sich die anderen Weltmächte, wie China und Indien, anpassen und von der sie profitieren – auch wenn die hegemoniale Stellung der USA zur Neige geht. Charles Kupchan[329] glaubt nicht, dass es künftig ein Zentrum geben wird, weder ein amerikanisches noch ein chinesisches. Die Welt wird niemandem gehören, muss aber nach gewissen Regeln funktionieren.

---

325 John J. Mearsheimer, Imperial by Design, *The National Interest*, December 2010.

326 Richard N. Haass, The Age of Nonpolarity: What Will Follow US Dominance, *Foreign Affairs*, May/June 2008.

327 Zu den BRICS-Staaten werden Brasilien, Russland, Indien, China, Südafrika gezählt.

328 G. John Ikenberry, *Liberal Leviathan: The Origins, Crisis, and Transformation of the American World Order*, (Princeton University: Princeton and Oxford), 2011.

329 Charles A. Kupchan, *No One's World, the West, The Rising Rest, And The Coming Global Turn*, (Oxford University Press: New York), 2012.

Für Robert Kagan[330] ist hingegen nur eine demokratische Führungsmacht USA in der Lage, eine liberale Ordnung zu garantieren. Autokratische Regime wie China und Russland würden hingegen eine autoritäre Weltordnung hervorbringen. Kagan überträgt, was nicht notwendigerweise kausal ist, innenpolitische Ordnungsstrukturen auf globale Entwicklungen. Die »Post-American World«[331] bedeutet für Joseph Nye[332] nicht die Dominanz Chinas oder eine neue Hegemonie, sondern die Fähigkeit, die globalen Herausforderungen wie Klimawandel, Pandemien, Terrorismus, nukleare Verbreitung und Piraterie zu bewältigen. Dazu erforderlich sind ein globaler Kontext mit Netzwerken und »smart strategies«. Ein wesentlich düstereres Szenario zeichnete demgegenüber Zbigniew Brzezinski[333]. Demnach würde ein globales Durcheinander entstehen, wenn es den USA nicht gelingt, wieder eine globale Führungsrolle zu übernehmen, da es keine globale Macht gibt, die das Vakuum, das die USA hinterlassen würden, ausfüllen könne.

Politik

Das Ende des Kalten Krieges bedeutete einen Schub in der Zivilisierung der internationalen, vor allem der europäischen Verhältnisse. Große Teile Osteuropas, Russland eingeschlossen, wendeten sich ab 1990 marktwirtschaftlichen und demokratischen Parametern zu. Die Kooperation und die Integration der bisher getrennten Teile des Kontinents fanden ihren besonderen Ausdruck in der Überwindung der Teilung Deutschlands. Die Aufwertung der KSZE zur OSZE spiegelte das Bestreben, ein neues europäisches und transatlantisches Sicherheitssystem

330 Robert Kagan, *The World America Made*, (Alfred A. Knopf: New York), 2012.

331 Dieser Begriff stammt von Fareed Zakaria, The Post-American World, (W. W. Norton & Company: New York), 2012.

332 Nye Jr., Joseph S., *The Future of Power*, (Public Affairs: New York), 2011.

333 Zbigniew Brzezinski, *Strategic Vision: America and the Crisis of Global Power*, (Basic Books: New York), 2012.

von Vancouver bis Wladiwostok zu etablieren, wider. Zum ersten Mal seit der Errichtung des »Eisernen Vorhangs« kam es zu Abrüstungsschritten, wie das neue START-Abkommen 2010.

Nach 1989 gab es in den früheren kommunistischen Gesellschaften Osteuropas und einigen sowjetischen Republiken eine Demokratisierungswelle. Die meisten traten der Europäischen Union und dem westlichen Bündnis der NATO bei. Das blockfreie Jugoslawien zerfiel und wurde in den Neunzigerjahren von Nachfolgekriegen zwischen den ehemaligen Republiken überzogen. Die NATO, deren Aufgabe es im Kalten Krieg war, eine Bedrohung aus dem Osten abzuwehren, intervenierte nun im Süden, um die sich dort ereignenden ethnischen Säuberungen im Zuge des Kosovokrieges zu stoppen. Aufgrund dieses ethnisch, religiös und ökonomisch motivierten Krieges begann die Demokratisierung am Westbalkan erst ein Jahrzehnt nach dem Zerfall des Ostblocks.

Nach den Terroranschlägen vom 11. September 2001 begann schließlich das Jahrzehnt der Terrorismus- und Aufstandsbekämpfung, der »humanitären Intervention« und des Wiederaufbaus von Nachkriegsgesellschaften. Der Arabische Frühling zu Beginn des Jahrzehnts nach 2011 weckte Hoffnungen auf eine Wiederholung der Demokratisierung der osteuropäischen Transformgesellschaften in Nordafrika. Doch diese Hoffnungen wurden weitgehend enttäuscht. Ab der Mitte des Jahrzehnts kam es aus globaler Sicht vermehrt zu einer Rückkehr zu autokratisch und nicht-demokratisch regierten Gesellschaften. Das betrifft den arabischen Raum, den Westbalkan, Russland und Teile Asiens. 60 Staaten beschritten diesen Weg, wohingegen nur 30 Fortschritte bei der Demokratisierung verzeichneten.[334] Die demokratisch-marktwirtschaftlichen Gesellschaften stehen nun vor der Alternative, diese Autokratien oder defekten Demokratien zu isolieren oder zu integrieren und damit vielleicht langfristig zu demokratisieren.[335] Gleichzeitig hat aber ein Pro-

334 Freedom House Index, *Freedom in the World*, 2015.

335 Wissenschaftliche Arbeiten untersuchten das Kooperationsverhalten von Autokratien. Sie kommen zu dem Schluss, dass außenpolitische Kooperation bei bestimmten Autokratietypen oder auch bei nicht voll entwickelten Demokratien nicht nur außenpo-

zess eingesetzt, der das Westfälische Staatensystem in Frage stellt. Nichtstaatliche Akteure versuchen, die Staaten der Moderne zu ersetzen. Das von Max Weber definierte Gewaltmonopol des Staates löst sich auf, weil es geschwächt wurde, aber auch oft nicht legitim ist. Terroristische Phänomene, wie der selbsternannte »Islamische Staat« oder die Terrororganisation Al-Qaida, haben diesbezüglich eine erschreckende Alternative präsentiert.

Die demokratischen Aufbruchsbewegungen in Europa, ökonomische Defizite – die infolge einer nach dem Kalten Krieg beschleunigten Ökonomisierung und Globalisierung der internationalen Beziehungen an der Peripherie noch deutlicher hervortraten – und eine rasante demographische Entwicklung, nicht zuletzt in jenen Ländern, die an Europa grenzten, ließen die Bereitschaft und den Trend wachsen, die Verhältnisse gewaltsam ändern zu wollen. Diese Strukturen, Prozesse und Akteure konterkarierten zunehmend Hoffnungen auf eine dauerhafte Friedensordnung, wie sie infolge der Umbrüche von 1989/91 erwartet worden war.[336]

Mit der OSZE-Charta von Paris 1990 sollte die Blockteilung in Europa beendet, Demokratie und Rechtsstaatlichkeit als einzig verbindliche Regierungsform anerkannt und Menschenrechte sowie Grundfreiheiten eingehalten werden. Die Nachbarschaftspolitik der EU sollte dazu beitragen, diese Werte sowie marktwirtschaftliche Prinzipien zu implementieren. Eine internationale Kommission[337] entwickelte 2001 Richtlinien für die Staatengemeinschaft und die Vereinten Nationen, wonach Staaten eine Verpflichtung haben, die eigene Bevölkerung vor Genozid und massiven Menschenrechtsverletzungen zu schützen (»Schutzverantwortung«). Ereignisse wie der Massenmord in

---

litisches Verhalten verändern, sondern auch innenpolitische Öffnung erreichen kann. Die Ausnahme sind Ein-Personen-Diktaturen. – Michaela Mattes/Mariana Rodríguez, Autocracies and International Cooperation, International Studies Quarterly, 2013.

336 Vgl. Heinz Gärtner/August Pradetto, Die Rückkehr der Gewalt in der internationalen Politik, *Wiener Zeitung*, 21. Dezember, 2015.

337 International Commission on Intervention and State Sovereignty, *The Responsibility to Protect, Report*, Ottawa, 2001.

Ruanda 1994 mit 800 000 Ermordeten, die Massenerschießungen von 10 000 bosnischen Muslims in Srebrenica 1995 sowie die ethnischen Säuberungen im Kosovo 1999 sollten damit verhindert werden. Wenn die Staaten dieser Verantwortung nicht nachkommen würden, müsse die Staatengemeinschaft eingreifen, wobei den Vereinten Nationen die Hauptautorität zukommen sollte. Die Resolution des Sicherheitsrates der Vereinten Nationen von 1973, die eine sich dramatisch verschlechternde Menschenrechtssituation in Libyen verhindern sollte, erfüllte all diese Kriterien. Selbst der Sturz von Führer Gaddafi im Verlauf der multilateralen Intervention von 2011 schien unvermeidbar, um dieses Ziel zu erreichen.

Viele dieser Versuche, Gewalt zu vermeiden, schlugen im zweiten Jahrzehnt des Jahrhunderts fehl. In vielen Ländern und Regionen, die während des Kalten Krieges von der Rivalität der Supermächte profitiert hatten, entbrannten Auseinandersetzungen über die künftige Richtung gesellschaftlicher, ökonomischer und politischer Entwicklungen. Sie erstreckten sich von Afghanistan über den Nahen Osten und Teile Afrikas bis nach Europa. Dort wurde um die Neuordnung Südosteuropas und des Südkaukasus zehn Jahre lang Krieg geführt. Beispiele dafür sind Bosnien-Herzegowina, Kosovo, Moldawien/Transnistrien, Südossetien, Abchasien und die Republik Bergkarabach sowie die Ukraine. Die Folge waren Hunderttausende Tote, Millionen Vertriebene und fragile Staaten sowie eingefrorene Konflikte. Dennoch erreichte das Gewaltniveau nicht mehr das Ausmaß wie zuzeiten des Kalten Krieges.[338]

Die mit der OSZE-Charta von Paris verbundene Erwartung konnte auch in vielen anderen Fällen nicht erfüllt werden. So verletzte die russische Annexion der Krim 2014 nicht nur die

338 Während des Kalten Krieges hatten die beiden Supermächte durch nukleare, aber auch konventionelle Rüstung ein enormes Zerstörungspotential angehäuft, dass es ihnen erlaubt hätte, die Welt gleich mehrfach zu zerstören. Zudem bestand aufgrund der vorhandenen Rivalität der Supermächte die beständige Gefahr einer direkten militärischen Auseinandersetzung. Die regionalen Kriege in der Zeit nach Ende des Kalten Krieges sind für die Menschheit als solche hingegen nicht existenzgefährdend.

OSZE-Charta, sondern auch das Budapester Memorandum von 1994. Beim Krieg in Syrien mit 250 000 Opfern war die Schutzverantwortung nicht anwendbar. Genauso wenig konnte sie das Entstehen des sog. »Islamischen Staates« (IS), in dem unschuldige Menschen geköpft und Frauen und Kinder versklavt werden, verhindern. In gleicher Weise ist auch nach Libyen der Bürgerkrieg nach der Intervention von 2011 zurückgekehrt, da die Verantwortung für den Wiederaufbau des Landes von der Staatengemeinschaft nicht mehr wahrgenommen wurde.

Es war jedoch insbesondere der Ukrainekonflikt, der in jüngster Zeit Reminiszenzen an den Kalten Krieg und die Blockbildung hervorbrachte, insbesondere im Rahmen des Begriffs der »Eindämmung«. Eine strenge Analogie mit dem Kalten Krieg würde bedeuten, dass die Welt wiederum, wie seit der Truman-Doktrin, die weiteren Phasen durchlaufen würde: von der Eindämmung zum »roll back« – also der Zurückdrängung –, über Einflussnahme Russlands in von ihm nicht direkt kontrolliertem Gebiet[339], bis hin zur Entspannungspolitik, die Kooperationsfelder neu definiert, wie es auch nach Ende des Kalten Krieges versucht wurde. Alternativ zur diskutierten »Eindämmung«, hätte wohlmöglich das österreichische Neutralitätsmodell für die Ukraine durchaus interessant sein können, um den Abzug der von Russland unterstützten Milizen zu erreichen und die territoriale Integrität wieder zu erlangen. Der mit dem österreichischen Neutralitätsgesetz gleichzeitig verhandelte Staatsvertrag von 1955 enthält ein Anschlussverbot an Deutschland und die Pflicht, Minderheitenrechte einzuhalten. Bei einer Übertragung auf die Ukraine müssten entsprechend eine Vereinigung mit Russland ausgeschlossen und Minderheitenrechte garantiert werden. Die sich abzeichnende Alternative wäre eine Teilung der Ukraine, wie die Deutschlands während des Kalten Krieges mit der vagen Hoffnung auf Wiedervereinigung in der Zukunft. Ein solches Vorgehen würde gegebenenfalls auch zu einer Entspannung im Verhältnis zwischen Russland und der NATO beitragen. So hatte u. a. der russische Ministerpräsident

339 Von Russland werden derartige Nachbarregionen (wie die Ukraine oder Georgien) oft als »Nahes Ausland« bezeichnet.

Medwedew in seiner Rede auf der Münchner Sicherheitskonferenz im Februar 2016[340] darauf hingewiesen, dass die Beziehungen zwischen der NATO und Russland im Laufe der letzten Jahre zunehmend aggressiver und konfrontativer geworden sind. Zugleich warnte er vor einer weiteren Konfrontation und bekundete die Bereitschaft seines Landes zu einem konstruktiven Dialog.

Während des Kalten Krieges hat es bestimmte Verhaltensregeln zur Vermeidung gewaltsamer Konflikte gegeben. Das trifft auf die Entspannungsperiode mit ihren Rüstungskontrollabkommen, vertrauensbildenden Maßnahmen im Rahmen der Konferenz über Sicherheit und Zusammenarbeit und der deutschen Ostpolitik zu. Letztere sollte unter anderem verhindern, dass sich die sowjetische Invasion in der Tschechoslowakei 1968 in der Osthälfte Deutschlands wiederholte. Die Entspannungspolitik und die Prinzipien der KSZE trugen letztlich wesentlich zur Transformation dieser Gesellschaften bei. Die Schlussfolgerung lautet, dass nicht eine Konfrontation der Blöcke sondern deren Entflechtung notwendig ist. Anzusetzen wäre somit gegenwärtig nicht bei der Eindämmungspolitik zu Ende der Vierziger-, sondern bei der Entspannungspolitik zu Beginn der Siebzigerjahre.

Eine »Wiederholung« des Kalten Krieges erscheint ferner als ein gefährliches Szenario. Im Kalten Krieg war die Welt in zwei Teile aufgeteilt. Ideologisch zwischen Kapitalismus und Kommunismus, geopolitisch in militärische Einflusssphären zwischen der USA und der Sowjetunion. Trotz aller Abschreckungsmaßnahmen bestand immer die Gefahr, dass eine Seite einen nuklearen Erstschlag durchführen würde, oder zumindest hoffte, mit einem nuklearen Ersteinsatz davonkommen zu können, ohne dass die andere Seite in der Lage gewesen wäre, einen Gegenschlag durchzuführen. Ebenso bestand während des Kalten Krieges stets das Risiko, dass ein konventioneller Angriff der Truppen des Warschauer Paktes oder der NATO in Europa zu einer nuklearen Eskalation führen könnte. Die Möglichkeit die-

340 Dmitry Medvedev's speech at the panel discussion, *Munich Security Conference*, 13 February 2016, Munich, Germany.

ses Risiko-Szenarios blieb insbesondere nach der Ukraine-Krise virulent. Russland behielt sich einen nuklearen Ersteinsatz vor, sollte es in einer konventionellen Auseinandersetzung mit der NATO unterliegen. Es ist auch nicht ausgeschlossen, dass sich aus der bestehenden Situation in der Ukraine ein Stellvertreterkonflikt mit militärischer Dimension entwickelt, wenn Russland die pro-russischen und der Westen die pro-westlichen Kräfte mit Waffenlieferungen unterstützen.

Eine Neuauflage der bipolaren Welt kann dennoch nur eine Karikatur des Kalten Krieges sein, obwohl genau dies möglicherweise im Interesse des russischen Präsidenten liegt. Schließlich würde es ihm den – wenn auch illusorischen – Status einer mit den USA gleichgestellten Macht verleihen. Russland ist ökonomisch und demographisch eine regionale Macht, will aber seine weltpolitische Bedeutung behalten. Der Besitz von Nuklearwaffen bedeutet in Putins Augen zwar Prestige und militärische Macht, aber politischer Einfluss ist damit nicht zwingend verbunden.

Eine Rückkehr zum Kalten Krieg würde des Weiteren die Kräfte und Ressourcen der NATO wieder an den Osten binden, die somit für globale Aufgaben nicht mehr zur Verfügung stünden. Die globalen Risiken und Herausforderungen sind jedoch nicht verschwunden. Zu nennen wären in diesem Zusammenhang regionale Krisen, fragile Staaten, nukleare Proliferation, Umweltschäden, Gefährdung von Zivilisten in bewaffneten Konflikten und ähnliches. Diese Krisensituationen dürfen aber wegen des gegenwärtigen Verhaltens von Putin nicht vernachlässigt werden[341]. Das Verlangen des russischen Präsidenten Putin nach geo- und weltpolitischer Größe darf nicht der Grund für einen neuen Kalten oder gar heißen Krieg werden.

Präsident Obama hatte in Prag 2009 die Vision einer Welt ohne Nuklearwaffen verkündet. Er hat guten Willen gezeigt, die Anzahl von Nuklearwaffen zu reduzieren, stieß aber auf wenig Gegenliebe in Moskau und im US-Kongress. Bis zur Erreichung

341 Das Entstehen des sog. »Islamischen Staates« im Mittleren Osten ist ein Warnzeichen.

dieses Ziels sollen die USA laut Obama eine wirksame nukleare Abschreckung aufrechterhalten. Seine vorgeschlagenen Maßnahmen gingen jedoch über Rüstungskontrollabkommen mit Moskau, wie wir sie im Kalten Krieg kennen gelernt haben, nicht hinaus. So wurde das START-Nachfolgeabkommen mit bescheidenen Reduktionen der strategischen Nuklearwaffen verhandelt. Eine Vorlage des Kernwaffenteststopp-Vertrags (CTBT) im Kongress – dessen Ratifizierung allerdings bereits 1999 vom Senat abgelehnt wurde – fand nicht statt. Ein Verbot der Herstellung von spaltbarem Material (»Fissile Material Cutoff Treaty« – FMCT) kam trotz der Bemühungen des amerikanischen Präsidenten ebenfalls nicht zustande. Weitere Rüstungskontrollabkommen sind auch wegen der neuen Eiszeit mit Russland nach der Ukrainekrise 2014 blockiert. Eine wirkliche nukleare Abrüstung wird es wohl nur geben, wenn das Konzept der gegenseitigen nuklearen Abschreckung, das im Kalten Krieg für den massiven Aufrüstungsprozess verantwortlich war, prinzipiell in Frage gestellt wird. Der Welt hat jener Aufrüstungsprozess auch nach dem Ende des Ost-West-Konfliktes ein riesiges nukleares Arsenal hinterlassen, das nur langsam abgebaut werden kann, da sich die früheren Gegner immer noch ein gutes Maß an Misstrauen entgegenbringen.

Den gegenwärtig größten rüstungskontrollpolitischen Erfolg verzeichnete der Westen mit dem Wiener Nuklearabkommen vom 14. Juli 2015. Die fünf Weltmächte des Sicherheitsrates der UNO und Deutschland verhandelten mit dem Iran einen gemeinsamen, umfassenden Aktionsplan, der sicherstellen soll, dass Irans Nuklearprogramm nur zu friedlichen bzw. zivilen Zwecken dient.[342] Das Wiener Abkommen ist eine erfolgreiche Alternative zum Krieg und ein Sieg der multilateralen Diplomatie über Gewaltandrohungen. Gegner des Abkommens in Israel und im amerikanischen Kongress setzen allerdings weiter auf Intervention. Sie befürchten eine Hegemonie des Iran in der Region, wenn der Iran nach Aufhebung der Sanktionen wirtschaftliche Stärke erlangt. Möglicherweise eröffnet das Abkom-

342 Dieses Wiener Abkommen umfasst 157, der neue START-Vertrag von 2010 17, der SORT-Vertrag von 2003 3 Seiten.

men dem Iran aber auch neue Wege, die in der Integration in die Staatengemeinschaft und Erlangung wirtschaftlicher Stärke münden. Es ist ferner durchaus denkbar, dass das Wiener Iran-Abkommen auch eine neue Iran-Politik der USA ermöglicht, was zu einer regionalen Annäherung zwischen dem Iran und Saudi-Arabien führen kann. Ein Ausstieg aus dem Abkommen, wie es der 2016 gewählte US-Präsident Donald Trump angekündigt hat, würde hingegen zu einer extrem instabilen Situation in der Golf-Region führen.

Ein weiterer diplomatischer Erfolg Obamas war der 2015 für viele überraschend angestoßene Aussöhnungsprozess mit Kuba 2015. Die Politik der Sanktionen und der Isolierung, so Obama, hätten keine positiven Ergebnisse gebracht, also sei es Zeit für eine neue Politik. Kein Präsident vor ihm hatte gewagt, das Thema anzufassen, da sie die scharfe Kritik insbesondere von Seiten der mächtigen Lobby der Exil-Kubaner fürchteten. Nicht zuletzt deshalb wird sich Obamas Vermächtnis in die Reihe derjenigen Präsidenten einreihen, die große Veränderungen durch Versöhnungspolitik geleistet haben. Die Öffnung zu Kuba wurde zudem auch von den lateinamerikanischen Ländern weitgehend begrüßt, wodurch die Zusammenarbeit in der Organisation amerikanischer Staaten (OAS) in Zukunft erleichtert wird.

Die beiden außenpolitischen Initiativen des Engagements mit dem Iran und mit Kuba haben das Potential, wie die Annäherung an China 1972 oder die Entspannungspolitik, historische Bedeutung zu erlangen.

Danksagung

Die Idee für dieses Buchprojekt über eine Neuinterpretation des Kalten Krieges stammt vom marix-Verlag. Sie kam zu einem aktuellen Zeitpunkt, als eine Debatte darüber entstand, ob das Verhältnis zwischen dem Westen und Russland zu einem neuen Krieg führen würde. Gleichzeitig näherten sich die Anfangsjahre des Kalten Krieges zum siebzigsten Mal. Das Österreichische Institut für Internationale Politik (oiip) und das Institut für Politikwissenschaft der Universität Wien ermöglichten es dem Autor im Rahmen seiner sonstigen wissenschaftlichen Aufgaben, an diesem Buch zu arbeiten. Das österreichische Bundesministerium für Landesverteidigung und Sport nahm das Projekt in die Kooperationsvereinbarung mit dem oiip auf. Das »American Reference Center« der US-Botschaft unter der Leitung von Mag. Eva Muhm in Wien stellte dem Autor wichtige historische Dokumente zur Verfügung. Schließlich möchte der Autor auch Paul Trauttmansdorff, Caroline Skerlan und Dominik Rastinger für Korrekturarbeiten danken. Abschließend sei noch erwähnt, dass die LektorInnen des Verlages Timo Gimbel und Anna Schloss, viele Unebenheiten und Brüche im Text beseitigt und den Lesefluss erheblich verbessert haben.

Bibliographie

Acheson, Dean, Speech on the Far East, (National Press Club: Washington D.C.), January 12, 1950.
Adenauer, Konrad, Erinnerungen, IV Bände 1945–1963, (Deutsche Verlagsanstalt: Stuttgart), 1965–1968.
Agrell, Wilhelm, Swedish Neutrality: Stumbling into the Unknown Past, Laurent Goetschel (Hg.), Small States inside and outside the European Union: Interests and Politics, (Kluwer Academic Publisher: Boston), 2010, 181–192.
Allison, Graham, Essence of Decision: Explaining the Cuban Missile Crisis, (Little, Brown and Company: Boston), 1971.
Allison, Graham/Zelikow, Philip, Essence of Decision: Explaining the Cuban Missile Crisis (second edition), (Longman: New York), 1999.
Altermann, Eric, When Presidents Lie: A History of Official Deception and its Consequences, (Vicing: New York), 2004.
Alvandi, Roham, Nixon, Kissinger, and the Shah: The United States and Iran in the Cold War, (Oxford University Press: Oxford), 2014.
Andrén, Nils, The Neutrality of Sweden, Birnbaum, Karl E./Neuhold, Hanspeter (Hg.), Neutrality and Non-Alignment in Europe, (Wilhelm Braumüller: Wien), 1981.
Andrén, Nils, Sweden: Neutrality, Defense and Disarmament, Neuhold, Hanspeter/Thalberg, Hans (Hg.), The European Neutrals in International Affairs, The Laxenburg Papers, (Westview Press: Boulder, Co.), 1984.
Axworthy, Michael, Iran – Weltreich des Geistes: Von Zoroaster bis heute, (Wagenbach: Berlin-Wilmersdorf), 2011.
Bacevich, Andrew J., Washington Rules: America's Path to Permanent War, (Metropolitan Books: New York), 2010.
Michael Beckley, The Myth of Entangling Alliances: Reassessing the Security Risks of U.S. Defense Pacts, International Security, Vol. 39, No. 4 (Spring), 2015.
Bell, Coral, The Reagan Paradox: American Foreign Policy in the 1980s, (Edward Elgar Publishing Limited: Hants), 1989.
Bernstein, Barton J., The Atomic Bombings Reconsidered, Foreign Affairs, Vol. 74, No. 1, January/February 1995, 135–152.
Beschloss, Michael R., The Crisis Years: Kennedy and Krushchev, 1960–1963, (HarperCollins: New York), 1991.
Bilandzic, Vladimir/Nick, Stanko, The Policy of Non-Alignment of Yugoslavia, Birnbaum, Karl E./Neuhold, Hanspeter (Hg.), Neutrality and Non-Alignment in Europe, (Wilhelm Braumüller: Wien), 1981.

Blight, James G./Lang, Janet M., The Armageddon Letters: Kennedy, Khrushchev, Castro in the Cuban Missile Crisis, (Rowman & Littlefield Publishers: Boulder/New York), 2012.

Brendon, Piers, Ike: His Life & Times, (Harper & Row Publishers: New York), 1986.

Brzezinski, Zbigniew, Strategic Vision: America and the Crisis of Global Power, (Basic Books: New York), 2012.

Burr, William and Kimball, Jeffrey P., Nixon's Nuclear Specter: The Secret Alert of 1969, Madman Diplomacy, and the Vietnam War, (University Press of Kansas: Westbrooke Circle), 2015.

Caratsch, Claudio, The Permanent Neutrality of Switzerland, Neutrality and Non-Alignment in Europe, (Wilhelm Braumüller: Wien), 1981.

Carter, Jimmy, State of the Union Address Delivered Before a Joint Session of the Congress, January 23, 1980.

Casey, Steven, Foreign Affairs, December 14, 2015.

Central Intelligence Agency, zitiert in International Herald Tribune, October 2, 1993.

Christensen, Thomas J., Threats, Assurances, and the Last Chance for Peace: The Lessons of Mao's Korean War Telegrams, International Security, Vol. 17, No. 1 (Summer), 1992.

Churchill, Winston S., Der Zweite Weltkrieg, Mit einem Epilog über die Nachkriegsjahre, (Deutsche Buchgemeinschaft: Berlin-Darmstadt-Wien), 1954.

Cohen, Avner, Israel and the Bomb, (Columbia University Press: New York), 1999.

Cohen, Avner, The Worst-Kept Secret: Israel's Bargain with the Bomb, (Columbia University Press: New York), 2011.

Colby, Elbridge, A Nuclear Strategy and Posture for 2030, Center for New American Security, October, 2015.

Cottey, Andrew, The European Neutrals and NATO: Ambiguous Partnership, Contemporary Security Policy, Vol. 34, No. 3, 2013.

Clausewitz, Carl von, Vom Kriege (Ullstein: Berlin) 1999 (1833).

Chruschtschow, Nikita S., Rede im Moskauer Sportpalast, 10. November, 1958.

Der Nordatlantikvertrag, Washington DC, 4. April 1949.

Devlin, Larry, Chief of Station, Congo: Fighting the Cold War in a Hot Zone, (PublicAffairs: New York), Reprint edition, 2008.

Dobbs, Michael, The price of a 50-year myth, International Herald Tribune, October 17, 2012.

Dobbs, Michael, One Minute To Midnight: Kennedy, Khrushchev and Castro on the Brink of Nuclear War, (Cornerstone Digital: San Diego, CA), 2008.

du Bois, Pierre, Neutrality and Political Good Offices: The Case of Switzerland, Neuhold, Hanspeter/Thalberg, Hans (Hg.), The European Neutrals in International Affairs, The Laxenburg Papers, (Westview Press: Boulder, Co.), 1984.

Eisenhower, Dwight, remarks, press conference, June 6, 1956; American Foreign Policy: Current Documents, 1956, 32, abgedruckt in Plischke, Elmer (Hg.), Contemporary U. S. Foreign Policy: Documents and Commentary, (Greenwood Press: New York), 1961, 556.

Eisenhower, Dwight D., Special Message to Congress on Situation in the Middle East, January 5, 1957, Papers of Presidents: Eisenhower, 1957, 783–791, abgedruckt in Plischke, Elmer (Hg.), Contemporary U.S. Foreign Policy: Documents and Commentary, (Greenwood Press: New York), 1961.

Ellsberg, Daniel, Pentagon Papers May Have Avoided Nuclear War With China, The New York Times, June 29, 2001.

Engerman, David C., Ideology and the origins of the Cold War, 1917–1962, Leffler, Melvyn P./Westad, Odd Arne (Hg.), The Cambridge History of The Cold War, Vol. I, Origins, (Cambridge University Press: Cambridge), 2010, 20–43.

Evangelista, Matthew A., Stalin's Postwar Army Reappraised, International Security, Vol. 7, No. 3 (Winter), 1982.

Fischer, Thomas S., Die Beurteilung der Westbindung der Bundesrepublik Deutschland nach der Wiedervereinigung, (Diplomarbeiten-Agentur: München), 1995.

Fukuyama, Francis, End of History and the Last Man, (Free Press: New York), 1992.

Ferguson, Niall, Kissinger: 1923–1968: The Idealist, (Penguin Press: New York), 2015.

Gaddis, John Lewis, The Long Peace: Elements of Stability in the Postwar International System, International Security, Vol. 10, No. 4 (Spring), 1986.

Gaddis, John Lewis, We know now: Rethinking Cold war History, (Oxford Clarendon Press: Oxford), 1997.

Gaddis, John Lewis, Strategies of Containment: A Critical Appraisal of American National Security Policy during the Cold War, (Oxford University Press: New York), 2005.

Gaddis, John Lewis, The Cold War: A New History, (Penguin Books: London), 2005.

Gärtner, Heinz, Zwischen Moskau und Österreich: Analyse einer sowjetabhängigen KP, (Braumüller: Wien), 1979.

Gärtner, Heinz, Hegemoniestrukturen und Kriegsursachen, (Braumüller: Wien), 1983.

Gärtner, Heinz/Trautmann, Günter, Ein dritter Weg zwischen den Blöcken? Die Weltmächte, Europa und der Eurokommunismus, (Verlag für Gesellschaftskritik: Wien), 1985.

Gärtner, Heinz, Handbuch zur Rüstungskontrolle: Positionen ausgewählter Länder, (Braumüller: Wien), 1987.

Gärtner, Heinz, Wird Europa sicherer? Zwischen kollektiver und nationaler Sicherheit, (Braumüller: Wien), 1992.

Gärtner, Heinz, Die Zukunft und Vergangenheit von Militärbündnissen, Sahm, Astrid/Sapper, Manfred/Weichsel, Volker (Hg.) Die Zukunft des Friedens: Eine Bilanz der Friedens- und Konfliktforschung, (Verlag für Sozialwissenschaften: Wiesbaden), 2002 (Zweite Auflage: 2006).

Gärtner, Heinz, Internationale Sicherheit: Definitionen von A–Z, 2. Erweiterte Auflage, (Nomos: Baden-Baden), 2008.

Gärtner, Heinz, Die USA und die neue Welt, (Lit.-Verlag: Münster), 2014.

Gärtner, Heinz/Pradetto, August, Die Rückkehr der Gewalt in der internationalen Politik, Wiener Zeitung, 21. Dezember, 2015.

Gehler, Michael, Modellfall für Deutschland?: Die Österreichlösung mit Staatsvertrag und Neutralität 1945–1955, (Studien Verlag: Innsbruck), 2015.

Gerzhoy, Gene, Alliance Coercion and Nuclear Restraint: How the United States Thwarted West Germany's Nuclear Ambitions, International Security, Vol. 39, No. 4 (Spring), 2015.

Gibbons, William Conrad, The US Government and the Vietnam War, Part II: 1961–1964, (Princeton University Press: Princeton), 1986.

Glaser, Charles L., The Security Dilemma Revisited, World Politics, Vol. 50, No. 1 (October), 1997.

Gorbachev, Mikhail/Mlynář, Zdenek, Conversations with Gorbachev: On Perestroika, the Prague Spring, and the Crossroads of Socialism, (Columbia University Press: New York), 2003.

Gleijeses, Piero, Cuba and the Cold War, 1959–1980, Leffler, Melvyn P./ Westad, Odd Arne (Hg.), The Cambridge History of The Cold War, Vol. II, Crises and Détente, (Cambridge University Press: Cambridge), 2010, 327–348.

Goetschel, Laurent, Why are small states (still) peacebuilders? The (modified) role of ideas in their foreign policy, Paper prepared for Annual Convention of the International Studies Association – ISA, San Diego, April 1–4, 2012.

Gorbatschow, Michail, Alles zu seiner Zeit: Mein Leben, (Deutscher Taschenbuchverlag, dtv: München), 2014.

Grandin, Greg, Kissinger's Shadow: The Long Reach of America's Most Controversial Statesman (Metropolitan Books: New York), 2015.

Haass, Richard N., The Age of Nonpolarity: What Will Follow U.S. Dominance, Foreign Affairs, May/June, 2008.

Hämmerle, Walter, Der Kalte Krieg im Rückblick: Erklärungs- und Theoriemodelle, Diplomarbeit zur Erlangung des Magistergrades, (eingereicht an der Grund- und Integrativwissenschaftlichen Fakultät der Universität Wien), Wien, 1996.

Hakovirta, Harto, An Interpretation of Finland's Contribution to European Peace and Security, Neuhold, Hanspeter/Thalberg, Hans (Hg.), The European Neutrals in International Affairs, The Laxenburg Papers, (Westview Press: Boulder, Co.), 1984.

Hanhimeki, Jussi M., Détente in Europe, 1962–1975, Leffler, Melvyn P./Westad, Odd Arne (Hg.), The Cambridge History of The Cold War, Vol. II, Crises and Détente, (Cambridge University Press: Cambridge), 2010, 198–218.

Harrison, Hope M., Driving the Soviets up the Wall: Soviet – East German Relations, 1953–1961, (Princeton University Press: Princeton), 2003.

Herman, Michael, Intelligence effects on the Cold War: Some reflections, Herman, Michael/McDonald, J. Kenneth/Mastny, Vojtech, Did intelligence matter in the Cold War? (Norwegian Institute for Defense Studies: Oslo), 2006.

Hersh, Seymour, Price of Power, (Touchstone: Princeton), 1984.

Hillgruber, Andreas, Europa in der Weltpolitik der Nachkriegszeit 1945–1963, (Oldenbourg Verlag: München/Wien), 1979.

Hitchcock, William I., The Marshall Plan and the creation of the West, Leffler, Melvyn P./Westad, Odd Arne (Hg.), The Cambridge History of The Cold War, Vol. I, Origins, (Cambridge University Press: Cambridge), 2010, 154–174.

Hitchens, Christopher, The Trial of Henry Kissinger, (Verso: London), 2001.

Hoffman, David E., In 1983 ›war scare ‹, Soviet leadership feared nuclear surprise attack by U.S., The Washington Post, October 24, 2015.

Hohenecker, Henrike, Die Gründungsphase der NATO 1945–1955: Wie wurde die NATO ein Militärbündnis? Unveröffentlichte Diplomarbeit, Wien, 2000.

Holloway, David, Nuclear weapons and the escalation of the Cold War, 1945–1962, Leffler, Melvyn P./Westad, Odd Arne (Hg.), The Cambridge History of The Cold War, Vol. I, Origins, (Cambridge University Press: Cambridge), 2010, 376–397.

Hopmann, P. Terrence, Democratization, Great Power Cooperation, and International Organizations: The OSCE and the Democratic Peace, Gärtner, Heinz/Honig, Jan Willem/Akbulut, Hakan (Hg.), Democracy, Peace and Security, (Lexington: Lanham, MD), 2015.

Ikenberry, G. John, Liberal Leviathan: The Origins, Crisis, and Transformation of the American World Order, (Princeton University: Princeton and Oxford), 2011.

Immerman, Richard H./Goedde, Petra (Hg.), The Oxford Handbook of the Cold War, (Oxford University Press: Oxford), 2013.

International Commission on Intervention and State Sovereignty, The Responsibility to Protect, Report, Ottawa, 2001.

Ireland, Timothy P., Creating the Entangling Alliance, The Origins of the North Atlantic Treaty Organization, (Westport: Connecticut), 1981.

Isaacson, Walter, Kissinger, (Simon & Schuster: New York/London), 1992.

Jahn, Egbert, Frieden und Konflikt, (VS Verlag für Sozialwissenschaften: Wiesbaden), 2012.

Jervis, Robert, Was the Cold War a Security Dilemma? Journal of Cold War Studies, Winter, 2001.

Jervis, Robert, Identity and the Cold War, Leffler, Melvyn P./Westad, Odd Arne (Hg.), The Cambridge History of The Cold War, Vol. II, Crises and Détente, (Cambridge University Press: Cambridge), 2010, 22–43.

Johnson, Lyndon B., radio and television report to the American people on the situation in the Dominican Republic, May 2, 1965; Papers of Presidents: Johnson, 1965, 469–474, abgedruckt in Plischke, Elmer (Hg.), Contemporary U.S. Foreign Policy: Documents and Commentary, (Greenwood Press: New York), 1961.

Johnson, Lyndon B., recommendation for a congressional resolution to protect American armed forces in Southeast Asia, message to Congress, August 5, 1964; Papers of Presidents: Johnson, 1963–1964, II, 930–932, abgedruckt in Plischke, Elmer (Hg.), Contemporary U. S. Foreign Policy: Documents and Commentary, (Greenwood Press: New York), 1961.

Johnson, Lyndon B., Third Annual Message, January 12, 1966; Fred L. Israel (Ed.), The State of the Union Messages of the Presidents, 1790–1966, Vol. III, (Chelsea House Publishers: New York), 1967.

Johnson, Lyndon B., Meine Jahre im Weißen Haus, (Edition Praeger: München), 1971.

Jones, Nate/Blanton, Tom/Harper, Lauren (Hg.), The 1989 War Scare Declassified and For Real, October 24, 2015.

Jun, Niu, The birth of the People's Republic of China and the road to the Korean War, Leffler, Melvyn P./Westad, Odd Arne (Hg.), The Cambridge History of The Cold War, Vol. I, Origins, (Cambridge University Press: Cambridge), 2010, 221–243.

Kafka, Franz, Der Bau, Raabe, Paul (Hg.), Sämtliche Erzählungen, (Fischer Taschenbuchverlag: Frankfurt/Main), 1982.

Kagan, Robert, The World America Made, (Alfred A. Knopf: New York), 2012.

Kaiser, Robert G., The Disaster of Richard Nixon, The New York Review of Books, April 21, 2016.

Kaplan, Lawrence S., The United States and NATO: The Formative Years, (The University Press of Kentucky: Lexington, Kentucky), 1984.

Kaplan, Lawrence S., NATO and the United States: The Enduring Alliance, (MacMillan Publishing Company: New York), 1994.

Kende, István, Kriege nach 1945: Eine empirische Untersuchung, Militärpolitik Dokumentation, Heft 27, (Haag-Herchen: Frankfurt/Main:), 1982.

Kennan, George F., The Long Telegram, Moscow 22, February 1946.

Kennan, George F., »X«, The Sources of Soviet Conduct, Foreign Affairs, July, 1947.

Kennan, George F., Memoiren eines Diplomaten, (dtv: München), 1971 (1967).

Kennan, George F., Im Schatten der Atombombe: Eine Analyse der amerikanisch-sowjetischen Beziehungen von 1947 bis heute, (Kiepenheuer & Witsch: Köln), 1982.

Kennan, George F., Containment Then and Now, Foreign Affairs, Vol. 65, No. 4 (Spring), 1987.

Kennedy, John F., Why England Slept, (Wilfred Funk, Inc.: New York), 1961 (1940).

Kennedy, John F., Second Annual Message, January 11, 1962, Israel, Fred L. (Hg.), The State of the Union Messages of the Presidents, 1790–1966, Vol. III, (Chelsea House Publishers: New York), 1967.

Kennedy, Robert, Thirteen Days: A Memoir of the Cuban Missile Crisis, (Norton: New York), 1969.

Khong, Yuen Foong, Analogies at War: Korea, Munich, Dien Bien Phu, and the Vietnam Decisons of 1965, (Princeton University Press: Princeton), 1992.

Kirkpatrick, Jeane, Commentary Magazine, Vol. 68, No. 5, November 1979, pp. 34–45.

Kirkpatrick, Jeane, Dictatorships and Double Standards: Rationalism and Reason in Politics, (Simon & Schuster: New York/London), 1982.

Kissinger, Henry, A World Restored: Metternich, Castlereagh and the Problems of Peace, 1812–22, (Orion: London), 2000 (Weidenfeld & Nicolson, 1957).

Kissinger, Henry, NATO – The next thirty years, speech at the Palais d'Egmont, Brussels, Belgium, September 1, 1979.

Kissinger, Henry, White House Years, (Little, Brown: Boston), 1979.

Kissinger, Henry, Interview in Time, August 1, 1979.

Kissinger, Henry, Memoiren 1968–1973, (Bertelsmann: München), 1982.

Kissinger, Henry, Diplomacy, (Simon & Schuster: New York/London), 1994.
Kissinger, Henry, Years of Renewal: The Concluding Volume of His Memoirs, (Simon & Schuster: New York), 1999.
Kissinger, Henry, The Kissinger Transcripts, Auszüge in The New York Times, 14. November, 2012.
Kissinger, Henry, World Order, (Penguin Press: New York), 2014.
Kissinger, Henry, Dokumente über die US-Rolle beim »schmutzigen Krieg« (freigegeben 2016), zitiert in The New York Times, 18. März, 2016.
Knapp, Wilfried, The partition of Europe, Luard, Evan (Hg.), The Cold War: A Re-Appraisal, (Praeger: New York), 1964, 45–61.
Kolko, Joyce/Kolko, Gabriel, The Limits of Power: The World and United States Foreign Policy 1945–1954, (Harper and Row: New York), 1972.
Konferenz über Sicherheit und Zusammenarbeit in Europa, Schlussakte, Helsinki 1975.
Kreis, Georg, Kleine Neutralitätsgeschichte der Gegenwart: ein Inventar zum neutralitätspolitischen Diskurs in der Schweiz seit 1943, (Haupt Verlag: Bern), 2004.
Kupchan, Charles A., No One's World, the West, The Rising Rest, And The Coming Global Turn, (Oxford University Press: New York), 2012.
Kurzman, Charles, The Unthinkable Revolution in Iran, (Havard University Press: Cambridge, Mass.), 2004.
Kurth, James, The American Way of Victory, A Twentieth-Century Trilogy, The National Interest, Summer, 2000.
Lautsch, Siegfried, ehemaliger Oberst der Nationalen Volksarmee, Interview, Global View, 3/2014.
Lebow, Richard Ned/Stein, Janice Gross, We All Lost the Cold War, (Princeton University: Press: Princeton), 1993.
Leffler, Melvyn P./Westad, Odd Arne (Hg.), The Cambridge History of The Cold War, Vol. I and II, Origins, (Cambridge University Press: Cambridge), 2010.
Lemke, Bernd, Abschreckung oder Provokation? Die Allied Mobile Force (AMF) und ihre Übungen 1960–1989, Military Power Revue der Schweizer Armee, Nr. 2, 2010.
LeoGrande, William M./Kornbluh, Peter, Back Channel to Cuba: The Hidden History of Negotiations between Washington and Havana, (The University of North Carolina Press: Chapel Hill), 2014.
Logevall, Fredik, The Indochina wars and the Cold War, 1945–1975, Leffler, Melvyn P./Westad, Odd Arne (Hg.), The Cambridge History of The Cold War, Vol. II, Crises and Détente, (Cambridge University Press: Cambridge), 2010, 281–304.

Loth, Wilfried, The Cold War and social and economic history, Leffler, Melvyn P./Westad, Odd Arne (Hg.), The Cambridge History of The Cold War, Vol. II, Crises and Détente, (Cambridge University Press: Cambridge), 2010, 503–523.

Luard, Evan (Hg.), The Cold War: A Re-Appraisal, (Praeger: New York), 1964.

Lübkemeier, Eckhard, Eins plus eins gleich eins: NATO und Warschauer Pakt werden in einer Friedensgemeinschaft überflüssig, Die Zeit, Nr. 23, 1. Juni, 1990.

Luif, Paul, Die Bewegung der blockfreien Staaten und Österreich, (Österreichisches Institut für Internationale Politik: Laxenburg bei Wien), 1981.

Marshall, George C., Speech given by United States Secretary of State, at Harvard University on 5 June 1947.

Mattes, Michaela/Rodríguez, Mariana, Autocracies and International Cooperation, International Studies Quarterly, 2013.

McNamara, Robert S., Interview in the Washigton Post, August 1, 1982.

McMahon, Robert J., US national security policy from Eisenhower to Kennedy, Leffler, Melvyn P./Westad, Odd Arne (Hg.), The Cambridge History of The Cold War, Vol. I, Origins, (Cambridge University Press: Cambridge), 288–311.

McNamara, Robert S./VanDeMark, Brian, Vietnam: Das Trauma einer Weltmacht, (Goldmann: München), 1997.

McWilliams, Wayne C./Piotrowski, Harry, The World since 1945: A History of International Relations, (Lynne Rienner Publishers: Boulder), 2005 (6th edition).

Mead, Walter Russel, Special Providence: American Foreign Policy and How It Changed the World, (New York: Routledge), 2002.

Mearsheimer, John J, The Tragedy of Great Power Politics, W. W. Norton & Company New York/London, 2001.

Mearsheimer, John J., Imperial by Design, The National Interest, December 2010.

Mearsheimer, John J., Why Leaders Lie: The Truth About Lying in International Politics, (Oxford University Press: Oxford), 2011.

Miles, Simon, Carving a Diplomatic Niche?: The April, 1956 Soviet Visit to Britain, Diplomacy & Statecraft, 24, 2013, 579–596.

Mikoyan, Sergo, The Soviet Cuban Missile Crisis: Castro, Mikoyan, Kennedy, Khrushchev, and the Missiles of November, (Stanford University Press: Stanford), April 25, 2014.

Mlynář, Zdeněk, Die Verselbständigungstendenzen im Sowjetblock, die Blockspaltung Europas und der Eurokommunismus, Heinz Gärtner und Günter Trautmann, Ein dritter Weg zwischen den Blöcken? Die Weltmächte, Europa und der Eurokommunismus, (Verlag für Gesellschaftskritik: Wien), 1984.

Monteiro, Nuno P./Debs, Alexandre, The Strategic Logic of Nuclear Proliferation, International Security, Vol. 39, No. 2 (Fall), 2014.

Morris, Errol, McNamara in Context, The New York Times, July 7, 2009.

Müller, Harald, Germany and WMD Proliferation, The Nonproliferation Review, Summer, 2003.

Mueller, Wolfgang, A Good Example of Peaceful Coexistence? The Soviet Union, Austria, and Neutrality, 1955–1991, (Verlag der Österreichischen Akademie der Wissenschaften: Wien), 2011.

Naimark, Norman M., Stalin and Europe in the Postwar Period, 1945–53: Issues and Problems, Journal of Modern European History, Vol. 2, 2004/1, 28–56.

Naimark, Norman, The Sovietization of Eastern Europe, 1944–1953, Leffler, Melvyn P./Westad, Odd Arne (Hg.), The Cambridge History of The Cold War, Vol. I, Origins, (Cambridge University Press: Cambridge), 2010, 175–197.

National Security Council, Memorandum, Discussion at the 354th Meeting of the National Security Council, February 6, 1958.

National Security Council, 10. Memorandum of Discussion at the 354th Meeting of the National Security Council, Washington, February 6, 1958.

National Security Council, U.S. Policy Toward Germany, NSC 5803, February 7, 1958.

National Security Council, Draft statement of U.S. Policy toward Austria, 332. Paper Prepared by the NSC Planning Board, NSC 6020, Washington, December 9, 1960, approved by the President on January 18, 1961.

National Security Council, 193. Memorandum of Discussion at the 445th Meeting of the National Security Council, Washington, May 24, 1960.

Njolstad, Olav, The collapse of superpower détente, 1975–1980, Leffler, Melvyn P./Westad, Odd Arne (Hg.), The Cambridge History of The Cold War, Vol.–III, Endings, (Cambridge University Press: Cambridge), 2010, 135–155.

North Atlantic Alliance, The Future Tasks of the Alliance Report of the Council – ›The Harmel Report‹ (1967), December 2, 2009.

Neuhold, Hanspeter/Hummer, Waldemar/Schreuer, Christoph, Österreichisches Handbuch des Völkerrechts, Bd. 1: Textteil, (Manz Verlag: Wien), 1991.

Nixon, Richard M., informal remarks to media, en route on Asian summit tour, July 25, 1969; Papers of Presidents: Nixon, 1969, 544–556, abgedruckt in Plischke, Elmar (Hg.), Contempory U.S. Foreign Policy: Documents and Commentary, (Greenwood Press: New York), 1961.

Nixon, Richard M., Asia After Viet Nam, Foreign Affairs, October 1967.

Nixon, Richard M., U. S. Foreign Policy for the 1970's: Building Peace, A report by President Richard Nixon to the Congress, Washington, 1971.

Nixon, Richard M., U. S. Foreign Policy for the 1970's: Shaping a Durable Peace, A report by President Richard Nixon to the Congress, Washington, 1973.

Nixon, Richard M., Time-Magazine, January, 1972, zitiert in Henry Kissinger, Diplomacy, (Simon & Schuster: New York/London), 1994.

Nixon, Richard M., Memoiren, (Ullstein Verlag: Frankfurt/M), 1981 (1978).

Nixon, Richard M., The Real War, (Warner Books: New York), 1980.

NSC-68, United States Objectives and Programs for National Security, April 14, 1950.

Nye, Jr., Joseph S., Bound to Lead: The Changing Nature of American Power, (Basic Books: New York), 1990.

Nye, Jr., Joseph S., The Future of Power, (Public Affairs: New York), 2011.

Nye Jr., Joseph S., Presidential Leadership and the Creation of the American Era (Princeton University Press: Princeton), 2013.

Nye Jr., Joseph S., Is the American century over? (Polity Press: Malden, MA), 2015.

Oglesby, Carl/Shaull, Richard, Amerikanische Ideologie, (Suhrkamp: Frankfurt am Main), 1969.

Pelopidas, Benoit, Remembering the Cuban missile crisis with humility, European Leadership Network, November 11, 2014.

Plischke, Elmer (Hg.), Contemporary U. S. Foreign Policy: Documents and Commentary, (Greenwood Press: New York), 1961.

President's Foreign Intelligence Advisory Board, »War Scare« report »Top Secret Umbra Gamma Wnintel Noforn Nocontract Orcon«, February 15, 1990; classified until its release on October 24, 2015.

Rainio-Niemi, Johanna, Cold War Neutrality in Europe: Lessons to be Learned? Heinz Gärtner (Hg.), Engaged Neutrality: En evolved Approach to the Cold War, (Lexington Books: London), 2017.

Reagan, Ronald, The Reagan Diaries, (Harper Perennial: New York), 2009.

Reagan, Ronald, remarks on Caribbean Basin Initiative, to Permanent Council of the Organization of American States, February 24, 1982; Papers of Presidents: Reagan, 1982, I, 213–214, abgedruckt in Plischke, Elmer (Hg.), Contemporary U. S. Foreign Policy: Documents and Commentary, (Greenwood Press: New York), 1961.

Record, Jeffrey, Making War, Thinking History: Munich, Vietnam, and Presidential Uses of Force from Korea to Kosovo, (Annapolis, ML: Naval Institute Press), 2002.

Rose, Gideon, What Obama Gets Right: Keep Calm and Carry the Liberal Order On, Foreign Affairs, September/October 2015.

Roosevelt, Franklin D., Twelfth Annual Message, January 6, 1945; Fred L. Israel (Ed.), The State of the Union Messages of the Presidents, 1790–1966, Vol. III, (Chelsea House Publishers: New York), 1967.

Rosenau, James N., Turbulence in World Politics: A Theory of Change and Continuity, (Princeton University Press: Princeton), 1990.

Rostow, W. W., On Ending the Cold War, Foreign Affairs, Vol. 65, No. 4 (Spring), 1987.

Ruggenthaler, Peter, The Concept of Neutrality in Stalin's Foreign Policy, 1946–1953, (Lexington Books: London), 2015.

Ruggie, John Gerard, The Past as Prologue? Interests, Identity, and American Foreign Policy, International Security, Vol. 21, No. 4 (Spring), 1997.

Sanger, David E., U.S. ponders a ›Korean model‹ for long-term presence in Iraq, International Herald Tribune, June 3, 2007.

Sartre, Jean Paul, Krieg im Frieden, (Rowohlt: Reinbek bei Hamburg), 1982.

Schelling, Thomas C., The Strategy of Conflict, (Harvard University Press: Cambridge, Mass.) 1960.

Schlesinger, Arthur, excerpts from Journals of 1966 and 1967, The New York Review of Books, October 11, 2007.

Schwarz, Hans-Peter, Konrad Adenauer: A German Politician and Statesman in a Period of War, Revolution, and Reconstruction; The Statesman, 1952–1967 (Vol. 2), (Providence: Berghahn), 1997.

Schwarz, Hans-Peter, The division of Germany, 1945–1949, Leffler, Melvyn P./Westad, Odd Arne (Hg.), The Cambridge History of The Cold War, Vol. I, Origins, (Cambridge University Press: Cambridge), 2010, 133–153.

Schulzinger, Robert D., Détente in the Nixon-Ford, 1969–1976, Leffler, Melvyn P./Westad, Odd Arne (Hg.), The Cambridge History of The Cold War, Vol. II, Crises and Détente, (Cambridge University Press: Cambridge), 2010, 373–394.

Senghaas, Dieter, Abschreckung und Frieden, 3. Ausgabe, (Europäische Verlagsanstalt: Frankfurt am Main), 1981.

Sestanovich, Stephen, Maximalist: America in the World from Truman to Obama, (Alfred A. Knopf: New York), 2014.

Sestanovich, Stephen, Could It Have Been Otherwise? The American Interest, Vol. 10, No. 5, April 14, 2015.

Sievert, Fabian C., Risking Everything: Threat Perceptions, Political Behavior, and Lessons of the Adenauer Administration during the Missile Crisis in October 1962, paper presented at the Annual Convention of the International Studies Association as part of a larger project, New Orleans, 2015.

Snyder, Glenn H., Deterrence and Defense: Toward a Theory of National Security (Princeton University Press: Princeton), 1961.

Sowjetregierung, Erklärung zur Frage der Abrüstung und Milderung der Spannungen, Archiv der Gegenwart, 19. November, 1956, 6110–6113.

Stalin, Josef, Über den großen vaterländischen Krieg der Sowjetunion, Moskau, 1946.

Steininger, Rolf, Der Kalte Krieg, (Fischer Compact: Frankfurt am Main), 2006.

Stockholm Conference on Confidence- and Security-Building, Measures and Disarmament in Europe Convened in Accordance With the Relevant Provisions of the Concluding Document of the Madrid Meeting of the Conference on Security and Cooperation in Europe (CSBMs), Bureau of International Security and Nonproliferation, Signed at Stockholm, September 19, 1986.

Stourzh, Gerald, Um Einheit und Freiheit. Staatsvertrag, Neutralität und das Ende der Ost-West-Besetzung Österreichs 1945–1955, (Böhlau: Wien), 2005.

Stueck, William, The Korean War, Leffler, Melvyn P./Westad, Odd Arne (Hg.),The Cambridge History of The Cold War, Vol. I, Origins, (Cambridge University Press: Cambridge), 2010, 266–287.

Suri, Jerimi, Counter-culture: the rebellions against the Cold War order, 1965 1975, Leffler, Melvyn P./Westad, Odd Arne (Hg.), The Cambridge History of The Cold War, Vol. II, Crises and Détente, (Cambridge University Press: Cambridge), 2010, 460–481.

Rabinowitz, Or/Miller, Nicholas L., Keeping the Bomb in the Basement: U.S. Nonproliferation Policy toward Israel, South Africa, and Pakistan, International Security, Vol. 40, No. 1 (Summer), 2015, 47–86.

Rajak, Svetozar, The Cold War in the Balkans, 1945–1956, Leffler, Melvyn P./Westad, Odd Arne (Hg.), The Cambridge History of The Cold War, Vol. I, Origins, (Cambridge University Press: Cambridge), 2010, 198 220.

Taubman, Philip, The Partnership: Five Cold Warriors and Their Quest to Ban the Bomb, (Harper: New York), 2012.

Taylor, Maxwell D., Memo vom 2. November 1962, zitiert in The New York Times, October 15, 2012.

Tertais, Bruno, Drawing Red Lines Right, The Washington Quarterly, Vol. 37, No. 3 (Fall), 2014.

Thies, Cameron G., The Roles of Bipolarity: A Role Theoretic Understanding of the Effects of Ideas and Material Factors, International Studies Perspectives, Jg. 14, 2013.

Tiilikainen, Teija, The Finnish Neutrality – its new Forms and Future, Laurent Goetschel (Hg.), Small States inside and outside the European Union: Interests and Politics, (Kluwer Academic Publisher: Boston), 2010, 169–179.

Tonkin Gulf Resolution, 1964, abgedruckt in Plischke, Elmer (Hg.), Contemporary US Foreign Policy: Documents and Commentary, (Greenwood Press: New York), 1961, 189–192.

Trachtenberg, Marc, History and Strategy, (Princeton University Press: Princeton), 1991.

Trachtenberg, Marc, Constructed Peace: The Making of the European Settlement, 1945–1963, (Princeton University Press: Princeton), 1999.

Trachtenberg, Marc, The structure of great power politics, 1963–1975, Leffler, Melvyn P./Westad, Odd Arne (Hg.), The Cambridge History of The Cold War, Vol. II, Crises and Détente, (Cambridge University Press: Cambridge), 2010, 482–502.

Harry Truman's Diary and Papers, 1 Hiroshima, 1979, zitiert in The New York Times, 11. Oktober, 1994.

Truman, Harry S., Special message to the congress on Greece and Turkey: the Truman doctrine, 12. March 1947.

Truman, Harry S., Memoirs: Year of Decisions, 1945, (Doubleday & Company: New York), 1955.

Truman, Harry S., Memoirs: Years of Trial and Hope, 1946–1952, (Doubleday & Company: New York), 1956.

Tuchman, Barbara, The Guns of August, (The Macmillan Publishing Company: New York), 1962.

Väyrynen, Raimo, The Neutrality of Finland, Birnbaum, Karl E./Neuhold, Hanspeter (Hg.), Neutrality and Non-Alignment in Europe, (Wilhelm Braumüller: Wien), 1981.

Westad, Odd Arne, The Cold War and the international history of the twentieth century, Leffler, Melvyn P./Westad, Odd Arne (Hg.), The Cambridge History of The Cold War, Vol. I, Origins, (Cambridge University Press: Cambridge), 2010, 1–19.

Wilson, Ward, Five Myths About Nuclear Weapons, (Mariner Books: Houghton Mifflin Harcourt), 2013.

Zapfe, Martin, Die »Speerspitze« der NATO, CSS Analysen zur Sicherheitspolitik, Center for Security Studies (CSS), ETH Zürich, Nr. 174, Mai, 2015.

Abkürzungsverzeichnis

ABM	Anti-Ballistic-Missile Treaty – Vertrag über das Verbot von Anti-Ballistischen-Raketen
AMF	Allied Mobile Force
ANC	African National Congress
CIA	Central Intelligence Agency – Auslandsgeheimdienst der USA
CTBT	Comprehensive Nuclear-Test-Ban Treaty – Vertrag über einen umfassenden nuklearen Teststopp
DDR	Deutsche Demokratische Republik
EFTA	Europäische Freihandelsgesellschaft
EG	Europäische Gemeinschaft
EWG	Europäische Wirtschaftsgemeinschaft
ERP	European Recovery Program
EU	Europäische Union
FMCT	Fissile Material Cut-off Treaty
FNLA	*Frente Nacional de Libertação de Angola – Befreiungsfront für Angola*
FPLE	Front Popular d'Alliberament d'Eritrea
GVVN	Generalversammlung der Vereinten Nationen
IAEA (IAEO)	International Atomic Energy Agency (Internationale Atomenergiebehörde)
INF	Intermediate Range Nuclear Forces – Mittelstreckenraketen
IWF	Internationaler Währungsfond
KP(s)	Kommunistische Partei(en)
KPdSU	Kommunistische Partei der Sowjetunion
KPF	Kommunistische Partei Frankreichs
KPI	Kommunistische Partei Italiens
Kominform	Kommunistisches Informationsbüro
Komintern	Kommunistische Internationale
KSE	Konventionelle Streitkräfte in Europa
KSZE	Konferenz über Sicherheit und Zusammenarbeit in Europa
KVAE	Konferenz über sicherheits- und vertrauensbildende Maßnahmen und Abrüstung in Europa
MAD	Mutual Assured Destruction
MBFR	Mutual and Balanced Force Reduction
MIRV	Multiple Independently Targetable Reentry Vehicles

MPLA	Movimento Popular de Libertação de Angola – Volksbefreiungsbewegung für Angola
NAM	Non-Aligned Movement
N + N	Neutrale und nicht-paktgebundene Staaten
NATO	North Atlantic Treaty Organization
New START	New Strategic Arms Reduction Treaty
NRF	NATO Response Force
NSC-68	National Security Council Report 68, 1950
NSR	Nationaler Sicherheitsrat der USA
OECD	Organisation für wirtschaftliche Zusammenarbeit und Entwicklung
OEEC	Organisation für europäische wirtschaftliche Zusammenarbeit
OPEC	Organization of the Petroleum Exporting Countries
OSZE	Organization for Security and Co-operation
RGW	Rat für gegenseitige Wirtschaftshilfe
SALT I	Strategic Arms Limitation Talks I
SALT II	Strategic Arms Limitation Talks II
SED	Sozialistische Einheitspartei Deutschlands
SORT	Strategic Offensive Reductions Treaty
START I	Strategic Arms Reduction Treaty I
START II	Strategic Arms Reduction Treaty II
SRVN	Sicherheitsrat der Vereinten Nationen
SU	Sowjetunion
UdSSR	Union der Sozialistischen Sowjetrepubliken
UN	United Nations – Vereinte Nationen
UNIDO	United Nations Industrial Development Organization
UNITA	União Nacional para a Independência Total de Angola – Nationale Union für die völlige Unabhängigkeit Angolas
UNO	United Nations Organization
US	United States
USA	United States of America
VN	Vereinte Nationen
VSBMs	Vertrauens- und Sicherheitsbildende Maßnahmen
WEU	Westeuropäische Union
WVO	Warschauer Vertrags-Organisation

Bibliografische Information der Deutschen Nationalbibliothek
Die Deutsche Nationalbibliothek verzeichnet diese Publikation in der Deutschen Nationalbibliografie; detaillierte bibliografische Daten sind im Internet über
http://dnb.d-nb.de abrufbar.

Covergestaltung: Karina Bertagnolli, Wiesbaden
Bildnachweis: Berlin, Mauerbau 1961. © akg-images GmbH, Berlin
Satz und Bearbeitung: SATZstudio Josef Pieper, Bedburg-Hau
Der Titel wurde in der Palatino Linotype gesetzt.
Gesamtherstellung: CPI books GmbH, Leck – Germany

ISBN: 978-3-7374-1033-5

www.verlagshaus-roemerweg.de

SOWJETUNION
MONGOLEI
AFGHANISTAN
1979-89
CHINA
Bürgerkrieg
1945-49
PAKISTAN
NEPAL
BHUTAN
BANGLADESCH
MYAN-
MAR
INDIEN
LAOS
Indochina
1946-1954
THAI-
LAND
Vietna
1965-7
VIETNA
KAMBODSCHA
1966-75/
1979-89
SRI LANKA
BRUNE
MALAYSIA
SINGAPUR
Indischer Ozean
IND
Mitglieder
Arabische Liga
Warschauer Pakt
Weltkrisen